国家出版基金资助项目

绩效预算与政府治理创新

财政扶贫绩效与脱贫致富战略

许正中　苑广睿　等著

中国财政经济出版社

图书在版编目（CIP）数据

财政扶贫绩效与脱贫致富战略/许正中等著．—北京：中国财政经济出版社，2014.12

（绩效预算与政府治理创新）

国家出版基金资助项目

ISBN 978-7-5095-5394-7

Ⅰ．①财…　Ⅱ．①许…　Ⅲ．①不发达地区-财政政策-研究-中国　Ⅳ．①F124.7②F812.0

中国版本图书馆CIP数据核字（2014）第085656号

责任编辑：卢关平　　　　责任校对：胡永立

封面设计：邹海东　　　　版式设计：董生平

中国财政经济出版社 出版

URL：http：//www.cfeph.cn

E-mail：cfeph@cfeph.cn

社址：北京市海淀区阜成路甲28号　邮政编码：100142

营销中心电话：88190406　北京财经书店电话：64033436　84041336

北京京华虎彩印刷有限公司印刷　各地新华书店经销

787×1092毫米　16开　18.75印张　253 000字

2014年12月第1版　2014年12月北京第1次印刷

定价：38.00元

ISBN 978-7-5095-5394-7/F·4362

（图书出现印装问题，本社负责调换）

质量投诉电话：010-88190744

打击盗版举报热线：010-88190492，QQ：634579818

《绩效预算与政府治理创新》编委会

总 序

随着知识经济和信息技术爆炸式的突飞猛进，人类进入了“快进叠加”的新时代，“云物大智”（云计算、物联网、大数据、智慧工程）所引发的技术革命方兴未艾，下一代卫星互联网又紧紧相逼，使得国与国之间的物理疆界形同虚设。国与国、企业与企业、人与人之间均面临着全球角力，尤其是3D打印技术等新技术的发明，使得大规模统一型号的生产线产品生产彻底改变为个性化的多维度需求的定制，它所带来的“一切皆为服务”的理念将会陆续引爆思维革新、道德精进、管理革命和社会变迁等一系列重大变革。在这一切变革中，至关重要的是政府的战略定位和功能的正向演进。特别是，在知识资本和人力资本超高速流动的全球化背景下，世界快速进入协同创新发展轨道，政府作为改革的统筹者和领跑者，起着全面深化改革的“主推手”作用，因此培育政府治理能力成为社会进步的首选。

培育政府治理能力的关键是政府自我的正确定位，即要建立有限政府而非全能政府，形成职能边界清晰的政府、市场、社会公众、企业多方参与“共治”的“现代国家治理体系”。政府的职能在于提供公共服务，而不是直接参与市场经营。培育政府治理能力、转变政府职能是中国政府的一场自我革命，更是有效推进全面改革、扩大市场与社会的创新性自主发展空间、真正完成现代国家治理“结构性重组”的关键环节。

中国当前正处于社会多元复合转型的关键时期，不仅要获取最大的改革红利，更要创造和释放制度红利。中国要连续逾越“中等收入陷阱”、“西班牙幻影”、“高等收入陷阱”以及“塔西佗陷阱”，平稳实现中国的现代化，首先需要理论创新，作为现代社会治理、国家治理和政府治理的基核的财政理论需要全面创新，作为财政理论支柱的现代预算理论也需要全面创新，作为一个长期在国家智库工作的财政理论研究者则责无旁贷。

完善社会治理架构的目的是不断推动技术革命，引爆产业革命，催生新的文明形态，获取经济社会发展红利。经济社会发展红利主要来自两个方面：一方面是创新红利。创新就是基于未来对现存技术，产业和管理的形态的创造性破坏，在“云物大智”网联的“快进叠加”时代，创意、创新、创业、创造、创富的五创联动、非线性突破成为常态，使得新技术井喷式爆发，新创意不断涌现和新产业聚变式或裂变式突破皆成为可能。可以说，在21世纪的竞争是创新速度和创新质量的较量，创新红利是最大的红利。另一方面是制度红利，在现代社会，制度不仅是各种游戏规则的总和，也日益成为一个强大的产业。先发国家无不不断创新着制度，不断激发人的潜能和平衡人与人、种群与种群、区域与区域、企业与企业乃至国家与国家的经贸安全和政治关系，基于产权和人权所形成的各类经济和社会游戏规则，成为现代文明最重要的发明。

现代国家治理架构是国家能力充分发挥的前提。纵观历史发展，工业革命以来，国家治理架构可分为税收国家、自产国家和租金国家。税收国家是指其财政收入主要来自私人部门缴纳的税收，自产国家是指其财政收入主要来源于国有企业上缴的利润和其他类国有资产的收入，租金国家是指其财政收入主要依靠国家垄断的自然资源出口而获取租金收入的国家。20世纪80年代以来，随着市场化改革的推进，中国开始从“自产国家”向“税收国家”转型。在这个转型中，国家与社会关系开始被重构，纳税人意识开始形成和发展，财政民主的要求开始出现并且越来越强烈，要求国家治理做出回应，作为财政制度中关键一环的预算制度成为谋一轴而驱全局的改革主要抓手。政府治理能力是一个“牵一发而动全身”的关键领域，是未来一个时期全面深化改革、推进国家治理现代化的关键领域与环节，不仅与公众生活和利益密切相关，更涉及国家的可持续健康发展。培育政府治理能力，转变政府职能，不仅要改革创新、外拓开放，更要打破社会僵滞状态，而最关键的就是要找准解决问题的突破口——财政预算。财政预算是现代国家赖以正常运行的决定性力量。从“租金国家”到“自产国家”再到“税收国家”，其间国民的生活观及文化内涵，乃至于心理习惯、伦理行为等社会架构均须不断变革。

随着形势发展变化，现行财政预算制度已经不完全适应完善国家治理的客观要求，不完全适应转变经济发展方式、促进经济社会可持续健康发展的现实需要。新一轮预算制度改革是一场关系国家治理体系和治理能力现代化的深刻变革，是立足全局、着眼长远的制度创新。建立现代绩效预算制度不仅是国家治理现代化的目标，也是国家治理现代化的重要标志和重要支柱。构建绩效预算制度和方法，深化预算制度改革，推进依法理财是着眼长远机制的系统性重构。尤其需要指出的是，提升中国的财政制度绩效，不仅要关注国内，更应该关注中国财政参与现代国际治理的功效，财政已经是现代外交的主战场和重要的政治筹码，对此问题没有战略布局，国家的制度性损失将会是难以承受的。

财政是政府进行宏观调控的重要工具，也是释放制度红利的“总阀门”，更是国家治理的基础和重要支柱。财中有政，政中有财，决策财政，决不仅仅在决定财政的收支数字，数字之中有政策，有政治，有协同。以往的改革主要涉及“财”，那么现在我们的改革已经步入深水区，“政”是绕不过去了。作为经济调节的“有形之手”，政府利用财政工具保障宏观经济的健康运行，使微观经济活动逐渐符合国家宏观经济发展目标。财政是政府治理现代化的枢机、国家治理现代化的基础和重要支柱、社会治理的交集轴。可以说，财政现代化的成功就是国家现代化的成功。

从表面上看，财政预算是政府关于未来某个时期（通常为一年期、三年期或五年期）的收支计划，是一个技术问题，或者有的学者认为是一个让人乏味的会计问题，但在现代市场经济和民主政治中，它是社会治理、国家治理和政府治理的基核，是权利市场与经济市场的耦合器，是社会各阶层和各利益集团协同治理的总契约，其本质是最大的政治问题。财政预算关乎国家治理大事，毫不夸张地说，一个国家的治理能力的高低，很大程度上取决于国家的预算能力。官僚集团、利益集团往往通过一些结构性的计划来保证对自己有利的预算支出，把政治角力变成一场又一场的预算博弈，甚至不断地改变制度架构和程序过程来强化他们的利益，进而也推动了预算结构的复杂性。

在预算中，任何有效的变化都必然会改变预算过程的结果，这些与经济结构调整、政治过程和社会运行轨道息息相关，作为财政管理内核和最新形态的绩效预算，是财政革命的急先锋。绩效预算决不仅仅是单纯的技术内涵，更涉及多方面极其复杂的经济政治社会范畴。因此，中国如何在“云物大智”时代实现蛙跳，需要“顶层设计，系统集成”，必须大力推进财政预算制度改革，以财政的内核——绩效预算为抓手培育现代政府治理能力，坚持“以人为本”的执政理论，支持包容性增长，实现公共财政、政府治理、社会治理和文化精进“多层多方联动”，助推中国平稳现代化。

1997年我到国家行政学院工作，位卑不敢忘忧国，积极投身于中国的智库建设和政策理论研究之中，在完成中央、行政学院和财政部交办的各项任务之余，在财政领域重点围绕绩效预算与政府治理创新两大核心主题，对理论和战略框架问题进行了大胆探索。在国家出版基金的资助下，在国家行政学院和财政部、科技部、国务院机关事务管理局等部门领导的支持下，组建研究团队紧贴国家战略需求开展研究，本着理论前瞻、国际比对、现实判断、历史的理论勇气和标准、发现战略机遇、达成多方共识、形成政策决策、推动各项改革的精神和原则，以科学严谨、求真务实的态度，甘于奉献财政理论尤其是绩效预算理论与政府治理创新的研究。

能力建设是21世纪的核心，财政制度改革和预算管理创新的基核就是要“五位一体，多维联动”地提升政府治理能力。中国要驾驭全球化发展新浪潮，把握政治生态环境变迁，顺应技术经济社会发展趋势，化解内部管理“体制冲突”，助推社会现代化成功转型，亟需从政府政治能力、管理能力、法制能力、服务能力、合作能力“五位一体”建设入手，围绕制度、经济、货币、地缘政治、科技、军事、文化、外交等八个维度，全面而深入地剖析现代政府治理能力的内涵以及目标，明确五种核心能力之间相互作用、相互协同的关系，科学合理定位政府治理能力的关键要素和关键切入点，勾勒现代政府治理能力建设的战略路径，促进财政制度改革，加快绩效预算进程，全面加强政府治理能力建设。可以说，提高打造政府治理能力是今后中国政府改革面临的重大现实问题，而从“五位一体”入手，以八个维度为核心全面培育政府治理能力，既拔高了理论界研究高度，又能把政府治理能力建设推向新水平。由我同中国党政干部论坛副主编、中央党校史世鹏教授等研究人员将这些研究成果集结成册，撰写了《21世纪政府治理能力创新研究》一书。

现代社会是一个有序活力社会。毋庸置疑，政府、市场与社会是控制与影响社会最强大的三股力量，政府是整个社会资源配置的主导机制，市场是资源配置的基础机制，社会是资源配置的平衡器，而绩效预算作为一种制度安排，是政府、市场、社会的耦合点，是维护社会秩序的核心和关键环节，因此，加大绩效预算改革力度有利于促进有序社会建设。中国要理顺市场经济机制，促进社会主体互动，大力助推国家治理创新，亟需准确把握有序社会的内涵及其根源，明确社会根本性，建设完善“阳光财政”，加快绩效预算改革步伐，构建社会普遍服务，聚合政府公信力，催化产业创新升级，实现公共服务均等化，提升政府治理绩效。这就要求我们不断创新绩效预算工具，开展绩效评估，健全政策评估方法，提升机构治理效率。可以说，有序社会的构建对于促进社会正向演进，激发社会发展活力具有重要作用，而从政府、市场与社会关系演化中聚焦绩效预算改革，对于一个有民主意识、有责任感、有能力、高效率、透明的政府，无论是对经济发展还是对整个社会进步都是不可或缺的。因此，将这些研究探索集结成册，撰写了《绩效预算与构建有序社会》一书。

政府生产力是衡量政府有效运行的基础，而绩效预算是政府生产力的枢机。中国要紧跟世界发展趋势，打造有限的透明政府，亟需把握政府生产力理论，构建系统的动态提升政府生产力的运行机制和管理框架，同时探寻绩效预算基本支出决策的方法和执行效果评价的方法和模型。可以说，政府生产力的提高将有效提高国家的核心竞争力，活化多元社会组织，促进多元主体协同共治，促进社会文明升级，是国家治理的关键。对此，如何以绩效预算为抓手全面提升中国政府生产力就显得极为重要。于是我将这些研究凝练成《绩效预算与政府生产力》一书。

随着全球化不断升级，当前国际竞争已经从军事、货币、人才竞争转向制度竞争。规则设计成为创造和获取制度红利、全球红利与重构国家核心竞争力的核心和关键。中国要想大力提升政府能力，无缝对接全球化、现代化进程，实现大繁荣、大发展，为构筑世界一流强国奠定坚实基础，唯有打造高绩效政府。高绩效政府以责任政府、激励政府、掌舵政府、服务政府为核心，关注管理领域，与市场、社会共同协调经济社会发展。政府运行经费有效管理是构建透明高效政府的必然选择。在全球融合的趋势下，中国势必要将优化政府行政成本摆在重要战略地位，亟需从绩效预算视角强化政府成本控制，创新经费管理理念，依托信息物联网高科技技术，加快机关运行经费管理制度重构，实现帕累托式改进。这对于完善责任匹配机制，提升经费管理质量，提高资产运行效率，降低政府运行经费等具有不可比拟的重大作用。由我会同赵峰涛率领的团队将这些研究成果表现为《绩效预算与政府成本控制》一书。

现代管理技术和方法在社会各行业中的广泛应用对现代企业和公共部门的管理也起到积极的促进作用。工具和技术的创新是现代管理创新的关键。对于绩效预算来说，科技进步和管理工具的发展促进了绩效预算制度的变革。中国要想大力促进绩效预算发展，亟需认识当前绩效预算研究不足之处，创新绩效预算的工具与方法。这就需要明确财政职能，剖析绩效预算理论，引用决策与评价理论，揭示绩效预算管理工具创新意义，在基于平衡计分卡、绩效棱柱以及全面标杆管理，对绩效预算进行全过程衡量并实施绩效预算战略管理，同时基于数据包络分析以及全要素生产率，评估绩效预算的静态效率与动态效率。针对当前绩效预算理论研究来说，这有利于奠定绩效预算分析工具基础，衍生新的绩效预算管理工具，明确绩效预算决策过程，制定绩效预算决策原则，分配绩效预算决策权限，建立绩效预算决策体系，实施正确绩效预算决策，为绩效预算提供智力支持。由李尽法将这些研究成果集结成《绩效预算管理工具创新》一书。

经济发展方式转变、产业结构优化升级和新兴产业的兴起促使财政预算改革和财政管理模式转变，为将工程方法引入绩效预算理论提供了有利契机。可以说，经济主体内在需求的变化、财政预算理论的发展、现代科学技术的进步共同作用催生财政工程的产生。如何通过财政工程来加大绩效预算创新呢？这就需要准确把握财政工程内涵，运用耗散平衡理论、云计算等理论，创新财政理论方向，构建“云”财政理论，揭示管理复杂特征，创新财政工程与绩效预算理论。财政工程与绩效预算理论研究能够为财政建设提供坚实的思想支持，同时提供解决财政问题的元工具、元方法和元模型，有利于人员利用“工程化”的思想，运用数学方法和模型，以“平台”开发理念为借鉴，开发一系列创新性的财政管理工具、模型，提出科学的解决方案，提高财政预算效率，最终提高财政的运行效率。由我和财政部赵新国博士等研究人员将这一开拓性成果表现为《财政工程理论与绩效预算创新》一书。

教育是现代社会最重要的基础，人力资本是现代社会最重要的资本。预算是现代社会最重要的杠杆，如何用预算杠杆夯实教育基础，开发人力资本就显得极其重要了。特别是，加强教育财政资金绩效管理，有利于提高教育财政投入绩效。目前，在财政改革稳步推进的形势下，研究探索提高教育财政绩效预算的新措施、新方法，正是进一步深化教育改革的重要内容之一。中国亟需科学定位教育本质，顶层设计教育财政绩效管理体系，确立以结果为导向的教育财政拨款理念，再造教育财政绩效管理流程，重塑教育财政投入的监测与评估，按照公共财政“效率优先、兼顾公平”的重要原则，强化教育财政绩效管理，避免经费短缺与经费浪费并存的现象，确保相对有限的教育财政投入并运用在最需要的地方。这对于提升教育管理水平，实现教育流程整合，凸显社会公平正义具有重要意义。由我同南开大学邢天添副教授等研究人员将这些探索集结为《教育财政绩效与人力资本战略》一书。

技术催生着产业，创新着管理，改变着社会，不断让文明降生。特别是，随着知识经济时代的来临与技术的超加速发展，科学技术被摆在了国家优先发展的重要战略地位。将科学技术源源不断地、大规模地转化为现实生产力，更成为提升国家竞争力的核心和关键。科技财政支出是支撑科技创新发展的重要基础，因此如何运用绩效预算来实施创新驱动发展就显得极其重要了。中国要积极发挥科学技术功能，借助技术知识扩散，构筑多元开放平台，提高财政支出绩效，大力支持基础研究，推进科技重点攻关，培育创新复合资本，引领科技发展方向，提升科技创新能力，占领科技战略高地。这对于导入科技支出绩效管理体系，完善科技机构与人才评估模式，提高科技活动绩效，释放创新创业活力，提升科技财政支出绩效，完善科技财政绩效预算管理，提高科技财政管理透明度，加快科技成果转化为现实生产力具有重大作用。由我同科技部的王德花研究员等研究人员将这些研究发现撰写成《科技财政绩效与创新驱动战略》一书。

消除贫困是人类永远难以达到的目标，尤其是消除绝对贫困。财政能力的建设提升与减贫绩效间存在正向关系，一方面财政作为政府减贫的主导力量实现了巨大的减贫绩效；另一方面减贫的深入推进要求不断提升财政能力。如何运用财政绩效缩小贫困面呢？基于本国国情，要深入剖析致贫根源，梳理贫困理论模型，明晰减贫战略目标，培育提升财政能力，采取多元模式扶贫，构筑普遍服务体系，辅助政府全面推进实施点状突破战略，大力推进减贫进程。这对于系统集成资源优势，构建财政减贫框架，制定财政服务行动纲领，实现政策协同多方联体，综合提升国家减贫能力，彻底走出贫困泥淖具有极其重要的作用。由我会同财政部苑广睿司长等研究人员将这些研究成果撰写成《财政扶贫绩效与脱贫致富战略》一书。

绩效预算为政府效能提高夯实基础，是锻造提升政府生产力的利器，在提高国家竞争力中占据重要地位，因此世界各国纷纷进行预算改革，并积累了丰富的经验。国际绩效预算改革与实践丰富多彩，他山之石，可以攻玉。中国亟需解密美国、英国、澳大利亚等先发国家绩效预算改革路径，总结绩效预算思想基础，把握绩效预算改革逻辑方向，网联绩效预算改革理论支撑，透视政府绩效预算评估体系，检视绩效预算评估技术，强化绩效预算运行抓手。这对于立足中国国情，借鉴国际实践经验，明确绩效预算未来方向，优化绩效预算制度设计，完善绩效预算配套政策措施，引领绩效预算改革，支撑中国深化改革，促进经济社会可持续发展具有极其重要的作用。由笔者会同湖南省财政厅厅长郑建新博士等研究人员将这些研究成果集成《国际绩效预算改革与实践》一书。

从财政资金分配视角看，政府提升国家竞争力的过程就是通过预算方式的不断改进，提高财政支出效果，为本国的企业和公民提供高质量的公共服务，进而为他们创造良好竞争环境的过程。预算作为政府配置资源的重要工具，直接影响到财政支出的效果和公共服务的质量，进而影响国家的核心竞争力。当然，打铁还需自身硬，借鉴也为增内功，因此，特色化、个性化的绩效预算改革模式至关重要。面对复杂的国际国内环境，中国亟需立足国情，循证绩效预算管理基础，剖析绩效预算管理内容与优势，明晰绩效预算思想沿革路径，定位绩效预算制度潜在效用所在，找准绩效预算管理最本质的核心力，最终设计出有中国特色的绩效预算改革模式，促进国家经济社会可持续健康发展。这对于有效提高中国政府治理能力，使政府具有更高的、足可与私营机构媲美的运转效率和质量，使公共服务更能体现公正有效，据此获得足够的合法性具有重要意义。由我和财政部夏先德副司长等研究人员将这些研究发现编写为《中国绩效预算模式设计研究》一书。

实施全面规范、公开透明的现代财政预算制度是财政改革的重要方向。本丛书研究首次尝试运用财政工程的思想，将财政管理理论工程化，探索了绩效预算理论与实践，分析了绩效预算与政府治理能力、政府生产力、政府协同治理、行政成本的互动关系，试图指出21

世纪中国政府治理能力、政府生产力建设及优化行政成本的基本方向。同时，在政府、市场与社会关系上，还构建一种政府协同治理新型模式，对现代中国政府治理和财政预算创新进行了大胆探索。由于时间短、任务重，有许多理论问题仍在探索之中，不足之处还希望同仁多加批评指正。

许正中

于北京古崖居

2014 年 8 月 27 日

目　录

第一章
提升财政能力建设
勾画减贫战略路线

贫困不仅是一种生存状态，更是一种思维模式，其标准不是静态不变的，而是动态演进的。贫困的表现形式不再仅是收入的不足，更是权利的非对称、知识的贫乏和能力的缺失。再发达的国家也难以彻底永久性消除贫困现象。贫困的终结不仅意味着要结束贫困人口极端的生存苦难状况，更意味着要帮助他们登上发展的阶梯，不断融入社会发展浪潮，进而能享受到经济社会发展所带来的文明成果。因此，减贫是一项系统性、复杂性的社会工程，既是一个重大的经济问题，又是一个重大的社会问题。对此，政府职责义不容辞。

第一节　剖析致贫深层原因
明晰减贫战略目标

贫困问题是人类社会发展需要解决的首要问题，而解决方法就是要通过减贫工作来满足贫困人口的生理和心理需求，进而随着经济社会发展来逐步满足贫困人口的安全需求、社交需求、尊重需求、自我实现需求等。对此，在当今社会经济快速发展的同时，国际社会一直都十分关注减贫问题，从未放弃对消除贫困的努力。

自 1980 年以来，世界银行以“贫困”为主题，每隔 10 年出版一份报告，其 2000/2001 年度报告主题即确定为“与贫困作斗争”（attacking poverty）。1992 年，第 47 届联大将每年的 10 月 17 日确定为“国际消除贫困日”。1995 年 3 月，联合国社会发展首脑会议颁布《哥本哈根宣言及行动纲领》，将 1996 年定为“国际消除贫困年”。1995 年 12 月，联大将 1997 ~ 2006 年定为“联合国第一个消除贫困十年”。1997 年，联合国开发计划署（UNDP）全球人类发展报告的主题是“消除贫困”。2000 年 9 月，联合国召开千年首脑会议，发表《千年宣言》，设置了一组可衡量的减贫指标，确定到 2015 年将 12.2 亿贫困人口减少一半的发展目标。2006 年 2 月，联合国会议对“消贫十年”的情况进行了审查。2008 年 12 月，联大再次确定 2008 ~ 2017 年为第二个“国际消除贫困十年”。2010 年 10 月 18 日，联合国举行了主题为“缩小贫穷与体面工作之间的差距”的活动，呼吁各国关注就业，进而从根本上解决贫困问题，特别关注年轻人的失业问题。2012 年 2 月 1 日，联合国社会发展委员会在纽约联合国总部召开了有关消除贫困、促进就业以及关注残疾人福利等问题的会议。2012 年，“10 · 17 减贫与发展高层论坛”的主题就是“包容性发展与减贫”……可见，消除贫困对国际社会及人类进步意义重大，而转型期中国的减贫则更具有特殊意义。

一、明确界定标准，理性判断贫困

要探究扶贫、减贫问题，首先要深刻把握贫困的根本属性，立足于国际视野，重在概念的现实描绘，进而为减贫问题提供分析判断的标准和理论依据。

（一）把握贫困定义

从绝对贫困到相对贫困、从生存贫困到发展贫困，“贫困”这一困扰人类社会发展的难题始终发挥着它的威力。学者们虽然界定了不同的贫困含义，但都认为贫困是复杂的、综合的社会现象，涉及政治学、经济学和社会学等诸多学科领域。贫困最显著的特征是收入低下，难以满足最低生存标准，随之，也表现为教育、卫生、权利、能力等方面的欠缺。具体而言，贫困含义大体可以分为狭义与广义两种，前者主要指经济意义上的贫困，而后者除经济意义上的贫困外还包括社会、文化、环境等方面的因素。随着社会经济的不断发展，生活水平的不断提高，人们对贫困的认识也逐步由狭义的纯经济层面向广义的影响生存质量的多层面过渡。

国际社会较重视从能力角度来定义贫困。《1990 年世界发展报告》对贫困的定义是："缺少达到最低生活水准的能力"。1998 年的诺贝尔经济学奖获得者、多维贫困（multidimensional poverty）理论的主要创始者阿马蒂亚·森（Amartya Sen）也采用能力方法（the capability approach）对贫困进行定义，就是基于基本可行能力和权力的方法。他认为，贫困不只是指收入低下，其他因素也影响可行能力的被剥夺，从而影响到真实的贫困，因此贫困是对人的基本可行能力的剥夺①。当然，也有人认为从经济学角度定义贫困到从能力角度定义贫困是把视角变窄了。特别是权利缺失致贫问题正日益引起国际社会的重视。联合国开发计划署《1997 年人类发展报告》指出："贫困是一种对人类发展的权利、长寿、知识、尊严和体面生活标准等多方面的剥夺"，该报告从全面发展、生活质量以及基本权利等方面来考察与分析贫困问题，体现以人为本的理念。《2000/2001 年度世界银行发展报告》就将贫困明确界定为："贫困不仅意味着低收入、低消费，而且意味着缺少受教育的机会，营养不良，健康状况差，没有发言权和恐惧"，"贫困是指福利被剥夺的状态"。由此可见，从单纯的收入贫困到人文贫困，再到能力贫困，最后到权利贫困、制度贫困，贫困内涵在不断丰富，研究贫困的视角在不断变化，研究领

---

① 王小林、Sabina Alkire：《中国多维贫困测量：估计和政策含义》，《中国农村经济》2009 年第 12 期，第 4～10 页。

域在不断扩展[①]。

（二）细化贫困测量标准

贫困的测量有不同的标准，具体包括贫困的营养标准、贫困的收入标准、贫困的人文标准等。

1. 有关贫困的营养标准。1979 年，世界银行 3 位经济学家提出将每人每天摄入 2250 卡路里作为贫困的国际营养标准，即营养的摄入一旦低于这个标准，人们从事最低限度的必要活动的能力将会受到损害。对此，各国则根据不同国情制定了不同的营养标准。目前，中国采用每人每日 2100 大卡热量作为最低营养需求；而埃及五个地区的最低摄取热量标准为：大城市每人每日 2430 大卡，下埃及城市 2360 大卡，下埃及农村 2499 大卡，上埃及城市 2380 大卡，上埃及农村 2431 大卡等[②]。

2. 有关贫困的收入标准。1979 年，联合国确定人均年收入 200 美元（按 1970 年价格）为国际贫困收入标准。《1990 年世界发展报告》确定了人均年收入 275 美元以下的“赤贫”标准和人均年收入 370 美元的“贫困”标准（按 1985 年购买力平价计算）。2000 年，联合国千年发展目标中规定，日均消费低于 1 美元就属于“绝对贫困”。世界银行 2008 年宣布，将国际贫困标准从每天生活费 1 美元提升至 1.25 美元。

3. 贫困的人文标准。一方面，由于营养标准和收入标准往往只能从一个侧面反映贫困状况，另一方面由于购买力等因素影响，在不同国家及不同时期，甚至同一国家的不同地区，其维持生存水平的收入标准往往各不相同，为此，有的学者提出用婴儿死亡率、文盲人数、人均寿命和人均收入等指标的加权平均数来反映一个国家的贫困范围和贫困程度。事实上，国家的发展不仅反映了综合国力的提升，也反

① 刘俊文：《超越贫困陷阱——国际反贫困问题研究的回顾与展望》，《农业经济问题》2004 年第 10 期，第 23～27 页。

② 中国国际扶贫中心：《研究报告》2010 年第 1 期，第 3～5 页。

映了本国人民的进步，因此越来越多的国家在重视多维贫困指数的同时也开始使用其来衡量本国贫困水平。《中国人类发展报告 1997》中提出了“人文贫困”的概念，其贫困指标主要体现为健康长寿、获得知识、利用资源三个方面的能力不足。《2010 年人类发展报告》中，首次使用了多人类发展综合指数 HDI 来计算全球贫困人口数量，给出了 135 个国家在健康、教育以及基本生活标准方面的发展综合指数排名。《2011 年人类发展报告》又进一步给出了有 178 个国家的具体数据统计的人类发展综合指数 HDI 排名。

由于历史、国情等原因，中国长期以来并没有在全社会范围内划定过统一的贫困线和实行过贫困救济政策。而就贫困标准来看，中国实际上有农村贫困标准和城市贫困标准的区分，农村贫困标准是未解决温饱的贫困人口标准，是 1986 年由国家统计局按照维持人类基本生存所必需的食品支出（占 85%）和衣着、住房、燃料等非食品支出（占 15%）的比例，对 6.7 万户农村居民家庭消费支出调查的基础上计算得出的①。

中国国家统计局将每人每天 2100 卡路里定为最低营养标准，然后再根据最低收入中 20% 人群的消费结构来测算出满足这一营养标准所需的各种食物量的相应货币价值，即“食物贫困线”。当然，由于价格变动和基本生存必需品内容的变化，国家贫困线也是不断变化的。从绝对贫困来说，中国官方制定的农村贫困线标准：1978 年为人均纯收入 100 元，1985 年、1990 年、1994 年、2000 年、2003 年、2004 年、2005 年、2006 年和 2007 年相应数字则分别为 206 元、300 元、625 元、635 元、637 元、668 元、683 元、693 元和 785 元。2008 年，中国将绝对贫困标准和低收入标准统一定为 1067 元。2009 年和 2010 年，贫困标准线分别定为人均纯收入 1196 元和 1274 元。2011 年 11 月 29 日，中央扶贫开发工作会议决定，将农民人均纯收入 2300 元（2010

① 中国社会科学院农村发展研究所：《2000～2001 年：中国农村经济形势分析与预测》，社会科学文献出版社 2001 年版，第 198 页。

年不变价）作为新的国家扶贫标准，这一标准比2009年提高了92%，比2010年提高了80%。由此可见，从2007年开始，中国开始连续上调贫困标准线，力争达到世界银行标准。而按照2011年11月29日人民币市场汇价1美元兑6.3587元人民币来计算，中国新的国家扶贫标准大致相当于每日1美元。中国城镇居民的贫困标准则与最低生活保障线及标准密切相关，最低生活保障线制度是目前世界上绝大多数市场经济国家普遍实行的以保障全体公民基本生存权利为目标的社会救济制度，但中国的具体国情又决定了这种救济制度不可能覆盖全社会，而只能在城镇范围内实行。由于测算的方法存在差异，同时由于地方的财政状况不同，中国的最低生活保障标准也并不在全国范围内统一，而是因地区不同存在差异。

（三）确定贫困分类

按照不同的分类法，贫困可分为绝对贫困和相对贫困、生存贫困和发展贫困。基于致贫因素的考虑，不同学者也提出了诸如权利贫困、能力贫困、知识贫困等不同概念。

1. 绝对贫困和相对贫困。英国的朗特里（Rowntree）和布斯（Booth）最早提出绝对贫困的概念，即在一定的社会生产方式和生活方式下，依靠自己劳动所得和其他合法收入不能维持其个人或家庭所必需的一定数量的货物和服务的，就被看成贫困。其中，缺乏获得这些货物和服务的人被认为是穷人。由此可见，绝对贫困单纯地停留在物质贫困层面上，而忽视了人的社会、心理和文化需要。相对贫困是与整个社会平均收入水平相比的概念，即当一个人的收入比人口平均收入少到一定程度时他就是穷人。这样看来，相对贫困具有动态性，即不是根据低于维持生存水平的固定标准来定义穷人，而是根据该人的收入与社会其他成员收入的差距来定义，具有更大的现实可操作性。可以说，相对贫困避免了绝对贫困在地域和时间上的不适应性。在实际运用中，相对贫困通常把5%的最低收入者或者把低于平均收入水平的1/2或1/3的人作为穷人。

2. 生存贫困和发展贫困。生存贫困在某种意义上等同于绝对贫困，指的是生产资料匮乏，进而不能满足维持生存的基本需要，不能保障基本生活，生存受到威胁，解决食物和衣物成了主要的奋斗目标。发展贫困是相对于生存贫困来说的，即指当穷人的收入在一定的社会经济条件下达到一定水平时，穷人就具有了一定的自我发展的能力。也就是说，穷人的收入不仅能够维持基本生存水平，而且还能维持包括社会平均水平的教育、医疗保障等的支付水平。因此，这个标准也可以称为是扶持标准、工作标准，低于这一收入水平的穷人都需要得到扶持①。

由于长期以来中国绝对贫困人口较多，中国多按照绝对贫困的概念制定贫困标准，致使国际社会认为中国使用的是“低水平”的贫困标准。因此，在减贫工作中，中国迫切需要建立针对发展贫困的认定标准，以促进扶贫规划的实施。

二、力促减贫进程，推动人类社会进步

从绝对的生存贫困到相对的发展贫困，从单纯收入贫困到多元知识贫困，贫困是动态变化的，即使再发达的国家也难以彻底地永久性地消除贫困。由于贫困作为人类社会发展的难题始终“顽固”地发挥着它的威力，因此，减贫不仅是当今世界各国面对的共同课题，也是各国必须面对并优先解决的重大问题。

（一）减贫是协调南北关系的重大国际课题

随着国际分工的深化和经济全球化的扩展，各国间的经济联系日益紧密，这一方面提高了资源利用效率，推动了全球生产力大发展；另一方面也加剧了穷国与富国之间利益分配的不均。就生存与发展而言，穷国和富国由于在双边贸易、消费方式、国际分工、价值取向等诸多方面

① 刘俊文：《超越贫困陷阱——国际反贫困问题研究的回顾与展望》，《农业经济问题》2004年第10期，第23~27页。

存在着较大差异，在全球经济一体化趋势下，贫富差距日益悬殊，进而使得国家之间的矛盾、分歧显现。特别是，富国凭借高资本有机构成、高工资、高价格等在国际贸易格局中占据了较大的优势，而国际经济关系亦可以反映出穷国与富国在经济交往中各自所占据的地位以及对国际经济事务和规则影响上的力量对比。在国际经济事务中，富国通过按经济实力而非人口或国家来分配投票权的世界贸易组织、国际货币基金组织（IMF）和世界银行等机构来实现他们的经济意图，给穷国施加各种不平等的政治经济条款，也导致了穷国与富国之间矛盾的日益激化。《帝国金钱游戏》提供的调查表明，第三世界国家自20世纪70年代中期以来所获得的国外援助、投资和发展贷款，远远比不上因贷款服务、被指定购买特定进口商品和服务以及黑金和资本外逃而流出的资金数量。这正如OXFAM非政府组织的贸易专家布鲁默所说，“发达工业国只是在开放农业市场上作出了极小的让步，但却反过来要求后发国家更多地开放工业产品和服务业市场”①。另据世界银行统计，1992～1998年，真正贫穷的国家获得的外国直接投资占所有流向后发国家的投资的7%还不到②。

1999年10月12日，时任联合国秘书长安南将波黑宝宝梅维奇“指定”为全球第60亿个人，这个宝宝如今生活在萨拉热窝贫民窟中。而联合国秘书长潘基文表示他不准备抱抱“70亿宝宝”的原因是，他（她）出生在一个食物充足却有10亿人每天饿肚皮的世界。据美国《基督教科学箴言报》2010年11月17日报道，联合国公布了全球贫困人口超过17亿人（按每人每天1.25美元的多维指数标准）的消息。尤其值得重视的是，随着全球经济一体化，人们自然会想方设法朝最富有的国家迁移，因而贫困问题也不再仅仅是那些不先发国家的问题③。从20世纪70年代

① 葛传红：《世贸香港峰会成就中国“穷国代言人”形象》，《国际金融报》2005年12月23日。

② 布鲁斯·斯科特（Bruce R. Scott）：《全球化能否填平贫富鸿沟——论穷国与富国的收入差距》，《国外社会科学文摘》2001年第6期，第25～27页。

③ J. Wolfensohn：《不公平等于不公平》，《国外社会科学文摘》2001年第6期，第54～55页。

起，穷国向富国的非法移民浪潮开始兴起，其中战乱和穷困是首祸。世界银行的数据表明，从1975年到2005年向富国的移民由4000万人增长到了1.1亿人之多，其中经济衰退国家的移民人口从大约6%增长到11.4%，比重几乎翻番。另据联合国公布的数据，从1980年至2010年的30年间，富裕国家的移民人口从5%增加到了10%。其中，国际难民数量越来越多，且其境地每况愈下，他们甚至以生命为赌注以求进入先发国家。面对如此严峻而尴尬的局面，穷国和富国不得不同时进行深刻反思：贫困问题不再是穷国的单一方面的问题，而是穷国和富国都应该高度重视的问题。

（二）减贫是缓解国内群体矛盾和区域性矛盾的重要抓手

在国家内部，尤其是先发国家由于收入差距过分悬殊，使得越来越多的人被无情地推到贫困者的行列，演变为复杂的国内矛盾，具体表现为国内群体和区域性矛盾。

2006年11月15日，美国农业部报告，2005年美国有3480万人曾因没有足够的钱或其他资源而无法获得足够的食品。2010年6月16日，《今日美国报》报道，2008年至2009年，美国无家可归家庭增加了7%，达到170129户，而无家可归家庭在政府提供的救助中心借住的时间由2008年的30天增加到2009年的36天。2010年11月，美国农业部报告进一步显示，2009年美国有14.7%的家庭面临食品短缺，比2006年增长近30%，有5000万人生活在没有足够食物的家庭，接受紧急食物援助的家庭从2007年的390万户增加到2009年的560万户；2007年5月到2010年9月，美国领取食物券人数从2600万人增至4200万人，每8个美国人中有1人在使用食物券，在过去4年里，31.6%的美国家庭多次经历过至少两个月的贫困时期①。

与上述情况相对的是，据纽约大学爱德华·沃尔夫教授的研究，1995~1998年100多万美国人进入百万富翁行列。2010年，美国有

① 新华社：《国务院新闻办公室发表“2010年美国的人权纪录”》，2011年4月10日，见http://news.xinhuanet.com/politics/2011-04/10/c_121287401.htm。

1350万人的家庭净资产在50万美元，850万人的家庭净资产为100万美元，106万人的家庭净资产有500万美元。2007年，美国1%最富有的家庭拥有的财富占美国家庭财富总额的34.6%，接下来，富有的19%家庭拥有的财富占美国家庭财富总额的50.5%。这也就是说，美国20%富有家庭拥有的财富竟然达到美国家庭财富总额的85%，而余下的80%的美国家庭所拥有的财富只是美国家庭财富总额的15%。

这种越来越悬殊的财富差距，一旦超过了人们所能容忍的心理底线，必然使得穷人心理失衡，不满情绪也越来越强烈，进而濒临崩溃的边缘。比如长期以来，在美国等先发国家境内所发生的与贫困问题有关的吸毒、抢劫、绑架、凶杀等案件接连不断，且有上升的趋势。2011年，美国全国无家可归者援助联盟的数据显示，从1999年起，有1000多起针对流浪者的暴力行为，造成291人死亡。德国的屈恩格在比较中指出"美国在所有工业国家中有着最高的犯罪率、监禁率、少年母亲的比例、最猖獗的毒品贸易和最高的贫困人口（尤其是儿童贫困人口）比例"①。

贫困问题已经引起许多先发国家政府的重视，而消除贫困也成为世界各国政府执政前和执政中所要努力实现的重要目标。社会学家普遍认为，贫穷并不是穷人的过错，而是穷人实在无法控制环境的结果。因此，各国政府现在解决国内经济危机及社会问题的重要内容和手段就是"反贫"与"减贫"。

（三）消除贫困是解决民族问题与宗教问题的一把"利剑"

21世纪，国际主流以及时代主题依然是和平和发展。但是，有关民族问题与宗教问题所引致的世界冲突事件却是此起彼伏，危及整个世界安全与稳定。目前，全世界有2000多个民族，分布在200多个国家与地区之中，而全世界60多亿人口中，大约有48亿人信仰宗教。民族问题与宗教问题相互交织，涉及国际政治、世界和平、国家安全、经济发展

① 屈恩格：《福利社会的危机》，《国外社会科学》2000年第2期，第21~26页。

等众多方面，关系着人类社会的安定与和谐，是全世界的敏感问题与热点问题。

民族问题与宗教问题矛盾冲突的最高表现形式就是战争与恐怖，这显然与当前的文明社会是格格不入的，是人类社会所面临的最可怕、最残酷的问题，并且随着信息科学技术的发展，其影响还将日益深入。当前，世界各国虽然都非常关注反战争、反恐怖的问题，但是对问题产生的深层原因却研究不足。从“9·11”事件到印尼巴厘岛的大爆炸，以及莫斯科的剧院人质事件所代表的国际恐怖浪潮等等，都是民族问题与宗教问题纠缠在一起驱动所致，进而引起国际局势的一系列波动。

追本溯源，民族问题与宗教问题的导火索就是贫困。由于越贫困的人们对生活越绝望，而对精神的寄托越强烈，因此当伊斯兰教倡导“社会宗教主义”思想时，便得到了劳苦大众的拥护，在中东、北非、南亚等广阔地区打开了市场。地区越落后、民众越困苦，人们对社会越不满，进而对生活越绝望，对宗教的信仰也就越虔诚。考察一下阿富汗的自然条件及居民的生活状况，就可以理解为什么塔利班能够取得政权以及为什么恐怖活动的制造者可以常年隐匿于这个国家了。伊斯兰原教旨主义之类的宗教势力的兴起及蔓延，集中反映了广大贫民对现实的强烈不满和对财富的渴望。

巴西前总统科洛尔曾做出过一个发人深省的比喻，他认为第三世界的贫困问题是一颗“随时可能爆炸”的“真正的核弹头”，“不消除后发国家和先发国家之间巨大的贫富差距，即使冷战和核军备竞赛结束，世界也不会安宁”①。世界银行研究报告指出，收入不平等的扩大导致谋杀率的增高。一个国家的基尼系数增加一个百分点与谋杀率增加一个百分点是相关联的②。财富的多少是民族问题与宗教问题的根源所在，是保障世界和平的平衡器，而要各国平衡，世界各国就要把“减贫”、“反贫”

① 何慧：《失衡的世界——20世纪人类的贫困现象》，重庆出版社2000年版，第11页。

② 何奇松：《暴力的世界》，《国外社会科学文摘》2001年第6期，第31~34页。

作为自己国家事务中的“重中之重”。

专栏1－1

中国农民生存与发展的九大“悖论”[①]

悖论一：不上学等着穷，上大学立刻穷——一张大学录取通知书就等于一个贫困家庭的“判决书”。

悖论二：不打工现在穷，打了工以后穷——新“工农剪刀差”在自然延伸，只是表现形式变了，由工农扩展为城乡，由资金、物资的支持变为活劳动支持。

悖论三：因为穷不看病，因为病更加穷——“救护车一响，一头猪白养”，“住上一次院，一年活白干”。教育、医疗、养老被农民称为是压在头上的“新三座大山”。

悖论四：种田想赚钱，种了田难赚钱——“种田等于自费参加体育运动，锻炼了身体，白贴了一套运动服”。

悖论五：低价买货想便宜，便宜过后吃大亏——假冒伪劣产品“上山下乡”，农民成了消“废”者。“人命关天”的大案时有发生。

悖论六：政策鼓励农民进城，进城之后难成市民——城里的世界很精彩，城里的世界也很无奈。

悖论七：没有男孩想男孩，有了男孩愁男孩——男孩意味着家庭要承担“盖新房”、“娶媳妇”，如性别比失调再延续下去，20年后可能有四五千万个男性找不到配偶，愁上加愁。

悖论八：当家做主想民主，有了民主不做主——从“为民做主”到“民主”的进化过程中，农民有点眩晕，有点找不到“北”的感觉。

---

① 刘奇：《中国农民生存与发展的九大“悖论”》，《中国发展观察》2006年第8期，第25页。

悖论九：为陈规陋习所累，又为其推波助澜——人情礼份在“自由疯长”，雪球越滚越大，成了许多人难以挣脱的枷锁。农民说，不怕没钱，就怕攀比。

三、加速减贫，促进中国社会顺利转型

转型期中国加速减贫，无论对实现政治稳定、缓解各种利益冲突与矛盾还是对促进公平、提高人民生活质量都意义重大。

（一）减贫是维护转型期社会稳定的客观需要

中外历史一再表明，动乱与贫困相随，安宁与繁荣相伴。当贫富差距悬殊到贫者难以维持生存时，他们最有可能的政治选择就是通过各种非理性的、甚至暴力的行为来对抗和破坏现存的政治秩序和政治规范，以图改变自己的经济地位和生活状况。实践证明，各国转型期出现的严重的贫富分化，既是难以避免的经济现象，又是必须加以限制的社会问题。

在影响政治稳定的诸多因素中，最直接、最外在、最现实的问题当数贫困问题。减贫的成效是直接关系到一个国家的政治能否安定、政权能否持久的重要因素。有人考察了30个国家收入不平等与政治动乱之间的关系后发现，在18个国家中，税前收入不平等（基尼系数）与死于政治冲突的人数之间的关系系数为0.34，在另外12个国家中，税后收入不平等与政治冲突之间的相关系数为0.36[①]。另据俄罗斯《消息报》的调查，38%的俄罗斯人希望大款们统统被杀掉。中国科学院国情分析小组曾就“地区差距过大，可能带来的最大后果是什么？社会分配不公？社会不稳定？国家分裂？”这个问题对省地级领导进行过专门的问卷调查，有83.9%的人认为将会导致社会不稳定，16.1%的人认为可能会出现国

① 塞缪尔·亨廷顿：《变革社会中的政治秩序》，三联书店1989年版，第52页。

家分裂，没有人认为仅仅是社会分配不公而已①。可见，减贫已经成为了转型国家最大的、最现实的政治问题。

（二）减贫是确保转型期国家经济持续发展的重要前提

对于国家中各个地区而言，由于自然等因素所导致的发展能力大小有天壤之别，若让经济落后地区与经济先发地区按照现有的发展状况以同等的游戏规则进行竞争，落后地区必然会被市场“无形的手”无情地抛出公平竞争秩序之外。从这个意义上讲，国家资源并没有在本国内实现公平而合理地配置，反而使国家经济发展更加不对称，经济秩序也因此更加不合理、不公平。因此，在全国范围内对资源进行高效配置，使产业结构逐步实现由低级向高级的升级，以实现经济的快速发展，是市场经济发展的必然要求，也是转型国家实现转型目的的具体体现。当然，生产力水平、资源禀赋、国家产业政策、世界经济形势等都会影响产业结构调整，但最直接的原因却来自于需求或需求拉动。尤其是，许多穷国当前经济增长过度依赖投资和出口，而国内需求严重不足。内需不足的真正原因并不是所谓的“供给过剩”或居民的实际购买能力下降，而是由于居民收入差距过大所造成的居民消费结构的断层。经济学家霍布森认为，消费不足的根源在于国民收入分配的不平等，以至于引起富人过度储蓄，而穷人消费不足。而消费不足必然会影响产业结构的正常调整。特别是，在贫富差距过大的社会里，需求呈现出两个极端。对于广大的低收入者而言，收入的绝大部分不得不花在“必需品”上；对于高收入者而言，消费的倾向则在于高档商品或奢侈品。高档品的生产一般要求有较高的技术和资金占用，当社会为满足高档商品的需求而支付高额资本进行产业结构调整时，生产又可能由于有效需求不足而不能规模化进行，对应于整个国民收入而应着力发展的主导型产业又将受到严重的制约和影响。

20世纪80～90年代发生在俄罗斯的严重的商品短缺问题就是例证。

① 赖德胜：《先富、共富？——中国转型期的收入分配》，湖北人民出版社1999年版，第25页。

由于转型期下层社会和弱势群体的利益需求得不到响应，为满足基本需求的生产在俄罗斯不能有效进行，致使许多商品严重脱销。抽样调查结果表明：苏联 1985 年不脱销的食品仅占 16%，不脱销的布料、鞋类、服装占 18%，不脱销的家用电器占 22%。到 1989 年，这一数字相应下降为 6%、9% 和 5%；到 1990 年，日用消费品不脱销的仅剩 2%。另有一项调查表明，1989 年苏联居民“消费品篮子”里的 1200 多种商品中，有 1050 多种是短缺的，短缺率达到 90% 以上。对转型国家而言，这一由产业结构不合理而导致的商品短缺问题，原本是可以避免的。科尔内认为，在传统管理体制下运行的社会主义经济的主要矛盾是短缺，但是短缺并不是偶然所致，而是体制内在的现象。深刻的教训启迪我们：有效地配置资源、合理地调整产业结构，必须以强力、有效的需求为前提，而这种需求的主体恰恰应当是消费欲望最强烈、消费潜力最强劲的绝大多数社会成员的集合体，只有迅速提高这一消费群体的收入水平，才能从根本上拉动需求，使产业结构的调整符合主体消费者的消费方向，从而使经济持续、有效地向前发展。

（三）减贫是提升转型期国民生活质量的有效途径

在经济落后时期，社会发展的主要目标就是满足人们的基本生活需求，而随着经济发展到人们的基本生活需求得到充分满足后，社会发展的主要目标就会转向如何提高“生活质量”。“生活质量”（quality of life，QOL）又被称为生存质量或生命质量，是由美国经济学家加尔布雷思（Calbraith）于 1958 年在其所著的《富裕社会》一书中提出的，之后这一概念也得到了世界诸多先发国家的普遍认同，一些国家和地区已将改善生活质量作为社会发展目标，并取得了显著成绩。这些成绩对于转型国家同样具有显著的借鉴意义和强烈的示范效应。需要指出的是，生活质量强调必须以生活水平为基础，但又有别于生活水平，因为生活水平关注为满足物质与文化生活需要而消费的产品和劳务的多与少的问题，而生活质量所关注的则是生活得“好不好”的问题，其内涵更具有复杂性和广泛性，并且更侧重于对人的精神文化等高级需求满足程度和环境状况的评价。因此，生活质量强调对生活需求的满足不仅仅是一种数量概念，而且是一种质量概念，强调生活需求的个性化、多样化特征，即人们不仅要生存，而且要生活得更好，发展得更全面。

转型期“生活质量”是一个内容广泛的概念，它既反映人们的物质生活状况，又突出强调作为一个正常的“社会人”所应享受到的精神生活。由于“生活质量”原则关注的是广泛的社会民众，与转型期各国减贫的目标群体与行为主体也存在着高度的统一性。因此，减贫原则是“以人为本”原则和“生活质量”原则的具体化、本质化的体现。

第二节　梳理贫困理论模型着力政府财政减贫

自英国学者布斯和朗特里着手研究工业化社会的贫困问题，距今已经有100多年的历史。现代关于贫困成因及减贫的理论绝大多数来自于先发国家，尤其是美国。这些具有明确针对性的理论分析，对于我们深入探讨问题具有重要的启示作用，诸如低端循环锁定理论下的外部刺激注入模型、文化和权利固化理论下的动态升级需求模型、非均衡增长理论启示下的转移与放弃模型、人力资本理论呼唤的教育投入模型等减贫模型。

一、经典减贫理论回顾

从20世纪五六十年代开始，经济学家围绕贫困的原因和如何脱贫、减贫等问题，开展了大量的研究，提出了许多贫困理论和模型。梳理这些经典理论是制定国家减贫战略和提升经济实力的基础和方向。

（一）纳克斯的“贫困恶性循环”理论

美国哥伦比亚大学教授拉格纳·纳克斯在1953年出版的《不先发国

家的资本形成问题》一书中，针对后发国家的贫困根源，提出了“贫困恶性循环”理论，认为“一个国家因为穷所以穷”。这句话说明了经济落后国家里阻碍资本积累的最主要的循环关系。纳克斯认为，由于后发国家的人均收入水平低，投资资金供给与产品需求不足等限制了资本的形成，进而使后发国家长期陷于贫困之中。后发国家在资本形成问题的供求两方面都存在着恶性循环关系：在供给方面，由于实际收入水平很低，储蓄能力就差；收入低是生产率低的反映，而生产率低在很大程度上是由于缺少资本，而资本短缺又是由于储蓄能力差所造成的结果，这样形成一个循环，即低生产率—低收入—低储蓄—资本短缺—低生产率。在需求方面，由于国民的购买力很小，对投资的引诱很低；购买力小是因为他们收入低，而这又是因为低效率。就是说，收入水平低、储蓄能力低、资本缺乏、生产率低四个要素构成了另一个封闭的循环圈，即低收入—低购买力—投资引诱不足—低资本形成—低生产率—低产出—低收入。这两种循环互相影响，使得后发国家经济状况长期自锁，经济结构长期固化，社会经济状态板结。“贫困恶性循环”理论的不足之处在于混同了储蓄水平和储蓄率，即经济增长的启动力量来自储蓄率而非储蓄水平；将贫困国家的储蓄率不高只归咎于收入水平，而没有考虑社会、政治等其他因素对储蓄的阻碍影响。由于该理论架构的前提是封闭社会，因而忽视了利用外资的可能性。

（二）纳尔逊的“低水平均衡陷阱”理论

1956 年，美国经济学家纳尔逊提出“低水平均衡陷阱”理论。该理论描述了人均国民收入增长缓慢的情况下人口增长与国民收入持久均衡的状态，尤其是低收入的亚非拉国家中人口增长对人均国民收入的影响效果。受到马尔萨斯人口论的影响，纳尔逊认为只要人均收入低于人均收入的理论值，国民收入的增长就被更快的人口增长所抵消，使人均收入逼回到维持生存的水平，并且固定不变；当人均收入大于这一理论值时，国民收入增长超过人口增长，从而人均收入相应增加，直到国民收入增长下降到等于人口增长为止，在这一点上，人口增长与国民收入达到新的均衡。因此，在一个最低人均收入水平增长到与人口增长率相等的人均收入水平之间，存在一个“低水平均衡陷阱”，在这个陷阱中，任何超过最低水平的人均国民收入的增长都将由人口增长所抵消，这种均衡也是稳定的。如何才能逃离这一“贫困陷阱”，纳尔逊认为，贫穷国家必须进行大规模的资本投资，使投资和产业的增长超过人口增长，才能冲出“低水平均衡陷阱”。

（三）缪尔达尔的“循环积累因果关系”理论

诺贝尔经济学奖获得者、瑞典著名经济学家缪尔达尔使用系统论的方法研究贫困问题，提出了“循环积累因果关系”理论。该理论从政治、经济、文化和习俗等方面寻找贫困的原因，从而拓宽了贫困的研究角度与层面。缪尔达尔认为，在一个动态的社会经济发展过程中，各种因素相互联系、互相影响、互为因果，呈现出一种循环积累的发展态势：一个因素发生变化（起始的变化）会引起另一个因素发生相应变化，产生“第二级变化”，强化原先的因素，导致经济发展过程沿原来因素的发展方面发展。因此，这种发展关系不是均衡的、守恒的，而是一种“累积性的循环”。在贫困国家，由于人均收入水平低，导致人们生活水平低下，营养不良、医疗卫生状况恶化，健康受损，教育水平低下，从而使人口质量下降，劳动力素质不高；劳动力素质不高又导致劳动生产率难以提高，生产效率低下，且劳动生产率低又引起产出增长停滞式下降，最终低产出又导致低收入，低收入进一步强化经济贫困，使后发国家总量陷入低收入与贫困累积性循环的困境之中。由此得出结论：收入水平低是导致后发国家贫困的重要原因。缪尔达尔主张，通过权力关系、土地关系、教育等方面的改革，实现收入平等，增加穷人的消费，以提高投资引诱；同时，增加储蓄可以促进资本形成，使生产率和产出水平大幅度提高，从而使后发国家的人均收入水平迅速提高。

（四）莱宾斯坦的“临界最小努力”理论

1957年，美国经济学家莱宾斯坦提出了经济发展的“临界最小努力”理论。该理论认为，为了打破落后经济的稳定均衡，达到持久增长，最初促进发展的刺激或努力需要达到临界的最小规模。莱宾斯坦提出决定临界最小努力的必要的因素有四个方面：（1）内部不经济。为了克服内部不经济，要求投资集中于少数几个产业，而不应广泛分散。（2）外部不经济。要克服由各种产业的相互依赖带来的外部不经济，达到产业间的平衡增长。（3）诱发性和自发性抑制因素的克服。能在经济增长启动的同时，克服由于增长的刺激产生的诱发性和自发性抑制收入的障碍。（4）非经济层面与增长的关系。应在一个经济系统里创造一种新的机制，克服文化和体制上的障碍，使得刺激经济增长的动力能得到源源不断的发挥。莱宾斯坦认为，贫困均衡能不能打破，关键是外力的刺激和内部努力的大小①。

（五）阿玛蒂亚·森的“权利贫困”理论

印度经济学家阿玛蒂亚·森提出了一个重要命题：要摆脱贫困，首先需要全体居民取得平等的权利。只要不同阶层实际获得的权利不平等，即使经济发展了，并不能保证所有的阶层都能公正地享受到社会福利。“要理解普遍存在的贫困，频繁出现的饥饿或饥荒，我们不仅要关注所有权模式和交换权利，还要关注隐藏在它们背后的因素。这就要求我们认真思考生产方式，经济等级结构及其之间的相互关系。”② 森认为，用权利方法分析饥荒问题，就是“透过经济现象，深入到社会、政治和法律的层面，去探究饥饿的原因”，又认为，“由于人们的收入取决于他们能够出卖东西的数量及其价格水平，因此，以收入作为研究的出发点就会忽视权利关系中的许多重要内容……但是，权利方法的主要优点是能够使我们更好地理解一个人对于一般商品的控制和支配能力。”③ 因此，一个人支配粮食的能力或他支配任何一种他所希望获得或拥有东西的能力，都取决于他在社会中的所有权和使用权的权利关系。这些权利关系取决于他拥有什么，交换机会能够给他提供什么，社会可以免费给他些什么，

① 杨永华：《发展经济学流派研究》，人民出版社 2007 年版，第 56 页。
② 阿玛蒂亚·森：《贫困与饥荒》，商务印书馆 2001 年版，第 12 页。
③ 阿玛蒂亚·森：《贫困与饥荒》，商务印书馆 2001 年版，第 190 页。

以及他由此丧失了什么。森的结论是，贫穷是基本能力的剥夺和机会的丧失。为此，只有通过重建个人能力才能避免和消除贫困。

（六）罗森斯坦·罗丹的“大推进”理论

1943年，英国著名的发展经济学家罗森斯坦·罗丹在《东欧和东南欧国家工业化的若干问题》一文中提出了“大推进”理论。该理论的核心就是同时对后发国家或地区的国民经济的各个部门进行大规模投资，以此来促进这些部门的平均增长，进而推动整个国民经济的高速增长和全面发展。罗森斯坦·罗丹赞成由政府与私人合作投资于几个互补性的工业以产生实质性民族工业的增长并刺激国内消费市场的发展。并且，罗森斯坦·罗丹还认为，“增长理论绝大部分就是投资理论”，而后发国家只有全面地大规模地进行投资才能克服“有效需求不足”和“资本供给不足”的双重发展障碍，从而推动整个国民经济的全面均衡而快速的发展。“大推进”理论建立在生产函数、储蓄、需求的三个“不可分性”上面。（1）生产函数的不可分性：罗森斯坦·罗丹认为，投入产出过程中的不可分性能够增加收益，并对提高资金产出比作用更大；（2）储蓄的不可分性：储蓄的增长是有阶段的，只有当收入的增长超过一定限度之后，储蓄才会急剧地上升，才会使更大规模的投资成为可能；（3）需求的不可分性：产品生产出来之后必须有充分的国内市场或有保证的国际市场才能销售出去。

（七）赫希曼的“不均衡增长”理论

赫希曼认为，贫困国家并不具备“大推进”所需要的资本、企业家和其他资源，均衡增长对于后发国家是不现实的。他认为，发展是一个不均衡的连锁演变过程。发展是一个漫长的无穷的过程，在这个过程中各个因素相互影响，因而使整个经济的前进表现为非均衡状态。在一个竞争经济中，收益和损失是不均衡的征象，我们的问题是使不均衡存在而不是使其消失。要使经济向前发展，发展政策的任务是保持紧张、不成比例和不均衡。不均衡发展恰恰是发展的理想结果，因为这种结构的每一过程发展都是由过去的不平衡引起的，并且转向新的不平衡，要求进一步发展。为此，他主张把资源投放到新产业上，这样投资可以通过“联系效应”而带动其他部门的投资和发展，最终使后发国家摆脱经济贫穷落后的状态。

（八）舒尔茨的“人力资本”理论

1960年，美国经济学家舒尔茨在美国经济学学会上发表了题为《人力资本投资》的著名演说，并提出了一个著名的观点：“经济发展主要取决于人的质量，而不是自然资源的丰瘠或资本存量的多寡”①。舒尔茨认为，不包括人力资本的资本概念是不实际的，人力资本投资能有效地增加劳动者的技能，就像投资于厂房和机器设备一样，可以提高劳动生产率和经济效益。舒尔茨认为，物质资本是体现在物质产品上的，人力资本是体现在劳动者身上的，主要包括质和量两个方面。量是指社会中从事现有工作的人数及百分比；质是指技能、知识、熟练程度与其他类似可以影响人从事生产性工作能力的东西。在人力资本的投资中，舒尔茨特别强调教育投资在人力资本投资中的作用。

（九）刘易斯的“贫困文化致贫”理论

美国学者刘易斯（O. Lewis）通过对贫困家庭和社区的实际研究而提出了从社会文化的角度来解释贫困现象的“贫困文化”理论。该理论认为，穷人在社会中由于贫困而在居住等方面具有独特性，并形成独特的生活方式，而正是这种独特的生活方式促进了穷人间的集体互动，从而使得与其他人在社会生活中相对隔离，最终产生了一种脱离社会主流文化而处于独特的文化观念和生活方式的贫困亚文化。这种亚文化通过“圈内”交往而得到加强，并且被制度化，进而维持着贫困的生活。另外，这种贫困文化会世代传递，并且塑造着在贫困中长大的人的基本特点和人格，促使他们即使遇到摆脱贫困的机会也难以走出贫困。

---

① 舒尔茨：《人力资本投资》，见《现代国外经济学论文集》（第八辑），商务印书馆1984年版，第38页。

二、建构新时期减贫理论模型

经典减贫理论从不同的角度提出了具体而现实的问题，并试图透过各种现象，揭示出消除贫困的具体策略。有些理论具有均质性，可以解决后发国家和先发国家共同面临的贫困问题，有些理论则需要针对不同的社会背景进行扩展与延伸，进而指导政府在减贫中作用的发挥。

（一）低端循环锁定理论下的外部刺激注入模型

纳尔逊的“低水平均衡陷阱”理论、纳克斯的“贫困恶性循环”理论、缪尔达尔的“循环积累因果关系”理论具有相似性，都阐述了低水平下的恶性循环，致使贫困难以消除，认为后发国家消除贫困的路径在于增加收入、增加储蓄、提高投资、提升劳动生产率和产出水平。而莱宾斯坦进一步指出，贫困均衡的打破要求临界值下的外力刺激和内部努力，因此，消除贫困需要政府、公共财政进行必要输入，以外部刺激打破贫困均衡。

所谓低端循环锁定主要指因收入、资本的短缺而使得国家难以摆脱低端的贫困，长期地停留于低端的循环，从而形成一种低端的自我锁定，犹如《圣经》及经济学中“马太效应”，贫者愈贫。打破低端循环锁定、消除贫困的最佳因素是外部的刺激，保证高于某一最小临界值下的外部输入。

（二）文化和权利固化理论下的动态升级需求模型

文化是贫困问题产生的重要原因①。贫困是一种自我维持的文化体系。穷人与其他社会成员在文化方面是相互隔离的，在长期的贫困生活中，穷人形成了一套特定的封闭的自我强化的文化体系、行为规范和价值观念体系。例如，贫民窟中会形成特有的群体意识和归属感，还使生活于其中的人形成特殊的生活方式（如赌博、举债、靠典当度日等）和

① Oscar Lewis, Five Families: Mexican Case Studies in the Culture of Poverty, Basic Books, 1959. Oscar Lewis, La Vida: A Puerto Rican Family in the Culture of Poverty, Random House, 1966.

行为方式（如自我控制力较弱、自暴自弃等）。贫困文化一旦形成，便会对“圈内”周围的人产生强化隔离的影响，尤其是对贫困者的后代产生影响。贫困文化使生活在其中的人逐渐脱离社会生活的主流，使自己在封闭的状态下，不断复制贫困。

社会不公平导致权利的不平等和身份不平等，导致阶层固化，从而形成阶层性贫困。印度的种姓文化就是一种典型的阶层性贫困文化，某一地域范围内特定贫困群体中又会产生板块性文化，如中国的深山区文化。文化和权利的固化将形成新的贫困难题，而破解这一难题的关键是保障权利公平下形成文化和阶层的动态升级机制。

（三）非均衡增长理论启示下的转移与升级模型

正如美国当代著名学者、哈佛大学教授戴维·S. 兰德斯在《国富国穷》开篇所言：“像生活一样，大自然是不平等的，有自己的偏好；进一步说，大自然的不平等是难以消除的。从产值和人均收入来看，富国位于温带，特别是北半球的温带；穷国则位于热带和亚热带。”[①] 难以摆脱的持续贫困，往往发生在自然资源匮乏、自然条件恶劣、资本短缺、科技水平落后的国家和地区，在这些问题的背后，地理因素起着决定性作用。客观地说，这一观点可被当今世界的许多事实所支持，中国目前贫困人口的地域分布也能在一定程度上说明该问题。

要素禀赋理论、比较优势理论、区位优势理论以及以赫希曼为代表的不平衡增长理论认为，经济的发展不可能绝对均衡。因此，在减贫的实施中不能各地区同步推进，财政资金的投资应当是区域性的投入。例如，对一些严重不适应人类居住的地方，应当将其现有居住人口进行转移，即有效放弃，因为这种环境型、生存型贫困是不可能消除的。

（四）“先治愚后治贫”的教育投入模型

贫穷国家经济之所以落后，其原因不仅仅在于物质资本的短缺，更在于人力资本的匮乏和人们对人力资本投资的过分轻视。特别是在

① 戴维·S. 兰德斯：《国富国穷》，新华出版社2001年版，第1页。

后发国家，轻视人力投资的情况更为严重，人力投资更普遍地受到人们的忽视，这也是许多此类国家领导人和代表人物所固有的思想倾向。因此，在扶贫过程中，政府要注重加大教育投资的扶贫力度，公共财政加大教育投入与支出，在培育和形成人力资本的过程中提高劳动者技能，解决能力缺失带来的贫困，通过“先治愚后治贫”的途径消除贫困。

三、中国减贫问题的理论剖析

理论模型开发的目的是指导和运用于实践，离开实践的理论模型将毫无意义和价值。中国构筑减贫理论模型，必须以中国的贫困问题为基础，以现实来检验并完善理论体系。

（一）资本注入和财政减贫消除低端积聚导致的区域性贫困

中国贫困人口的主体在农村，而农村贫困问题主要集中在老、少、边、穷地区，尤其是中西部地区问题突出，那里地域偏远，交通不便，生态失调，经济发展缓慢，社会发育程度低，文化教育落后。在列入国家“八七”扶贫攻坚计划的592个贫困县中，共有508个县分布在中西部，占85.8%。在21世纪的反贫困计划中，这些地区已成为《中国农村扶贫开发纲要（2001~2010年）》的重点对象，并取得了不少的成绩。2001年到2009年，592个国家重点扶持贫困县的贫困人口由5677万人减少到2175万人，农民人均纯收入也从1277元增加到3273元，年均实际递增率高于全国平均增长水平。当然，中国脱贫工作仍然非常艰巨，特别是伴随着中国经济社会的发展，以资本注入和财政减贫为主要方式，逐渐消除低端积聚所导致的区域性贫困，是进一步缓解区域性贫困问题有效途径。

（二）自立精神培育消除文化性贫困

调查发现，居民间收入分配差距扩大的速度是十分惊人的，尤其自20世纪90年代以来，收入分配上的“马太效应”开始显现。随着资产收入影响的日益加大，一方面，中国拥有百万元甚至千万元以上资产的家庭越来越多；另一方面，依托于社会转型背景，城市社会结构急剧变迁以及城市经济体制改革不断深化，城镇中由于企业破产、停工和生产不景气而导致的下岗、失业人员越来越多，加上一部分退休人员生活保障难以到位，适龄青年不能及时就业，城镇中的贫困阶层日渐庞大，逐渐成为中国社会的不安定因素。城市中不同阶层的人口开始有规律地集聚在城市的不同区位，由此产生了的新的“城市贫民区”①。中国阶层性贫困问题的产生，除了有刘易斯分析的二元经济社会原因，即只要传统的农业劳动力剩余严重，劳动力供给就将存在无限弹性的因素，还有转型期体制不完善、法制不健全、收入分配机制作用失灵等的影响。可以说，区域性贫困是自然形成的，是经济不发达的结果；而阶层性贫困却是制度或体制、文化造成的，是经济发展过程的产物。因而，现阶段如果不从体制、法制、文化等深层面解决问题，阶层性贫困是难以消除的。

（三）着眼于转移放弃推进生态极度贫困地区减贫

2006年底，世界银行在发布的《贫困评估报告》中指出，中国穷人不但相对贫穷，而且绝对贫穷。从中国自然地理条件看，这些贫困地区主要分布在深山区、石漠区、高寒山区、黄土高原区、荒漠区、地方病高发区和水库库区等自然条件恶劣的农村，人口较少民族地区以及42个沿边境的扶贫重点县等。在中国历史上，这些地区历来以偏远闭塞、资源匮乏、土地贫瘠、干旱缺水、自然灾害频繁著称，是几乎从未摆脱过贫困状态的典型的贫困地区。解决这部分人口的温饱问题，是扶贫工作中最难啃的骨头。同时，由于这些地区生态系统十分脆弱，加之农业基础设施异常原始、简陋，当突发的自然灾害出现时，首当其冲的受害者往往就是这些地区。所以，这些地区即便是已经脱贫，还存在着高比例的返贫问题。2008年，中国贫困人口中有66.2%在2009年脱贫，而在2009年的3597万贫困人口中有62.3%是返贫人口。2010年，据中国扶

① 陈涌：《城市贫困区位化趋势及其影响》，《城市问题》2000年第6期，第15～17页。

贫基金会报告披露，当年大旱导致西南五省区市除四川之外，至少有218万人返贫，经济损失超350亿元[①]。返贫是指因为自然灾害、生态环境变化、外部市场变化、经济格局调整等因素，贫困人群成群体或贫困户单体重新退回生存所需的物质供给匮乏乃至严重匮乏状态，甚至不足以维持基本生存。针对中国的生态极度贫困地区，需运用适度放弃战略，放弃并不是听之任之，而是将贫困人口进行转移和迁徙，摆脱极度恶劣的环境型贫困。

（四）“治贫先治愚”消除中国的能力贫困

“授之以鱼，不如授之以渔。”中国贫困地区之所以贫困，根源之一就在于缺少教育与培训。由于贫困而上不起学，辍学率高，文盲率高，反之又因为素质低且劳动技能低下而导致贫困。国家统计局的统计数字显示，在绝对贫困人口比重较高的592个贫困县中，2002年、2003年连续两年有76%的人居住在山区，这些贫困人口的文化素质低下，其中28%左右的人是文盲[②]。因此，给贫困人口以充足的受教育与参加培训的机会，提高他们受教育与参加培训的意识，是中国扶贫开发的关键。“治贫先治愚”在中国不仅是一个口号，而且成为各级政府自发的行动。中国政府要加强农民的技能培训以及实用技术的推广。具体包括：积极推广先进生产技术，加大种植、养殖技术培训，确保农村中学毕业生掌握一两项职业技能。建立新农村人才智力支持机制。特别要积极创造有利于培养人才、吸引人才、用好人才的体制机制环境，吸引各类技术人才到贫困地区发展。做大贫困地区的“阳光工程”，积极开展贫困劳动力转移就业技能培训，努力做到培训一批、就业一批、脱贫一户、带动一片。当然，还应该相应地加强配套制度建设，保证资金的使用效果，防止走形式和以培训为名套取资金。中共广西壮族自治区东兰县县委书记廖昌军曾指出：“实践证明，单纯资金注入式的物质扶贫无法让群众从根

① 钟同：《西南218万人因旱返贫》，《深圳特区报》2010年5月24日。

② 徐寿松：《扶贫不能见物不见人——〈瞭望新闻周刊〉专访国务院扶贫办主任刘坚》，《瞭望新闻周刊》2004年第22期，第26～27页。

本上摆脱困境，只有让农户具备自我谋生的能力，他们才能找到正确的自我发展道路。”①

第三节　顶层设计减贫战略系统集成社会资源

随着对发展问题的复杂性认识的不断深化，缓解贫困的战略也不断得到调整和完善。针对中国当前存在的生存贫困、权利贫困、能力贫困、知识贫困、失业致贫、创业技能贫困、自立精神型文化贫困等贫困病灶，制定以人文社会普遍服务减贫战略为基本保障，包括信息知识社会普遍服务、产业社会普遍服务、人力资本投资、创业就业减贫战略在内的多种战略，以战略间的多螺旋互动和激励实现成功减贫。

一、透视减贫新战略背景

中国是世界上最大的后发国家，也是世界上贫困人口最多的新兴国家之一。在整个20世纪80年代和90年代，中国农村贫困地区的减贫战略在缓解农村贫困地区的绝对贫困状态方面取得了重大进展，从1978年到2010年，中国农村贫困人口由2.5亿人减少到2688万人，贫困发生率从30.7%下降到2.8%。中国政府为缓解农村贫困地区贫困状况所采取的种种措施和所取得的杰出成就也得到了国际社会的广泛赞誉和高度评价，如世界银行前行长沃尔福威茨在《全球范围内的减贫：针对发展的学习和创新》一书序言中指出：“在我以世界银行行长身份首次出访东亚地区时，我对中国的减贫成就就印象深刻，其速度之快，规模之大，在人类历史上实属罕

① 何丰伦等：《中国扶贫开发：从“物质扶贫”到“精神扶贫”》，2004年10月15日，见http://www.xinhuanet.com/chinanews/2004-10/15/content_3037558.htm。

见。”根据世界银行提供的资料，1990年到1998年期间，后发国家的贫困人口数减少了7750万人，而中国减少了14720万人，贡献率为190%[①]。2011年，联合国秘书长潘基文在接受中国青年报访问时表示：“东亚的贫困率到2015年有望降至不到5%，而这个成果在很大程度上归功于中国经济的巨大发展。”[②] 然而，鉴于中国存在的巨大的地区差距和贫富悬殊，面临的更为复杂、多变的国际背景，中国的减贫任务依然艰巨，未来将以不同战略间的多螺旋互动深入推进减贫工程。

专栏1-2

财政减贫中的专业化制衡与多螺旋激励理论

随着经济的不断发展，权力制衡主要表现为基于专业分工基础之上的专业化制衡。现代政府在内部管理中引入市场化理念和企业管理手段，构建专业化制衡，促使专业化制衡成为约束政府行政权力最有效的组织制度。专业化制衡就是要使政府在管理流程再造和组织再造中，通过专业化的技术和岗位分工，促使行政管理活动内部各环节之间以及各机构之间实现彼此协作、相互制衡。

多螺旋激励理论的灵感来自于孩子们常玩的打陀螺的小游戏，小小的陀螺在鞭子的抽打下，稳定地朝着一定的方向转，即使故意用手拨弄，令它暂时倾斜，也会自然恢复到原来的状态。多螺旋激励是从立体、多维度视角实现激励的管理方式，不仅关注在点上的激励效率，更关心动态激励机制的构建，实现永继型激励与驱动。扶贫多螺旋激励模型是包含财政、文化、科技、产业、教育等诸多要素在内的激励、推动模型。

---

① 倪志良、郝志景：《财政扶贫支出与减贫的实证分析》，《山西财经大学学报》2007年第4期，第19~22页。

② 刘坤喆：《“有一个远大梦想，做一名世界公民”——本报记者专访联合国秘书长潘基文》，《中国青年报》2011年10月28日。

> 专业化制衡是专业分工、相互制衡，而多螺旋则把各种各样的因素、事物融合在一起，形成一盘棋，也就是形成一个陀螺，要想创造出价值和效益必须使陀螺转起来，向需要的方向正向旋转、演进。在转的过程中要用制衡保持稳定，使其不同角度受力均衡；而要转得快，转得好，即需要抽打，加以外力，则称做激励。财政减贫是一项系统性、复杂性、动态性的工作，减贫过程包含不同的影响因素，需要制定多种战略；减贫的顺利推进要求众多要素、多种战略融合、正向演进，这就离不开多螺旋激励理论的指导。

二、解读减贫新战略的特性

每个国家或地区的具体情况和条件都存在很大的差异，不可能存在单一的减贫模式。但通过对多种减贫战略实施的比较和分析，理想的减贫战略应当具备以下属性：

（一）全覆盖及社会公正性

全覆盖要求减贫战略能够覆盖所有的符合贫困标准的穷人，或者说，在科学划定贫困标准的前提下，所有被认定为贫困的人都必须享受政策福利的扶持。公正性指保证每一个社会成员平等享有基本的生存权和发展权。如果一个社会的效率和发展是以一部分人挣扎在温饱线以下为代价的，或者一个地区的繁荣昌盛是以另一个地区的长期贫穷落后为前提的，那么就根本无法说这个社会是公正的或正义的。由于复杂的社会历史背景，贫困人口长期处于经济社会进程的边缘，阻隔于国家经济进步之外，在大多数人生活进入小康并向更高层次冲刺的时候，这些人则被社会边缘化。减贫体现的最高社会意义，就是保证每一个社会成员都能够被公平合理地对待，都有机会发挥自身潜能和实现全面发展，可以以平等的身份参与社会政治活动、参与市场经济竞争、分享资源配置利益，共享现代化文明成果。

（二）快速启动及可持续性

“快速启动”要求当减贫对象出现以后，减贫机制可以很快启动，不会让穷人在较长时间处于贫困状态。可持续性则体现在两个层面：第一层面要求减贫要作为一项长期的战略任务，针对贫困地区或贫困群体进行财政等相关措施的持续性支持与帮扶，直到消除或彻底转化贫困人口，它是减贫战略在时间上的表现；第二层面要求既要满足贫困人口多种物质生活和精神生活享受的需要，如饮食、居住、衣着、交通、安全、文化教育、体育、医疗保健、就业、娱乐、社会保障等方面的需要，不断提高其物质文化生活水平，又要满足包括人们对劳动环境质量、生活环境质量和生态环境质量等的需求，逐步提高生存与生活质量，做到适度消费和拥有文明生活方式，使人、社会与自然保持协调关系和良性循环，从而使社会发展达到人与自然和谐统一、生态与经济共同繁荣、发展与资源环境相互协调。

（三）高绩效及非依赖性

“高绩效”强调投入的扶贫资源能实现最高的扶贫效率，不存在制度上的浪费。这个条件应包括两个方面的内容：一是管理成本最小；二是所投入的一定的扶贫资源能帮助最多的穷人增加收入，减缓贫困。非依赖性是指减贫战略给予的帮助不会形成受益穷人对扶贫资源的依赖，不会挫伤穷人自身为摆脱贫困进行努力的积极性①。高绩效及非依赖性要求通过市场与非市场行为的有机结合刺激经济增长，使穷人积聚人力、物质和社会资本并提高资本回报率，以人的“能力本位”为核心，以人的全面发展为目标，充分发挥贫困人口的自身潜能与活力，真正把政府、部门、社会的单一扶贫行为转化为政府、部门、社会和贫困人口共同参与的反贫行为。

① 吴国宝：《对中国扶贫战略的简评》，《中国农村经济》1996年第8期，第27~30页。

三、描绘中国减贫新战略路线图

世界银行的一份研究报告表明，在中国农村的各项基础投资中，教育投资对减贫的作用位居第一，排在第二、三位的分别是通讯和农业科技推广，道路、电力、水利等位居其后。基于此，针对当前存在的权利缺失致贫、能力贫困、知识贫困、失业致贫等贫困问题，规划减贫新战略（战略规划见图 1－1）。

（一）人文社会普遍服务减贫战略——提供基本保障网

人文社会普遍服务减贫战略包括对生存权、发展权和自由迁徙权三个方面的维护，最低生活保障制度、基本住房保障制度、基础教育保障制度、自由流动户籍制度等成为构建人文社会普遍服务体系的有力支持。

人文社会普遍服务减贫战略是多层次的目标体系。第一个层次是"保障"，保障社会中的最弱势群体，尤其是赤贫群体，对其进行社会救济和救助，保证其基本的生存权利；第二个层次是"社会保险"，即为社会大多数群体提供保险服务，以规避市场风险和各种人身风险，如失业保险、医疗保险、工伤保险等等，以及针对农村、农民、农业"老三农"和农村、农民工、失地农民"新三农"的解决当前最迫切的贫困农民的基本生活保障问题和农民的因病返贫的农村合作医疗。

人文社会普遍服务打破了二元城乡分割的服务制度模式，打破了只针对城镇居民的服务制度模式，打破了主要对固定的企事业单位就业职工的服务模式，打破了只为了保障而保障的"制度理念"，从根本上保障了农民、失地农民、农民工等群体享受与城市居民同等的权利和服务，有利于消除社会不公平导致的贫困以及权利缺失导致的贫困。

（二）人力资本投资减贫战略——消除能力贫困

"愚"与"贫"的联姻，导致人口素质低下并愈演愈烈。数千年遗

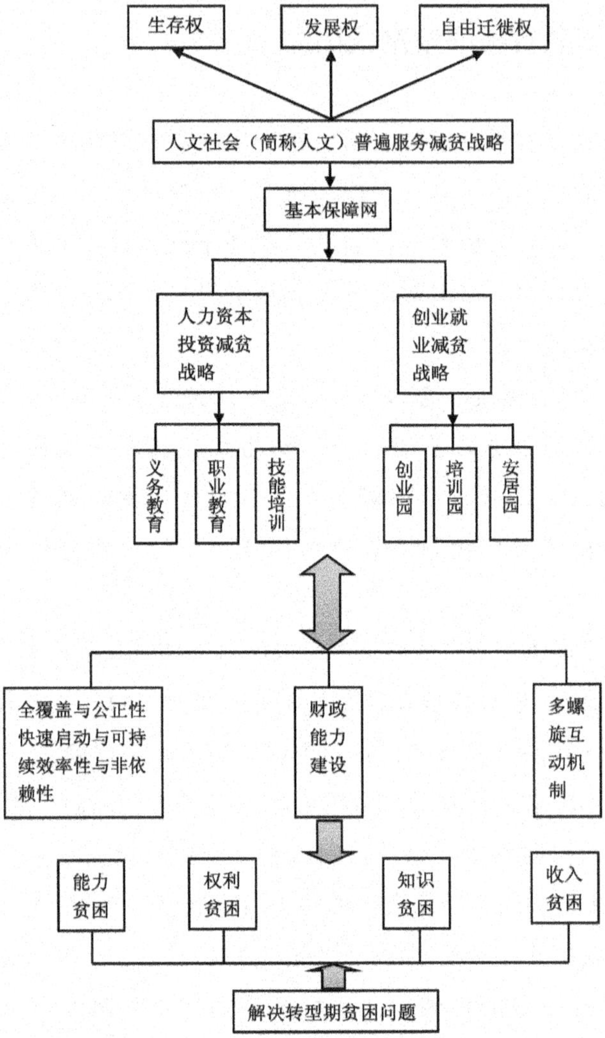

图 1－1　中国财政减贫新战略展望与规划图

留下来的小农经济生产方式及安于自给自足和自产自用的封闭意识，都无求于高层次文化支持，像一块硬币的两面，相互制约而共存着。“愚”

与“贫”是紧紧捆绑着脱贫的两条绳索，它们结成了“死扣”[①]。治贫先治愚，必须加大人力资本投资。要率先推进免费义务教育为核心的基础教育保障制度。根据本人承担的义务教育绩效评估课题（财政部和教育部联合委托）研究发现，人的受教育时间同其对社会的贡献成正相关关系。从总的概率来看，高中毕业生受教育的成本与其对社会的贡献相等，换句话说，一个人在当今社会，如果没有达到高中毕业，那么他将很可能成为社会发展的成本。从这个角度看，中国需要的是“普十二”而非“普九”。义务教育，尤其是农村义务教育的普及与真正落实不仅是国家人口素质问题，更是减贫、解决困扰社会的“新三农”问题、建设小康社会、构建和谐社会的“总钥匙”。人力资本投资减贫工作中，要大力发展职业教育和技能培训。

（三）创业就业减贫战略——消除无业致贫

通常情况下失业与贫困总是联系在一起，因为失业的定义本身就意味着既失去了工作，也失去了生活来源。在中国，城镇居民的贫困无一例外地与就业有着密切的关系，因为中国当前城镇居民的收入来源，即使呈现出多元化趋势，但工资收入就业收入仍是收入的主体部分，约占城镇居民总收入的80%以上。中国城镇贫困户的经济贫困即低收入，其实质上是失业和就业不足的反映，也是导致城镇部分居民贫困的表层原因。国内一些研究成果反映了失业与贫困的这种相关性。如表1-1显示，有失业人口住户的贫困率是13.2%，而没有失业人口的住户的贫困率只有2.8%。该研究分析表明，城镇失业率和贫困率之间有很强的相关关系，相关系数达0.854。在其他条件不变时，待业青年陷入贫困的概率是普通人的两倍，对于下岗职工和失业人员而言，其陷入贫困的概率则会增加四倍。当户主是下岗职工时，其家庭成员的贫困发生率则更高，为34%。因此，随着中国失业率的逐年上升，因失业而导致贫困的城镇贫困人口的规模也必然会扩大。

---

① 刘尧：《治“愚”与“贫”农村高等教育的目标》，《中国农业教育》2002年第2期，第4~5页。

表 1－1　　失业与贫困的关系　　单位：人，%

住户类型	样本数/比率	非贫困人数	贫困人数	总　计
无失业人口住户	标本数	9129	259	9388
	贫困率	97.2	2.8	100
有失业人口住户	标本数	2319	353	2672
	贫困率	86.8	13.2	100
合　计	标本数	11448	612	12060
	贫困率	94.9	5.1	100

资料来源：李实、左藤宏：《经济转型的代价》，中国财政经济出版社 2004 年版，第 38 页。

鉴于中国正处于经济转型过程中，由于就业竞争压力大，以下岗职工和农民工为代表的城镇贫困群体难以在正规部门中找到合适的岗位。对该群体而言，除了自身应转变就业观念，政府相关部门还应积极推广灵活多样的就业形式，增加就业机会，鼓励自谋职业和自主创业，以创业带动就业，实现创业性就业。

目前“三园”互动机制不失为农民工和城镇失业群体“脱贫”的好出路。所谓“三园”互动机制，是指在一些地区尝试构建农民工和城镇失业群体“安居园”、“创业园”和“培训园”的“三园”，实现农民工和城镇失业群体的创业与就业问题。首先，在县城或建制镇建设“安居园”。针对外出务工、有一定收入并有意向返乡建设家园的农民工或城镇失业群体，政府通过政策引导，使他们在县城或规模较大的建制镇购买安居房。其次，兴建“创业园”，搭建就业平台。通过兴建“创业园”，将返乡农民工和失业群体中的优秀青年的一技之长孵化为新兴产业集群，逐步把城、乡、镇的招商引资场所也集中到“创业园”附近，逐渐形成城市的产业聚居区。最后，创办职业“培训园”，提升劳动力素质。通过开展职业培训，提高劳动生产率，增强“创业园”竞争力，解决农民工和城镇失业人员能力贫困问题，同时增加这一贫困群体的长期就业机会。

综上，中国需将人力资本投资减贫战略和创业就业减贫战略有机结合，使彼此之间产生互推、互促、互助的作用，彼此交替，螺旋上升。在人文普遍服务这一权利的大保障下，以贫困地区的产业为支撑，以信息和知识的传递为纽带，通过教育形成和培育人力资本，辅之以就业、创业的政策，以多战略间的陀螺效应完成快速、彻底、永久性的脱贫。

第四节　提升政府财政能力
明确推进减贫路径

改革开放以来，中国政府在减贫方面取得了举世瞩目的成绩，公共财政在减贫中更是功不可没。提升财政能力与减贫绩效间存在着正向关系。一方面财政作为政府减贫的主导力量，完成了巨大的减贫绩效；另一方面，减贫的深入推进，要求不断提升财政能力。

一、新时期政府财政能力内涵及其评价

财政工作主要包括财政收入、财政支出、财政管理、财政监督四大部分。财政工作并不仅仅是简单的收收拨拨，财政能力也不是依据财政收入的多寡判断。取得财政收入之后，如何合理分配使用这笔公共资源，使其在履行政府职能和经济社会发展中充分发挥应有的作用，是政府财政的重中之重。

（一）政府的财政能力

财政能力是政府能力的一部分，也是实现政府职能的关键所在。财政能力是一种以政府为主体的经济行为，以公共权力为基础筹集财力，为满足社会公共需要而支出，为促进经济增长与社会发展提供资金保障与分配的经济活动。财政能力既是政府行政能力的重要内容，也是行政能力的经济基础。收入并非财政的本意，正是因为有了政府履行职能需

要的支出，收入才成为必要的手段，而支出是目的，收入是保障。政府财政能力的核心是效益（包括效果）与效率，即绩效。政府是为大众谋福利的，力求公平，而效率就是“少花钱，多办事，并且要办好事”，最终使得政府财政能力达到均衡。

财政能力均衡分为纵向均衡与横向均衡：财政能力纵向均衡就是指政府上下级之间的收入与本级政府应提供的劳务或服务所发生的支出相适应；而财政能力横向均衡是指区域之间政府所提供均等化劳务或服务水平的财政能力基本均等，是社会和谐稳定发展，共同繁荣的关键。然而，当前中国不少人还受到旧体制思维的惯性束缚，未能跳出计划经济的羁绊，仍旧重收轻支，重投入轻效益。为此，要彻底根除陋习，促进经济绩效（包括经济发展与经济增长）的提高，就要不断深化人们牢固树立“绩效是政府财政能力核心”的认识，加强“顶层设计、系统集成”，促使财政资金在经济社会的可持续发展中发挥更大作用。

说到底，财政能力就是各级政府的财政收支活动对政府职能实现的支撑保障强度的显示，是政府实现其职能能力的物质基础。由于财政本身是随政府产生而产生的，因而财政的职能也是依据政府职能而设定，其作用就是要支撑和保障政府职能的实现，相应地，财政能力的强弱只能用对政府职能实现支撑和保障的强度来衡量，别无他途①。

（二）新时期政府财政能力评估

政府是为人们谋福利的，社会福利水平就是公平与效率的函数，而绩效又是政府财政能力的核心，那么，评价政府财政能力的两个基本准则就是公平与效率，二者缺一不可，这也就体现了减贫的要求。经济社会的和谐可持续发展，就是为了满足人们的需要，提高人们的生活水平，增进大众福利，作为实现政府职能的关键途径，财政活动更是如此。政府财政活动目的：一是如何实现公平，也就是说对运用国家权力集中而来的财政资源如何在社会成员之间进行合理有效分配，使财政能力达到

① 肖韬：《全面正确理解政府财政能力》，《产业与科技论坛》2006 年第 10 期，第 86 ~ 88 页。

横向均衡与纵向均衡；二是如何提高效率，政府不仅要讲行政效率，更重要的是要讲财政效率，而在既定的支出水平上提供更多的有效公共服务。这两个目标相辅相成，是保障社会和谐可持续健康发展的基础。

二、保障减贫目标实现中的财政职能

1953 年，穆斯格雷夫提出了“财政三职能”论，即财政具有资源配置职能、收入分配职能、经济稳定职能。在此基础上，结合中国国情，中国公共财政的基本职能可概括为资源配置职能、收入分配职能、经济稳定与发展职能。中国公共财政职能能够体现减贫取向并具有减贫的职能优势，从而凝民心、聚人气，保证减贫目标的实现。

（一）公共财政在资源配置方面具有减贫效用①

市场与政府，“无形之手”与“有形之手”，二者在资源配置中相辅相成。市场提倡自由竞争，从而使得资源源源不断地从穷人中流出、积聚到富人手中，形成“马太效应”，引发各种因收入分配不均而导致的社会矛盾，这便需要公共财政出面进行疏导，解决随之而来的贫困问题。政府通过财政活动来配置资源，主要表现就是提供公共物品或服务，进而产生较强的减贫功效。具体包括：一是加强基础设施建设。基础设施建设滞后是贫困地区的一个共性问题。“要想富，先修路”，鼓励与推动贫困地区把交通、电讯、水利等基础设施建设摆在优先发展的位置是脱贫的重要举措。二是加强生态建设。要树立和落实科学发展观，以人为本，加强对贫困地区的自然生态和环境保护，全面协调可持续发展，构建和谐社会。三是构建“三园互动机制”。积极在贫困地区的重点发展区域建立“安居园”、“培训园”及“创业园”，积极发展科技、教育、文化事业。四是兴建福利性机构。在贫困地区投资兴建福利性机构，提高人们的福利水平。五是开展社会公益性事业，如医疗卫生、社会救济、

① 阎坤、于树一：《公共财政减贫的理论分析与政策思路》，《财贸经济》2008 年第 4 期，第 61～67 页。

抚恤救灾等。

（二）公共财政在收入分配方面能够有效减贫

就收入分配而言，市场和政府分别侧重初次分配与再分配，前者注重效率而后者注重公平。对此，通过个人所得税、转移支付、补贴等方式，公共财政调整初次分配结果，均衡收入分配机制，扶助那些因资源禀赋、能力差异等客观因素导致的贫困群体，从而维持他们的生理需求。公共财政的收入分配职能具有明显的减贫效率：一是实施个人所得税与转移支付。公共财政对高收入者征收高税率，而对低收入者进行转移支付，这种“一收一支”的措施在救助贫困者时，也有效地缩小了贫富差距，缓解了社会矛盾。二是提供公共服务。在不断缩小穷人与富人之间在教育、文化、卫生等方面差距的同时，政府也要注重实施预防与抑制返贫的相关措施，改进公共服务质量。三是完善社会保障制度。针对贫困者们特殊的生活条件，制定和实施相应的社会保障计划，提供初等教育和医疗保健及养老服务等，不但不断提高贫困者的人力资本价值与生产率，也提高了贫困者的福利水平。

（三）公共财政在维护经济稳定与发展方面具有较强的减贫取向

首先，经济发展目标和减贫是相辅相成的。经济稳定发展有利于减轻和消除贫困，而减轻与消除贫困又能够提高经济发展的速度和质量，同时经济增长不能以贫困作为代价，而要最大程度满足全体社会成员的效用。其次，社会发展目标就是社会要与时俱进且和谐全面发展。公共财政活动的基本目标是为了满足社会公共需要，强调以人为本，着力改善民生，当然要率先突出扶贫开发，使社会中每个成员都能脱贫并且全面健康地发展，沐浴到财政的阳光，促进经济社会协调发展，实现社会发展目标。再次，生态保护目标重在关注各方发展的可持续性，着力增强发展的动力和活力，谋求长远发展主动权。公共财政在保障贫困者生存需要的前提下，也非常重视生态保护问题，强调可持续发展问题，从而把握住脱贫的关键所在。当前，中国公共财政贯彻落实以人为本的科学发展观，努力实现科学化与精细化管理，大力提倡可持续发展，积极支持和谐社会建设，这无疑是在践行经济稳定与发展方针。

三、全方位提升财政能力的四维度分析

财政能力的全面提升是减贫推进的保证。支出是目的，收入是保障，监督是条件，制度创新是根本。因此，应从收入、支出、监督和制度创新等不同维度提升财政能力（见图1－2）。

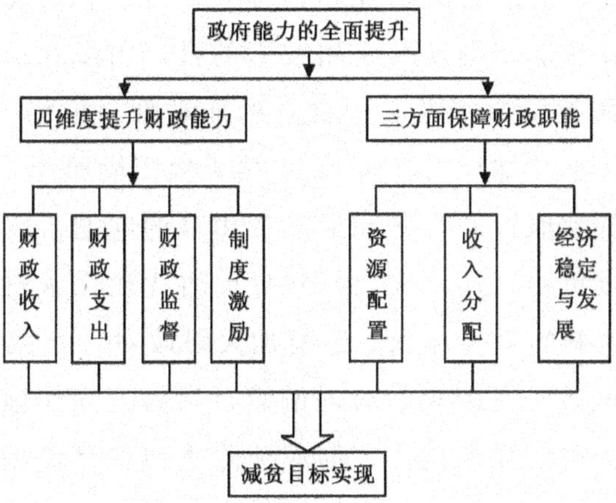

图1－2　财政能力与减贫关系

（一）收入维度——完善财政资金筹措机制

一方面，加快完善资金筹措新机制的建立。减贫和其他公共服务都是政府义不容辞的责任，但并非资金完全由国家包揽，增加减贫等公共服务资金在财政支出中的比重是前提，但也不能忽视社会的力量。特别是，虽然政府在反贫困中处于不可替代的主导地位，但也有许多客观的制约因素与不足，因此要不断完善政府扶贫方式与治理结构，提高治理效率。另一方面，要大力推进减贫和其他公共服务工作的社会化，动员、依靠社会力量参与，逐步建立以财政为主导，慈善家和企业家及全社会参与的资金筹措机制，并在此基础上逐步形成持久的社会扶贫机制，实施“财政扶贫＋信贷扶贫＋社会扶贫”的战略。如

对投资公共设施、基础设施或解决贫困人口就业的项目，财政部门应给予一定的配套、实行“以奖代补”或财政贴息，提高投资者的投资收益；推行BOT项目融资，引导外国资本进入地方基础建设领域，以弥补贫困地区财力的不足等①。

（二）支出维度——明确财政减贫支出方向

随着减贫成效的显现，今后一段时间，政府应当对扶贫资金的区域和行业重点投向进行一些必要的调整。一要加强“三园联动”机制建设，财政减贫以劳动力的培训和转移为切入点。加大农民和城市贫困人口的技术和技能培训以及实用技术的推广力度，从根本上提高人的素质，只有真正发挥贫困人口自身的能动性，他们才能真正脱贫，正所谓“授人以鱼莫如授人以渔”。二要大幅度增加社会服务领域的投资。重点解决贫困地区的看病和上学费用高的问题，减轻其在教育和医疗方面的沉重负担。这一系列扶贫导向将优化完善财政职能，成为中国财政能力提升的重要标志。三要加大财政对“造福搬迁工程”的支持，力促“五通”有困难的边远偏僻自然村群众实施搬迁，放弃一些严重不适宜人类居住的地方，彻底消除类似的环境型、资源型、生存型贫困。

（三）监督维度——建立财政资金绩效评估体系

建立政府减贫支出绩效评价体系，特别是确立评价指标体系，用以科学评价政府减贫支出效益。首先，提高财政资金分配的科学性和规范性。减贫的深入要求资金在区域投向上兼顾公平与效率，提高财政支出资金分配的科学性和规范性。建立减贫等资金的绩效考核机制，核心是规范和制定支出成效的评价和奖惩办法，使绩效考核制度化。对资金使用效率高、成绩突出的地区可适当给予更多的资金支持，以鼓励地方政府财政履职行为，提高财政投资的效果。其次，完善财政资金管理体制。一是在继续发挥分部门管理优势的基础上，更加注重各部门之间的协调，

① 赵鸣骥：《财政扶贫贵在创新——结合对湖北省调研的思考》，《农村工作通讯》2007年第7期，第9～11页。

使各项资金能够相互配合，发挥最大的效果。而要做到资金的协调使用，最关键的是要形成统一的发展和项目规划，并有统一的项目库。各部门都必须在统一规划和项目库下选择和实施项目，可以避免项目的多头申报、重复建设，也避免有些项目无人投资。二是提高了资金分配的透明度，严格按因素法分配资金。分配因素的确定应该科学可行，各种因素及其在分配资金中的比例一旦确定就不得随意调整，并将确定后的各种因素及其分配比例予以公布。三是建立合理和责任明确的检查监督体系。整个财政资金的监督体系应由各级主管部门和人大、审计、纪检监察部门共同构成，各部门合理分工。

专栏1－3

财政知情权

财政知情权的保障是财政能力提升的重要方面。财政知情权是知情权的一个延伸。所谓知情权（the right of to know），即“知”的权利，是美国记者肯特·库伯在1945年首次提出的一种权利主张。其基本含义是公民有权知道他应该知道的事情，国会应最大限度地确认和保障公民知悉获取信息尤其是政务信息的权利，直接体现为公民有通过各种途径要求得到必要的官方情报的权利。行政公开原则已经成为“知情权”的载体。这里的财政知情权主要体现在公共税收上的知情权。先发国家纳税人知情权包括纵向知情权和横向知情权。其中，纵向知情权是指纳税人有权知道税收制度的变动情况，包括四个方面的内容：对税收政策制定的知情权，对税收政策内容的知情权，对税收管理的知情权和对税款支出方向、效率的知情权。

（四）管理维度——推进公共财政运行机制创新

政府应积极推进公共财政制度创新，提高财政效率。一方面，要税负公平化，统一城乡，调整农村不合理的税费结构；另一方面，财政应为城乡提供均等的教育、文化、卫生以及社保等公共物品或服务，尤其是在农村社会保障制度问题上，要充分体现社会公平和城乡公平。另外，在扶贫中，财政要把握机遇，全面落实科学发展观，做到统筹兼顾，构建行之有效的扶贫机制，既要考虑扶贫绩效，也要考虑生态保护等问题。总之，现阶段农村和城镇减贫所面临的新问题、新目标、新任务以及减贫多重目标的实现，要求财政资金筹措和投向更加合理，要不断完善财政资金管理、评价和监督体系，并进行公共财政制度和运行机制的创新，提高财政绩效，进而全面提升财政能力。

第二章
审视减贫工作成果
认清新时期新任务

改革开放30多年以来，中国取得了举世瞩目的减贫成就。联合国2008年的千年发展目标报告指出，中国已经提前实现了使绝对贫困人口和饥饿人口比例减半的目标，近2.4亿极端贫困人口和5亿以上生活在1天1美元以下的贫困人口在这一时期摆脱了贫困。中国的大规模减贫，为全球的减贫和联合国实现千年发展目标做出了突出贡献。按照世界银行公布的数据，世界贫困人口比例从1981年的52.2%下降至2005年的25.7%，这每年一个百分点的进步主要是由于中国在减贫问题上的显著进展[①]。中国大规模减贫的主要推动力量是财政支出、经济增长和持续的人力资本积累，中国的减贫成绩离不开财政投入的支持、人力资本的积累、产业结构的调整、公共服务的完善和经济的持续高速增长。即使如此，截至2012年，中国仍有1.28亿人口生活在贫困线以下，减贫工作仍任重道远。

反贫困不仅仅是一个经济问题，更是一个发展问题，纵观中国现阶

① 刘洪：《中国减贫世界瞩目但任重道远》，2008年11月7日，见 http://news.sohu.com/20081107/n260505917.shtml。

段的贫困状况，贫困不仅是物质贫困，更是知识贫困、能力贫困、技能贫困，这与世界进入知识经济时代和中国社会进行多元复合转型的背景密不可分。未来必须要从支持整个国家发展战略、改变经济模式与社会结构以及提高人的自身素质方面着手进行解决贫困问题，要坚持公共服务建设与产业开发相结合、项目扶贫和科教扶贫相结合、物质扶助和精神扶贫相结合，使帮扶地区走上良性发展轨道。

第一节　多元模式徘徊选择 减贫成效逐步凸显

过去的30年间，在大力发展经济建设的同时，中国的收入差距也在不断扩大。为了保障人们的基本生活，实现和谐社会的目标，中国政府在不同时期制订了不同的减贫战略，如1978～1985年实施的农村改革、1986～1993年实施的全国有针对性的扶贫开发、1994～2000年间实施的“八七”扶贫攻坚计划、2001～2010年间实施的新世纪农村扶贫开发纲要，均取得了良好的成效。

一、矛盾凸显期，探究致贫原因

中国正处于现代化进程中的社会多元复合转型期，它既是一个战略机遇期，又是一个矛盾凸显期。在这一时期，导致中国贫困问题产生的原因非常复杂，包含了计划经济时代历史遗留的致贫因素，又夹杂着市场经济条件下某些因素的影响。尽管各因素对中国贫困问题的作用还在发生着相应变化，但中国现阶段乃至今后相当长的时期内所面临的贫困问题，都将是诸多因素综合影响的结果。

（一）致贫的历史因素

中外研究贫困的学者大都认为，先发国家与后发国家的贫困根源不同，前者源于现实原因而后者源于历史积淀，因此，中国贫困的主要根源就是旧中国的贫穷落后。当然，不可否认，中国当前的贫困也融合了改革开放30多年的影响。这30多年以来，贫困是由人口多而底子薄、决策失误、生产效率低下、知识贫乏、能力缺乏和思想观念落后等等因素造成的，而这些历史因素以及所积累的贫穷后果绝对不可能在短时间内消除，尤其是观念及技能等方面。1998年对湖北省农村贫困家庭的调查发现，有84.1%的劳动力仍以传统农业即种植业为谋生手段①。再如以往水利建设中对移民生活的考虑较少，据世界银行调查统计，中国有300万~600万库区移民长期处于贫困状态②。中国按当年美元购买力平价计算，2009年仍然有2.54亿人每天的花费少于世界银行当时制定的人均1.25美元的贫困线。根据2012年5月由央行和西南财大发布的《中国家庭金融调查报告》，中国2011年仍有1/4的家庭年收入低于4950元，城市和农村家庭的年收入中位数分别为28800元和10580元，这说明中国还存在大量的低收入家庭。因此，中国过去数十年中由于历史因素使得贫困问题凸显，但是随着社会经济的持续发展和政府脱贫政策的实施，导致现实贫困的历史因素所占比重已经逐渐降低，并终有一天会退出历史舞台。

（二）致贫的自然原因

马克思的级差地租理论揭示过好地与差地的收益和地租的差异。生态环境的优劣是决定其收入与生活水平的重要因素。“八七”扶贫攻坚计划中确定的592个国家重点扶贫县几乎都是生态环境较差甚至恶劣的地区，分布在中西部的深山区、石山区、荒漠区、高寒山区、黄土高原区、地方病高发区以及水库区，而且多为革命老区和少数民族地区。这些地区的共同特征是，地域偏远，交通不便，生态失调，经济发展缓慢，文化教育落后，人畜饮水困难，生产生活条件极为恶劣；其中有307个

① 张在全、娄策贵：《湖北跨世纪扶贫战略研究》，《统计与决策》1999年第6期，第11~13页。

② 世界银行：《中国：90年代的扶贫战略》，中国财政经济出版社1993年版，第44页。

集中在西南、西北地区以及中部地区的大山区，贫困人口约占全国贫困人口总数的60%，且由于是少数民族聚居地区，使得占全国总人口不到10%的少数民族贫困人口却占全国乡村贫困人口的40%[①]。就贫困强度指数而言，1994年的宁夏为2.77%，河南为0.66%，广东为0.03%，宁夏是广东的92.33倍[②]，这种差距因为先发地区发展速度的可持续还在日益拉大。除此之外，各种诸如洪涝、地震、台风等天灾也是导致贫困的重要原因。据统计，全国每年遭受各种自然灾害袭击的人数为2亿多人，无论采取多么有效的救灾措施，都会有一部分人因灾陷入困境，即使按1%的灾民生活困难计，每年也有200多万人因天灾陷入贫困。2008年的汶川地震，给四川一些贫困地区带来了更为深重的打击，也吞噬掉了以前的部分减贫成效，不少地区和人群可能返贫。因此，自然条件与天灾是中国致贫的长期原因之一。

（三）致贫的体制机制原因

抛开历史原因、自然原因之外，贫困在很大程度上源于产权制度、财政制度、社会保障制度、金融制度、税收制度以及教育医疗制度等一系列非正向激励的制度，现有的这些制度难以充分挖掘人力资本的潜能，无法调动贫困地区人民的积极性。首先，政府缺乏顶层设计，导致政策缺乏连贯性。如20世纪80年代后期允许农民经营种子、农药、化肥，但到了90年代又改成供销社重新专营，这使很多从事这方面经营的农民家庭由此所负的债务一代人、两代人都难以偿清。其次，政府缺乏贫困人口表达配置扶贫资源意见的制度设计。国家的扶贫资源是属于穷人的钱，理应由贫困人口根据自身的需求来配置。但是在中国，谁跑步"钱"进、谁跑得勤就给谁。跑到扶贫资源是要付成本的，资源通过一级一级的下拨过程"雁过拔毛"。由于制度性损耗，这些资源到了项目点、社区已经大打折扣，到了该使用的时候还是没有穷人的发言权，导

① 唐晓光：《中国贫困与反贫困理论》，广西人民出版社1995年版，34～35页。

② 段庆林：《中国农村居民收入差异的基本特征》，《统计与决策》1999年第6期，第10～11页。

致99%的穷人被排斥在项目开发之外，资源配置严重不合理。例如，在贵州大山里扶贫，不到1万块钱可以修1公里5米宽的山路，而换为地方政府去搞，修1公里同样的路要8万~10万块钱。在不少地方，扶贫资源等公共资源配置成了权力和权力、权力和资本的“交易游戏”。再次，财政资源分配不均。权力和市场配置财政资源，配置的结果是绝大部分配置给了强势阶层。比方说，医疗资源80%都在县以上，教育资源主要配置在城市中，基础设施建设也主要配置在城市里，因此很多人想往城市迁移，但是中国现有的户籍制度却又严重阻碍了贫困人口的迁徙转移。

二、探索中发展，形成多元化减贫模式

回眸中国扶贫历程，从20世纪80年代体制改革推动扶贫，到90年代大规模开发式扶贫，从扶贫攻坚到新世纪的脱贫致富，中国的减贫模式在探索中发展，积累了越来越多的重要经验。

（一）政府扶贫占据主导

从制度层面讲，中国扶贫开发工作的主要模式可以概括为“政府主导，社会参与”。“三农”问题研究中心秘书长曾业松评价说，政府主导体现了经济学中“守夜人”的公权救济理念。与其他国家相比，由于中国贫困人口的分布特点，特别是绝大多数居住在农村，因此中国反贫困的最大特色就是，直接对象不是贫困人口，而是贫困地区（贫困县）。1979年，中国开始推行的家庭联产承包责任制的重要内容之一，就是以行政村为单位按人口平均分配土地使用权，这种土地使用权的分配方式，在农业自然条件较好的地区，靠改革开放带来的活力，基本上消灭了绝对贫困现象；而在生态环境恶劣、农业自然条件差的地区，却存在着大面积的贫困，造成中国贫困人口高度集中于少数地区的格局，区域性贫困问题极为突出。在以贫困区域（贫困县）为反贫困对象的情况下，采用政府主导型的扶贫模式一方面可以充分利用政府强大的动用各项资源

的能力与政策优势，直接利用现有的组织资源，大大节约了行政管理费用，也减少了制度创新方面的工作量；另一方面，就当时的政治经济环境而言，中国推行改革开放才刚起步，市场经济的发育程度和国际社会的参与度都较低，还无法培育多元化的扶贫主体，政府主导型的扶贫模式是历史必然的选择①。

在政府主导式的扶贫模式中，政府的主导地位首先体现在扶贫资金来源上。1978～1986 年间，扶贫资金几乎全来自中央政府财政投入；1986～2000 年间，中央和地方政府投入扶贫资金 1743 亿元，占各类扶贫资源总数的 75%；2000～2007 年间，中央和地方政府投入的财政和信贷扶贫资金合计 1364.74 亿元，占各类扶贫资源总数的 72%。政府始终扮演着最主要角色。其次政府的主导地位还体现在政策的制定与执行，资金、项目等扶贫资源的决策权、使用权以及控制权上②。在不同历史阶段，财政采取了救济式和开发式两种扶贫方式。

从改革开放到 20 世纪 80 年代中期，中国扶贫主要实行救济方式，即：中央政府直接通过各基层政府把粮食、衣物或现金等分配给贫困农户，帮助贫困人口渡过难关。该方式也被称为“输血”式扶贫，主要用于生活救济和财政补贴，较适于特困群体，可以在短期内使其基本生存和生活需要得到满足，迅速缓解贫困。随着扶贫工作的推进，这种“输血”式的救助扶贫的弊端越来越明显：一是只能起到短期缓解贫困的作用，而不能彻底地摆脱贫困；二是贫困人口对救济的被动接受容易产生依赖心理，妨碍其自身发展能力的激发和调动，也会增大财政的压力。许多脱贫户因为“输血”中断而再度陷入贫困状态，而中国政府也逐渐意识到“输血”式扶贫无法从根本上解决贫困问题，于是开始尝试采用开发式扶贫模式。

---

① 陕立勤、KangShou Lu：《对中国政府主导型扶贫模式效率的思考》，《开发研究》2009 年第 1 期，第 152～155 页。

② 陕立勤、KangShou Lu：《对中国政府主导型扶贫模式效率的思考》，《开发研究》2009 年第 1 期，第 152～155 页。

开发式扶贫模式是一种全方位的扶贫模式。它针对不同的致贫因素，采取区域开发、信贷扶贫、以工代赈、科技扶贫等综合性措施，改变单纯的经济扶贫缺陷，并消除了贫困地区和贫困人口脱贫致富的资金、技术、基础设施等制约因素，促进贫困地区经济和社会的发展。开发式扶贫模式在政府的扶贫行动中还引入了市场机制，较好地实现了政府与市场的结合。1986 年以后，中国每年拨出 144 亿元专项资金，进行开发式扶贫，即变“输血”为“造血”，目的在于提高贫困人口的劳动能力，让他们的脱贫努力能保持可持续发展。比如，在全国范围内实施的最低生活保障制度就是一种输血方式，也满足了老弱病残这些无劳动能力人口的最低生活要求；而“雨露计划”则能给农村青壮年劳动力提供更多的就业机会。从 20 世纪 90 年代初开始，为了促进和带动贫困地区的经济发展，国家在中西部地区安排了一大批基础设施建设项目，如京九铁路、南昆铁路、三峡库区水利设施建设扶贫工程、宁夏扬黄工程等，此时“扶勤不扶懒，造血不输血”成为扶贫工作的共识，开发式扶贫模式成为脱贫致富的金钥匙。具体来说，开发式扶贫模式下包括科技扶贫、教育扶贫、多口扶贫等多种方式。如从 1986 年开始，中国提出科技扶贫的口号，安排专项科技扶贫资金，用于优良品种和先进技术的引进、试验、示范、推广以及科技培训。1995 年以来，原国家教委和财政部联合组织实施了“国家贫困地区义务教育工程”，投入资金超过 100 亿元，帮助扶贫地区普及九年义务教育。为了加快西部贫困地区的脱贫步伐，中国政府又从 1996 年起倡导东部沿海 13 个相对发达省市“对口”帮助和扶持西部 10 个贫困省区。2008 年汶川地震后中国也采取对口定点帮扶的方式。

虽然政府主导型扶贫模式具有能动员大量资源的优势，但在这种模式中，扶贫项目、资金分配的决策权、使用权和控制权仍掌握在政府手中，带有计划经济的色彩，在实践中常常会出现资源的误配置和扶贫的低效率，无法达到资源配置的最优状态，财政扶贫资金被挪作他用的现象也时有发生。2009 年，宁蒗彝族自治县人民法院对该县新营盘乡政府原出纳杨正勤判处有期徒刑13年，罪名便是挪用80万元扶贫资金购买彩票。由政府“包办”的扶贫，无法有效地瞄准真正的贫困户。如2006年底，中国农村有2900万人年收入低于693元的绝对贫困线，属“赤贫人口”。这部分人群缺乏生产技能和生活资料，而且一半以上居住在深山区，分布较为分散，这就要求扶贫工作需要有较高的瞄准率（即扶贫资源真正落实到贫困户的资源所占的比例），显然传统的政府主导扶贫模式难以奏效。

（二）草根扶贫，跃上与政府互动的新平台

随着中国贫困人口的逐步减少，贫困人口的分布日益分散，政府“包办”的扶贫，无论是整体性开发，还是专项资金支持，最后都无法有效地瞄准真正的贫困户。如何更好地瞄准贫困人口，并有针对性地采取帮扶措施已经成为当前中国扶贫开发工作的重点。与政府主导的大规模的扶贫开发工作相比，非政府组织（NGO）和企业等社会扶贫力量在微观层面更具优势，更加讲究专业化和精细化。通过采取参与式扶贫方式能让被扶贫对象转变成自我脱困的主体，从而充分调动贫困人口的主动性和积极性，保证扶贫效果，真正从长远上解决贫困地区的发展问题。因此，国家对“草根扶贫”的力量日益认可，中国扶贫模式也悄然生变。越来越多的非政府组织（NGO）、企业正积极参与到扶贫项目中，一改以往扶贫工作靠政府一手“包办”的局面，中国扶贫事业正进入各种扶贫资源与力量整合、共享的新时期。目前，在民政部注册的NGO组织已经达到十几万家，社会力量的参与正在有力推动中国扶贫工作的开展。

2007年初，宁夏扶贫与环境改造中心等5家NGO组织在国务院扶贫开发领导小组办公室的扶贫项目竞标中胜出，获得了参与政府扶贫项目的机会。此前，已有6家NGO组织于2006年2月通过招标参与到目前正在江西省试点的村级扶贫规划工作。这是中国政府首次将财政扶持资金委托NGO组织管理，并以招标方式选择NGO组织具体实施政府扶贫项目，无疑是扶贫模式的一大突破。在江西省试点的项目中，国务院扶贫办和江西省扶贫办提供1100万元人民币财政扶贫资金，委托中国扶贫基金会组织招标选择NGO组织在江西省的22个重点贫困村实施村级扶贫规划项目。此外，亚洲开发银行从英国政府在亚行设立的扶贫合作基金中提供了100万美元用于支持NGO村级扶贫规划试点项目的设计和示范推广。新加坡金鹰国际集团近期也向中国扶贫基金会提供了近8万美元支持该项目的能力建设。这些NGO组织将在江西省以两种合作模式，与当地官员一道开展参与式扶贫规划，并协助村民实施他们自己制定的重点扶贫项目[①]。

三、纵观历史，减贫成果显著

在过去30多年里，中国的扶贫工作取得的进展令人惊叹。从收入和消费的角度来衡量，贫困率均大幅度下降。在实现人类发展指标方面取得的成就也十分巨大。对于新千年发展目标而言，中国大多数都已达到，或者成绩斐然。由于这些已经取得的进步，与20世纪80年代初的改革初期相比，中国现已步入了一个完全不同的发展阶段。

（一）国内扶贫进展

2000年以来，中国的农村贫困标准实际上分为绝对贫困标准与低收入标准两类。前者是生存标准或极端贫困标准，而后者只是温饱标准。2007年以前，中央政府一直采用绝对贫困标准作为扶贫工作标准，用于确定扶贫对象、分配中央扶贫资金，低收入标准在一些较发达地区扶贫工作中作为参考依据；2008年，中国正式启用低收入标准为扶贫工作标准。以绝对贫困标准测量，农村绝对贫困人口规模从2000年的3209万人下降到2008年的1004万人，绝对贫困发生率从2000年的3.5%下降到时2008年的1%。以低收入标准测算，贫困人口从2000年的9422万人下降到2010年的2688万人，共减少6734万人，平均每年减少673万人；贫困率发生率从2000年的10.2%下降到2010年的2.8%，减少了

① 张琴：《"草根扶贫"：跃上与政府互动的新平台》，《半月谈》2008年第1期，第8~10页。

7.4个百分点（见表2－1）。上述数据表明，无论是哪种标准，中国的减贫工作都取得了显著成绩。

表2－1　　2000～2010年贫困人口及其发生率①

年份	按低收入标准衡量			按绝对贫困标准衡量		
	标准（元/人）	规模（万人）	发生率（%）	标准（元/人）	规模（万人）	发生率（%）
2000	865	9422	10.2	625	3209	3.5
2001	872	9029	9.8	630	2927	3.2
2002	869	8645	9.2	627	2820	3.0
2003	882	8517	9.1	637	2900	3.1
2004	924	7587	8.1	668	2610	2.8
2005	944	6432	6.8	683	2365	2.5
2006	958	5698	6.0	693	2148	2.3
2007	1067	4320	4.6	785	1479	1.6
2008	1196	4007	4.2	895	1004	1.0
2009	1196	3597	3.8	—	—	—
2010	1274	2688	2.8	—	—	—

2000～2010年绝对贫困人口减少规模少于前两个十年。20世纪80年代，绝对贫困人口平均每年减少1350多万人；进入20世纪90年代，平均每年减少529万人；2000～2008年，平均每年减少221万人。《中国农村扶贫开发纲要（2000～2010）》实施以来，从当年减贫人口占上年贫困人口的比重即减贫速度来看，2004年之后减贫步伐明显加快。2001～2003年减贫速度分别为4.2%、4.3%和1.5%；2004～2010年平均减贫速度达到14.9%。“十五”期间，贫困人口下降了2990万人，占2000年贫困人口的31.7%。“十一五”期间，贫困人口下降了3744万

① 国家统计局住房调查办公室：《中国农村2011贫困监测报告》，中国统计出版社2011年版，第12页。

人，占2005年贫困人口的58.2%（见表2－2）。

表2－2　“十五”和“十一五”期间绝对贫困和贫困人口减少情况

年份	贫困人口减少人数（万人）	占期初贫困人口的比重（%）
2000～2005年	2990	31.7
2005～2010年	3744	58.2
2000～2010年	6734	71.5

（二）国际社会减贫贡献

联合国千年宣言通过的八项千年发展目标，第一项就是到2015年使收入低于1天1美元的贫困人口比例减半。其中，1981～2008年，中国每天消费低于1.25美元的贫困人口数量由8.35亿人减少到1.73亿人，减少了6.62亿人；贫困人口比例由84%下降到13.1%。1981～2008年，全球贫困发生率年均减少1.05个百分点，如果不包括中国，年均只减少0.54个百分点。特别是，南亚、东欧和中亚、撒哈拉以南非洲以及中东和北非的贫困人口都在增加，只有中国所在的东亚和太平洋地区的贫困人口大幅度减少。《中国实施千年发展目标进展情况报告》指出，中国的减贫目标已经提前完成，是世界上唯一提前完成减贫目标的国家（中华人民共和国外交部、联合国驻华系统，2008）。中国巨大的扶贫成就，不仅为全球反贫困事业做出了突出贡献，而且也为其他国家提供了可资借鉴的经验①。

从20世纪80年代中期开始，中国政府就设立专门机构、安排专项资金、制定优惠政策，在全国农村开展了有组织、有计划、大规模的扶贫开发。1994年至2000年，中国实施了《国家八七扶贫攻坚计划》；进入新世纪，中国又实施了《中国农村扶贫开发纲要（2001～2010）》。在20多年的扶贫进程中，中国政府走出了一条特点鲜明、符合中国国情的

① 汪三贵：《在发展中战胜贫困——对中国30年大规模减贫经验的总结与评价》，《管理世界》2008年第11期，第78～88页。

扶贫道路。科教扶贫、对口扶贫等具有中国特色的扶贫模式已经成为世界扶贫事业中的经典案例，亦成为其他国家借鉴的经验。2004 年 5 月，中国开发式扶贫的经验作为经典案例在全球扶贫大会上宣讲。《国家八七扶贫攻坚计划》、“黄土高原流域修复项目”、“苏南模式”、“温州模式”、“东部帮助西部扶贫：上海帮助云南”等 8 个扶贫项目和经济发展模式，入选新出版的世界银行《全球范围内的减贫：针对发展的学习和创新》一书。中国扶贫事业取得的成就赢得了国际社会的广泛赞誉和高度评价。前世界银行行长沃尔夫威茨 2007 年曾表示，“过去 25 年的扶贫成就 67% 应归功于中国。”联合国开发计划署署长马克布朗则表示要与中国协商建立一个扶贫中心，把中国的扶贫经验推广到其他后发国家，创造一个“南南合作”的典范。

第二节　多螺旋地激励推动共铸减贫辉煌业绩

自 20 世纪中后期开始，经济全球化就在帮助许多后发国家减贫方面发挥了积极作用，但最贫穷的后发国家由于没有成功地融入全球经济，其经济下滑、贫困加重的局面并未得到根本改变。世界银行有关调查发现，减贫成就最大的国家，是那些在发展经济和贸易的同时，致力于开发人力资本和培育良好投资环境的国家。中国的减贫成绩就离不开财政投入的支持、产业结构的调整、人力资本的积累、公共服务的完善，这些是支持经济持续高速增长的基础性环节。

一、财政投入加大，提供减贫财力保障

为了在农村实施开发式扶贫政策，中央和地方政府的扶贫资金以及

金融机构的扶贫资金都每年在增加，一些国际机构、民间组织和其他社会组织也进行了扶贫投资。在改革开放的30多年中，中央政府在生产领域的财政扶贫投资已高达1700亿元，占中央财政支出的2%～3%，政府的金融机构也发放了1800多亿元的信贷扶贫资金。另外，中央政府在贫困地区还投入了上百亿元用于教育和卫生领域的社会发展资金，同期，地方政府的扶贫投资至少有700多亿元，各种国际机构和社会扶贫资金据估计也超过了1000亿元（中国发展研究基金会，2007）。1980年到2004年，中央财政累计安排的扶贫资金有1200多亿元，由最初的每年5亿元增加到122亿元，随之，2007年中央财政安排的扶贫专项资金增加到144亿元，2001～2007年，中央财政累计投入扶贫资金853亿元，为扶贫开发工作提供了重要的财力保障。这一时期，农村贫困人口持续减少，扶贫开发重点县农民人均纯收入持续保持增长，贫困地区的生产生活条件有了进一步改善，贫困地区的各项社会事业有了长足进步。

二、产业整体发展，提高贫困人口收入

改革开放以来，中国的三大产业都得到了飞速发展。第一产业虽然比重下降，但是内部结构得到了较大调整，农业产业化经营和非农产业的发展对农村地区经济的增长起到了巨大的推动作用。第二、第三产业比重的提高吸收了农村的剩余劳动力，加速了城市化进程，改变了贫困地区人口的观念，提高了贫困人口的收入水平。

（一）三次产业比例关系明显改善

从长期的变动趋势来看，整个国家的产业结构正向合理化方向变化（见图2－1）。第一产业在GDP中的比重呈现持续下降的态势，由1990年的41.74%降到2011年的4.62%，同时内部结构逐步得到改善；第二产业的比重经历了不断波动的过程，但长期稳定保持在56%左右；第三产业在国民经济中的比重不断上升中，增加值比重由1990年的17.32%大幅上升至2011年的43.74%。三大产业比重的变化带来了经济的新增

长，第三产业由于行业多、门类广，劳动密集、技术密集、知识密集行业并存，承接了农村劳动力的转移，提高了农村人均收入，有效地改善了农村贫困地区的生活水平。出口导向型经济模式下的劳动密集型产业得到了飞速发展，吸引了大量的城市、农村剩余劳动力。

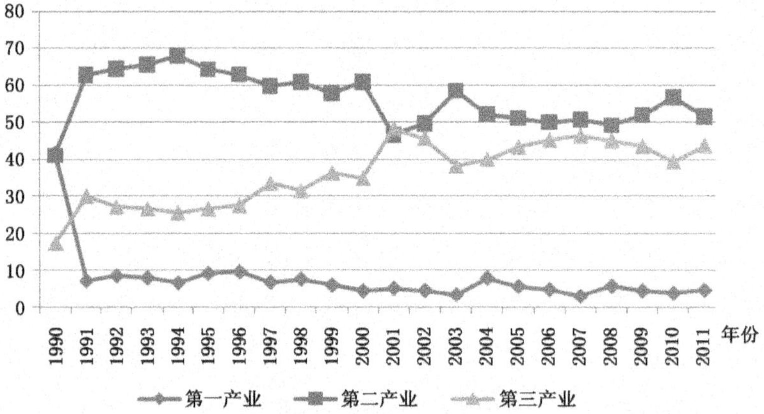

图 2－1　1990～2011 年中国三次产业对国民生产的贡献率①

（二）农村产业结构调整优化

贫困地区之所以贫穷落后，除了因为普遍处于较恶劣的自然条件外，最重要的原因是因为农业结构单一。由于没有立足于本地实际，将有利的自然资源转化为现实财富加以利用，这些贫困地区的主导产业大都是以播种两杂为主的种植业，选择的是“劣质产业”。因此，在扶贫开发的过程中中国政府特别注重对贫困地区农业产业结构的调整，实施以调整促开发的战略，极大地改变了当地贫穷落后的局面。

农业是国民经济的基础，它的发展直接影响到农村广大贫困人口的脱贫可能性。在中国，为了能使贫困地区农民不仅能解决温饱，而且逐步富裕，政府采取各种鼓励措施实现农业产业化经营，帮助建立了市场需求—确定特色产品或龙头企业—组织当地资源的利用与开发—科技推动—产品生产加工—销售及服务的农业产业化过程。政府除了扶持龙头企业发展外，还按照土地承包法要求，加快土地流转，推进农产品基地

① 数据来源：《中国统计年鉴 2012》，国家统计局网站。

建设，使企业盈利、农民得利，同时，还鼓励城市企业和个体大户到贫困地区投资农业开发，加快城市资本下乡，带动贫困地区脱贫。产业发展快，要靠龙头带。“公司＋农户”的扶贫模式通过政府、企业、农户三者的有机结合，大力发展当地特色产品，瞄准农业大市场，把“触角”伸向国内外，把“龙尾”摆在千家万户，使科技极大地服务于农村经济，并由此形成产供销一条龙、贸工农一体化的经营组织，提高了农民的收入，缩短了贫困地区的脱贫进程。

在不断提高农业生产效率的基础上，中国政府大力发展非农产业。非农产业是扶贫开发中的一个重要领域，因为它的收益往往高于农业，有的甚至高出数倍或数十倍，因此，非农产业的开发也被称为“致富工程”。在中国很多贫困地区脱贫道路上，就是由于结合地方实际特点，充分利用贫困地区地上、地下的自然资源和廉价的劳动力资源大力发展了非农产业，放手发展了农民家庭作坊和乡镇企业，发展了劳动密集型产品，才逐步建立起以农村工业为主体的工业、运输业、建筑业、商业、旅游业和服务业各业综合发展的产业结构。在非农产业发展达到一定程度的前提下，国家有计划、有步骤地发展农村小城镇，逐步建立起相对集中、商品经济比较发达、交通运输方便、产业结构比较合理、基础设施比较完善的现代村镇体系，贫困农民也走上了富裕之路。

三、人力资本积累，赢取减贫红利

人民教育、健康水平的大幅提高，有助于人力资本的积累，反过来，又对改善人民生活、减少贫困起到积极的作用。全国 15 岁以上人口平均受教育年限由 1982 年的 4.64 年提高到 2010 年的 9.5 年。全国文盲人口大幅度下降，占总人口的比重由 1982 年的 22.8% 下降为 2010 年的 4.08%，其中农村文盲半文盲人口比重更是明显下降。婴儿死亡率由 1982 年的 37.61‰下降到 2010 年的 13.1‰，人口平均预期寿命也由 1981 年的 67.77 岁提高到 2010 年的 74.83 岁（见表 2－3）。这些都反映了中国在教育、医疗保健方面的重要进展，以及经济发展与社会进步之间的互补性。

表 2-3　　中国人力资本状况①

项　目	1982 年	1990 年	1995 年	2000 年	2010 年
平均受教育程度（年）	4.64	5.52	6.09	7.11	9.5
文盲人口占总人口的比重（%）	22.8	15.9	12.0	6.72	4.08
农村人口中文盲半文盲人口比重（%）	27.87（1985）	20.73	13.47	8.96（1999）	
婴儿死亡率（‰）	37.61（1981）	33.89	33.03（1996）	28.38	13.1
平均预期寿命（岁）	67.77	68.55	70.80（1996）	71.40	74.83

为解决农村贫困问题，国家花大力气对农民进行科技、文化和政策、法律法规的教育，提高农民的自身素质，帮助农民树立市场农业、商品农业的新观念，掌握绿色食品的生产技术和方法，促使贫困地区的农业和农村经济发展真正转移到依靠科技进步和提高劳动者素质的轨道上来。通过人力资本的培育，在很多贫困地区已经实现了培训一人、致富一家的目标（见表 2-4）。

表 2-4　　中国的收入贫困率与受教育水平的关系②

家庭工作成员的平均受教育水平	占全部人口比例（%）	平均收入（元/人/年）	世界银行的贫困线		世界银行的贫困线的 2 倍	
			贫困人口所占比例（%）	占所有贫困人口的比例（%）	贫困人口所占比例（%）	占所有贫困人口的比例（%）
少于 6 年	16.1	2330	16.3	38.0	48.8	29.2
6～9 年	51.6	3040	7.2	53.6	31.1	59.6
9～12 年	23.6	4850	2.5	8.4	12.5	11.0
12 年以上	8.7	8290	0.1	0.1	0.6	0.2
合　计	100	3808	6.9	100	26.9	100

① 资料来源：《中国统计摘要 2002》、《中国人口与就业统计年鉴 2012》、新华网及中国经济网等。

② 资料来源与注释：世界银行依据国家统计局 2003 年全国城乡人口抽样调查数据进行的估计。

专栏 2-1

人口减贫得益于"人口红利+教育红利"[①]

中国之所以能够在相对短的时间内迅速减少贫困人口，得益于"人口红利"和"教育红利"，即"人力资源开发+人力资本投资"，最终获得"减贫红利"。

所谓"人口红利"，是通过家庭计划生育，在比较低收入条件下，加速人口转变，形成较高比例的劳动或工作人口。这意味着相对比例较高的工作者与储蓄者，相对比例较少的非工作者和非储蓄者，既促进经济增长，又促进储蓄积累。从20世纪80年代，中国开始进入"人口红利"阶段。人口红利表现为：一是劳动人口比例不断上升；二是抚养系数比例迅速下降；三是家庭人口规模减少，家庭户数大幅度增加；四是总人口就业率和家庭就业面提高，促进了人均收入增长。从1980年到2003年，是中国抚养系数最低的时期，整个社会有较高的储蓄率、较高的投资率、较低的经济负担，这支撑了过去20多年的经济高增长，加速了人口转型，也创造了经济发展的"黄金期"，使大规模减少贫困人口成为可能。

所谓"教育红利"，是通过各类人口进行人力资本投资所形成的"回报"。中国政府于1986年制定和实施了《中华人民共和国义务教育法》，逐年增加教育经费，并大力提倡家庭、个人、集体、企业和社会对教育的投入。中国的人力资本存量持续快速增长，文盲人口比例持续明显下降。中国人口平均受教育年数由4.61年提高到7.11年，明显高于后发国家平均水平。中国总人力资本存量占世界总量比重由1980年的17.6%提高到2000年的24%，这相当于印度的1.95倍、美国的2.79倍、俄罗斯的5.91倍。

① 丛玉华：《胡鞍钢：人口减贫得益于人口红利+教育红利》，《中国青年报》2006年8月3日。

四、公共服务完善，加速摆脱贫困

减贫成果的取得，离不开财政对公共服务的投入与完善。鉴于贫困地区交通不便、生产生活条件极差、信息闭塞的现实，政府加大了对其基础设施的投入，解决交通和通讯落后、缺医少药、水资源不足等问题。通过加强基础设施和生态环境建设，使贫困地区恶劣的生态条件有所改观，从而增加了外资及企业投资农业的吸引力，进一步带动了贫困地区的农业结构调整。

（一）逐步完善城市社会保障体制

尽管没有明确的官方城市贫困线，但自20世纪90年代中期以来，随着对国有部门进行经济重组以及“铁饭碗”制度被打破，中国政府迅速地建立起了一套城市社会保障体系。这种不断发展的新的城市社会保障体系有以下三个方面的主要内容：（1）对国有企业的下岗职工提供帮助，该项目如今已合并到失业保险制度中；（2）建立以收入为基准的最低生活保障制度（即低保）；（3）建立包括养老保险、医疗保险、失业保险、工伤保险和生育保险在内的社会保险项目。

（二）支持农村剩余劳动力转移的培训计划

2004年，中国政府开始实施一项涉及多个政府部门的计划，即培训和转移农村劳动力的“阳光工程”，该计划是为农民提供短期的培训，以便促使他们向城市转移，实现非农就业。该计划的目标是在2010年前培训和转移4000万农民。

（三）覆盖全国的农村社会救助体系

在这几年的政策调整中，最重要的事件之一或许包括2007年3月国家决定建立一套覆盖全国农村的社会保障体系，或者叫最低生活保障计划（即低保）。该计划的部分资金由中央财政筹措。与该计划相似的是前文提到的城市低保计划，它从20世纪90年代末已在城市开始实施，目前为2200多万城市居民提供了收入支持。而在农村地区，直到近些年才只有部分省份和县实施了低保计划。然而，在新的政策的实施推动下，农村低保已在全国范围内展开，到2007年底，农村低保对象已增加到将近3500万人。

（四）启动城市及农村医疗保障计划

城镇居民基本医疗保险，作为目前城镇职工基本医疗保险的补充形式。2007年，国家推行了新型城镇居民基本医疗保险（2005年首次试点），从而使城市医疗保险覆盖了城市失业居民、学生和儿童。新型农村合作医疗制度则是一种新型的、自愿参与的农村医疗保险制度，由县级政府负责实施，地方政府和中央政府共同出资进行补贴；该制度于2003年开始试点，现已逐渐扩展，到2007年底覆盖了全国86%的县。

（五）探索城市及农村医疗救助计划

在城市和农村地区快速展开医疗救助计划，目的是为城乡贫困人口和弱势群体缴纳医疗保险费用和共付提供资金救助。该计划于2003年在农村开始试点，2005年在城市试点，之后迅速推广，到2007年年底已覆盖了所有农村县和86%的城市。

（六）推动义务教育财政改革

在教育方面采用的一项重要的新举措为推行免费义务教育。义务教育财政改革于2006年3月开始，旨在通过免除所有学生的学杂费及书本费，并补助贫困寄宿生生活费（即两免一补政策），在全国彻底实现全民小学和初中教育。

五、保持经济增长，强推减贫进程

中国近30余年的大规模减贫的重要基础和推动力量就是经济的持续高速增长。自20世纪80年代以来，中国的国内生产总值以9%的速度连续增长，这使得很多方面都得到改进，改进的幅度也很大，其中最为显著的成效就是贫困现象在中国大大减少了。2012年8月15日，国家统计局发布了《新世纪实现新跨越 新征程谱写新篇章》的报告，数据显示，2011年中国人均国内生产总值达到35083元，按照平均汇率折算，中国人均国内生产总值由2002年的1135美元上升至2011年的5432美元，扣除价格因素外，比2002年增长1.4倍，年均增长10.1%。其中，占总人口多数的农村人口人均纯收入由2002年的2475.6元增加到2011年的6977.3元，成为中国农村贫困人口大幅度下降的重要原因（见图2－2）。

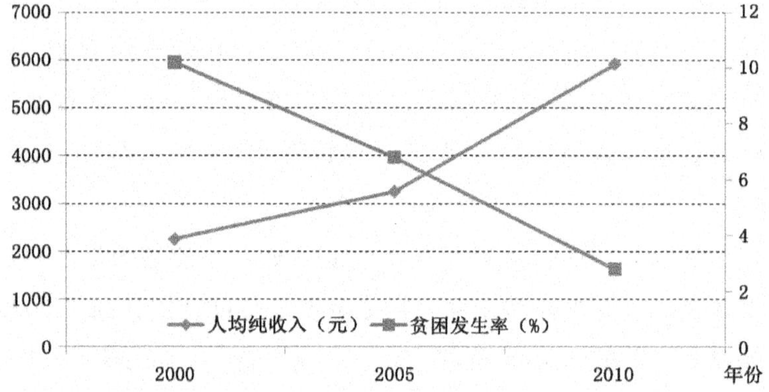

图2－2　2000～2010年农村居民家庭人均纯收入和贫困率变动趋势

中国出口额迅速增长，尤其是劳动密集型出口产品迅速增加，对扩大就业、减少贫困也起到了重要推动作用。根据中国国家统计局网的数据显示，2011年中国货物进出口额是2002年的4.6倍，达到了3641亿美元；商品出口额也上升较快，2011年出口额是2002年的5.83倍，达到了189亿美元。可以说，中国广泛参与经济全球化、积极吸引并利用外资，也是大幅度减少贫困的途径[①]。

经济增长带来的城市化效应对于减少贫困同样具有积极作用。改革开放以来中国经历了世界上最大规模的人口移动。1982～2000年期间全国乡村人口向城镇移动人数为2.1亿人，相当于同期城镇总人口的

① 胡鞍钢、胡琳琳、常志霄：《中国经济增长与减少贫困（1978～2004）》，《清华大学学报（哲学社会科学版）》2006年第5期，第8～12页。

45.0%，相当于同期城镇新增总人口的84.6%；同期乡村劳动力向城镇移动人数为1.1亿人，相当于同期城镇劳动力总数的45.8%，相当于同期城镇新增劳动力的94.3%。国家统计局2011年3月1日公布的《新发展 新跨越 新篇章——“十一五”经济社会发展成就系列报告之一》显示，中国大量乡村富余劳动力不断向城镇转移，如2010年农民工总量达到24223万人。人口和劳动力移动规模在迅速扩大，20世纪80年代平均每年分别为814万人和401万人，90年代则分别为1414万人和775万人。农民工进城后获得了工资收入，从而有利于减贫，特别是农民的工资性收入目前已经成为农民收入的重要来源之一，其占总收入的比重由1990年的14%提高到2011年的30%（见表2-5），这也充分说明农民部分分享了城市化和非农产业的收益。

表2-5　　1990~2011年中国农村居民收入分类　　单位：元

年　份	1990	1995	2000	2010	2011
总收入	990.38	2337.87	3146.21	8119.51	9833.14
工资性收入	138.80	353.70	702.30	2431.05	2963.43
家庭经营收入	815.79	1877.42	2251.28	4937.48	5939.79
财产性收入	35.79	40.98	45.04	202.25	228.57
转移性收入	—	65.77	147.59	548.74	701.35

第三节　正视中国贫困现实　减贫形势依然严峻

转型期新旧利益主体、种种矛盾相互交织、相互影响、相互作用，使社会利益结构呈现多元化特征，使社会利益关系变得更加纷繁复杂，也日益加剧了城乡贫困问题的严峻性。从当前来看，按照国际贫困标准，中国的贫困人口总量还较大、剩余贫困人口脱贫难度较大、风险导致的返贫率较高；过分强调开发贫困地区的资源还可能导致新的贫困；除了农村之外，城镇贫困也不断凸显。

一、贫困人口总量依然庞大

尽管中国在区域和全球减贫进步中都处于中心地位，但是鉴于中国人口基数大，且自身贫困标准低（相对于国际标准而言），中国仍然占有世界贫困人口的较大份额。以 2005 年最新的调查数据为基础的测算显示，中国仍有 2.54 亿人每天的消费不到 1.25 美元（按 2005 年的 PPP 美元计），9000 万人每天的消费不到 1.08 美元（按 1993 年的 PPP 美元计），是位于印度之后的世界第二大贫困人口国。即使自 2001 年至 2004 年，中国的脱贫人口占到了东亚地区的 75%，但中国剩余的贫困人口仍然占到该地区贫困人口总数的将近五分之四（世界银行，2007）。如果说和中国官方测算的农村贫困人口数量仅为 1500 万人的结论相比，以上所测算的中国贫困人口数量看起来相互矛盾的话，这主要是以不同贫困线（2007 年为每人每年 785 元，2011 年为每人每年 2300 元）为依据而导致的。事实上，无论是与国际标准相比，还是与国内的平均收入以及人们的期望相比，中国的官方贫困线看起来都是比较低的。而且，一些最新的研究也显示，即使按照贫困线应该达到的客观标准——最低生存所需支出以及满足衣食等基本生存需要——来衡量，中国官方的贫困线水平可能也偏低。与世界其他国家的贫困线标准相比，中国官方的贫困线标准（按 1993 购买力平价计算，合国际价格 1 天 71 美分）也相对较低。从可以得到的 63 个国家的相关信息来看，只有 8 个国家的贫困线标准低于每天 1 美元（按 1993 年的 PPP 美元计）。中国是这 8 个国家之一，而且在这 8 个国家当中，从官方贫困率与每天 1 美元标准计算的贫困率的比值来看，中国是最低的（见图 2－3）。

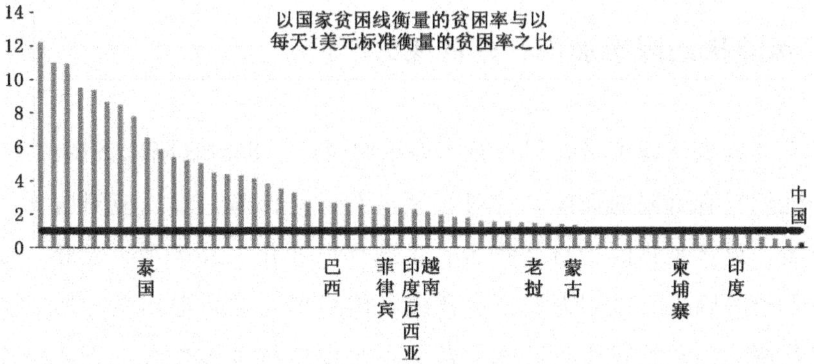

图 2－3　中国贫困线与其他国家的比较

二、剩余贫困人口状况堪忧，脱贫难度进一步加大

虽然官方公布的农村剩余贫困人口已经不多了，但现存的 2000 多万赤贫人口中，五保户占 1/5，残疾人占 1/3 以上，生活在不宜生存的环境中者为 1/4，另有一些人是常年被疾病困扰的、没有劳动能力的，以及受教育水平极低的。从剩余贫困人口分布的自然地理条件看，这些地区主要是深山区、石漠区、高寒山区、黄土高原区、荒漠区、地方病高发区和水库库区等自然条件恶劣的农村。在中国历史上，这些地区历来以偏远闭塞、资源匮乏、土地贫瘠、干旱缺水、自然灾害频繁著称，是几乎从未摆脱过贫困状态的典型的贫困地区。解决这部分人口的温饱问题，是扶贫工作中“最难啃的骨头”；改变这些地区贫困人口的基本生产生活条件，需要付出数倍于其他地区的投入和艰苦努力。要在很短时间内解决这些地区的温饱问题，面对的挑战无疑是巨大的。而且，减轻贫困对经济增长的反应已经减弱。有关数据显示，在第六个五年计划期间，经济每增长 1 个百分点，就能带来贫困率下降 2 个百分点，而在“十五”期间，贫困率对经济增长的弹性系数已经下降到 1% 左右。

三、风险扰动因素加剧，返贫现象严重

有些人虽然脱了贫，但在将来的某个时点上也面临陷入贫困的可能，因为他们只有有限的保障，有时甚至没有任何保障，难以应对收入冲击的打击。返贫是指因为自然灾害、生态环境变化、外部市场变化、经济格局调整等因素，贫困人群成群体或贫困户单体重新退回生存所需的物质供给匮乏乃至严重匮乏状态，甚至不足以维持基本生存。近年来全球生态环境不断恶化，大多数贫困地区原本生态系统就十分脆弱，加之农业基础设施异常原始简陋，在突发的自然灾害出现时，首当其冲的受害者往往就是这些地区。所以，这些地区即便是已经脱贫，仍然存在着高比例的返贫问题。像 1998 年的特大洪水，2003 年 SARS 病毒的传播，2008 年的汶川地震，都导致很多脱贫人口返贫。特别是最近的几项研究显示，即使没有这些严重的灾害，仍然会有相当多的人陷入贫困，这反映出居民家庭面临着无数的更局部化、更异质性的冲击，这些冲击包括家庭主要收入者的疾病和失业、农作物产量的不确定性、不利的商品价格变化以及地区性的自然灾害等。

据国务院扶贫办的报告估计，如果把那些已经解决了温饱但极易返贫的人口算上，中国目前的农村贫困人口可能超过农村总人口的 10%。甘肃省扶贫办的统计数字显示，从 1994 年实施扶贫攻坚计划到 1999 年底，全省有 305.93 万人基本解决了温饱，但与此同时返贫人数也高达 78.35 万人，返贫人数是脱贫人数的 25.6%。1999 年 10 月中央电视台报道：贵州省的返贫率一般在 15% 左右。但就全国而言，有的地方返贫率可能比贵州还要高些①。2010 年，中国扶贫基金会报告披露，当年大旱导致西南五省区市除四川省之外，至少有 218 万人返贫，经济损失超 350 亿元，另外有 1600 多万人的贫困程度加深，而且因旱返贫的绝大部分是

---

① 陆晓华：《西部对策——抑制返贫与中西部发展》，新华出版社 2000 年版，第 21～22 页。

山区的农业人口。2012 年 7 月 23 日，按照临河区各乡镇的初步统计估算，2012 年 6 月底的冰雹、洪涝灾害造成返贫人口大约 6 万人，加上原有的贫困人口 4.46 万人，临河区贫困人口将达到 10.5 万人，贫困人口占农业人口 45% 以上，返贫数量及返贫幅度都是前所未有的。返贫是转型期反贫困进程中的一种特殊现象，是一个特别值得关注的问题，也是近年来贫困地区彻底脱贫的最直接障碍。

四、社会转型期的复杂性，易导致新的贫困产生

在中国正进入一个从传统社会向现代社会转型的关键时期，一个对国家发展和社会进步都有重大意义的黄金发展期，一个以多元复合社会转型为核心特征的战略机遇期，社会普遍服务体系不完善、人口素质能力难以满足知识经济发展要求、产业结构升级带来就业冲击等等因素，都将产生新的贫困。

中国渐进式的改革模式会减少社会转型中的阵痛，但是也会由于制度不完善导致很多问题的出现，尤其是会引发新的贫困，比方说教育和医疗。根据中央电视台的经济生活调查发现，中国人现在的主要支出就是教育和医疗。然而，中国义务教育改革刚刚开始，高等教育还没有开始，很多家庭为了供孩子上学需要全家举债；而中国的医疗保障体系也正在改革中，其成效如何还没有体现，现实中的确有很多家庭难以抵御大病的风险，经常出现一人生病、全家负债的情况。

贫困地区存在严重的生产力落后等问题，而解决的途径关键在于人。21 世纪人类迎来知识经济时代，中国大部分地区要从农业社会“蛙跳”进入知识社会，或者从工业社会跃升进入知识社会，这无疑对人才提出了新的要求。但是，贫困地区的人力资源开发不到位，数量虽大质量却低，比例严重失调，培训程度又低，那些缺乏创新思维、缺少技术及知识的人很可能走入贫困阶层。知识经济时代的到来还会

带来产业结构的调整，曾经吸引大量农村剩余劳动力的劳动密集型产业必须进行升级换代，这样更多的缺乏一技之长的人可能要面临失业、陷入贫困。

中国目前的贫困地区大都以偏远山区为主，自然条件本来就恶劣，而在减贫的过程，由于方式方法不正确，可能导致对贫困地区的过度开发问题，在破坏生态环境同时又使该地区陷入新的贫困行列。特别是长时期以来，中国大多数地区的扶贫工作都是采用“头痛医头”、“脚痛医脚”的“输血式”扶贫方式，用光了事，只为了解决贫困者的温饱问题，这种方式只能解决一时问题而不能解决长远的根本性问题。特别是贫困地区大多以家庭或户为生产单位，处于单纯依靠劳动力投入换回粮食的原始自然经济状态，这就导致了贫困地区的再生产过程只有生产和消费两个环节，而温饱也就成为贫困者对自身行为评价的唯一标准，根本不可能再去考虑生态保护、可持续发展、市场竞争等因素，自然也就很难参与到社会经济大流之中，进而从市场经济中获益，只能靠“开发、利用”本地资源维持劳动力再生产。并且，由于贫困地区产品科技含量极低、附加值不高，处于产业链的低端，在工业产品和初级农业产品存在“剪刀差”情况下，如果过度强调开发贫困地区资源，只能是先发地区通过市场机制对贫困地区“抽血”不止，造成新的贫困。因此，“开发本地资源，脱贫致富”极有可能演变为对贫困地区稀缺资源的过度开发和破坏而加深贫困。

五、城镇贫困问题凸显

2001 年，国家计委宏观经济研究院社会稳定问题跟踪研究与对策课题组的问卷调查显示，在对“影响当地社会稳定的主要因素”问题分析时，城乡居民的前 5 项选择都包含了“失业下岗人数增加”和“贫富悬殊”（见表 2－6）。

表 2－6　城乡居民对影响当地社会稳定现状的主要因素的评价

排列	影响当地社会稳定的主要因素	城市居民选择（复选%）	影响当地社会稳定的主要因素	农村居民选择（复选%）
1	腐败官僚主义	79.1	农民负担过重	65.0
2	失业下岗人数增加	75.1	腐败官僚主义	62.9
3	贫富悬殊	64.5	贫富悬殊	61.1
4	社会风气败坏	61.5	社会风气败坏	50.2
5	治安恶化	47	失业下岗人数增加	45.1

20 世纪 90 年代中期前，宏观意义上的中国贫困问题主要是指农村地区的贫困，到了 90 年代中后期，随着城镇职工下岗、失业率的骤然升高，城镇贫困问题接踵凸显，其发展之快、关联之广、程度之深都是许多人所始料不及的。而且，城镇贫困问题在导发原因、表现形式和社会影响等诸多方面要比农村贫困问题复杂得多。与国际上其他国家相比，中国城镇贫困问题并非起因于整个国民经济萧条，恰恰相反，它发生在经济持续高速增长的背景之下，发生在中国经济社会的转型时期。随着城镇贫困问题的逐步加剧，它已成为全社会关注的一个新的热点问题，成为社会成员公认的影响国民心态和社会稳定的核心问题、焦点问题。一般说，城镇失业率的警戒线为 7%，部分学者认为，中国目前已经进入了失业预警区①。在将来，中国贫困人口的高发区有可能从农村转移到城市，需引起高度重视。

① 汝信等：《2002 年：中国社会形势分析与预测》社会蓝皮书，社会科学文献出版社 2002 年版，第 167 页。

第四节　新时期新挑战突袭 减贫使命任重道远

反贫困不仅仅是一个经济问题，更是一个发展问题。要解决这些贫困问题，必须从整个国家发展战略、经济模式与社会结构调整以及人自身素质提升方面着手，要坚持公共服务建设与产业开发相结合、项目扶贫和科教扶贫相结合、物质扶助和精神扶贫相结合，从而使帮扶地区走向良性发展。

一、加快公共服务均等化，走出碎片化隔离“泥沼”

新中国成立以后，国家利用计划经济手段，在财政、价格、身份、福利等多个重要方面制定了差别极大的城乡政策，从而使得城乡居民利益差异更加明显。除了城乡二元之外，中国社会还存在很多“二元”。比方说东西部“二元”、工农“二元”、当官的和老百姓“二元”、劳动和资本的“二元”、穷人和富人的“二元”、主流和边缘的“二元”、中央财政和地方财政的“二元”、实物经济形态和虚拟经济形态的“二元”，产业链条高端与低端的“二元”等。虽然长期以来城乡二元社会结构下不合理的社会经济制度造成了农村的贫困化，但是其他二元化的社会经济政策也在无形中强化了已有的城乡二元结构，造成了城乡之间、工农之间、中央与地方之间的种种矛盾，又进一步加剧整个社会的贫困状况。按照国际劳工组织发表的20世纪90年代中期36个国家的统计资料，绝大多数国家的城乡人均收入比都小于1.6，只有3个国家超过了2，中国便是其中之一。2005年，中国城乡居民收入差距达到了3.22倍，位居世界各国之首。而近几年，中国的城乡居民收入差距虽有所下降，但是仍然偏高。如2011年城镇居民人均可支配收入与农村居民人均纯收入之比为3.13：1，2010年该收入比为3.23：1。

面对如此严峻的形势，中国却从来没有制定或实行过全社会统一的贫困扶助救济政策，城乡扶贫政策差别很大，甚至连界定贫困的标准，农村和城市也存在很大差别。虽然现在由于各种因素导致城镇的贫困人口还在增加，但是中国的贫困人口主要还是分布在偏远农村。因此，要从根本上解决贫困问题，就必须打破城乡二元社会结构，完善扶贫开发机制，健全开发式扶贫投入机制，增强实效性。具体措施有三：一是转变社会政策偏好。长期以来，中国经济社会发展的相关政策都是重城市、轻农村，资源配置在城乡间严重失衡。因此，政府要加大对“三农”的社会经济政策倾斜力度，尤其是要加强基础设施建设，同时逐步废除户籍制度，彻底消除农村劳动力转移的制度障碍。二是加强农村的“三园联动”机制建设，大力发展农村教育与培训，提高贫困人口自身素质，同时以促进产业化发展来消化本地的农村剩余劳动力。三是完善农村社保与商业保险等保障制度，以此来达到脱贫和抵制返贫的功能。

二、大力发展创业型经济，缓解城乡就业压力

劳动力从农村流入城市是历史发展的必然趋势。由于中国快速增长的制造业和服务业对劳动力产生的巨大需求拉动，以及农业部门的改革产生的大量劳动力剩余的推力，大批农村劳动力加速转移到城市。有足够的论据证明，劳动力转移为推动中国上一轮经济强有力的增长作出了巨大贡献。尽管长时期内中国都存在限制劳动力流动的政策（特别是户籍制度），但仍然阻止不了劳动力由农村向城市的流入。一个人的户籍状况在出生时就确定了，有了户籍就能确保得到某种待遇——在农村具有农业户口就能分到土地，在城市则享有当地政府提供的社会服务的权利。但是，除了接受过大学教育的劳动力，以及除个别省份和小城市之外，

把一个人的户籍从农村转到城市或者从一个地方转到另外一个地方，依然是十分困难的。

然而，减贫的过程就是把人口从不适宜居住地大量向适宜发展地迁移的过程，是与城市化相伴的过程。一方面一旦不能妥善解决非农劳动力的就业问题，在城市找不到工作、没有收入；另一方面又脱离土地少了基本生活来源，这样大量非农劳动力的迁移带来的很可能会是贫困的增多。事实上，在很多城市里，城市工作岗位的产生速度已经远远小于农村移民的速度，同时随着城市产业结构的调整，资本密集型产业替代劳动密集型产业，也不可能吸收非常多的技术含量低且文化素质低的劳动力，劳动力的就业需求已经超过了城市工业和社会服务的吸收能力，从而导致不少劳动力陷入贫困状态，造成“中等收入陷阱”。要避免“中等收入陷阱”，做到既承接非农劳动力的转移，又避免出现贫困，那就必须发展创业型经济，尤其是要鼓励大学生创业，大学生创业解决自身就业问题的同时妥善解决迁移农民的就业问题，从而保证了这些群体获得基本收入、防止陷入贫困状态。

三、防止能力贫困，蛙跳进入知识社会

联合国开发计划署在《人类发展报告（1996）》中提出了“能力贫困”概念，就是将贫困看成是创造收入的机会和能力的贫困。随着文明社会的发展，能力贫困愈来愈严重制约着中国经济社会的可持续发展。能力贫困是一个反映个体综合能力欠缺的情况，包括生产能力、获取知识、参与决策能力等诸多方面，而且由于受到地缘以及市场配置资源等因素影响而表现为缺乏手段、能力与机会等。

（一）知识贫困

据统计资料显示，贫困劳动力的平均受教育年限为6.5年，其中文盲半文盲率比全国平均水平高9.6%；初中文化程度的劳动力比全国平均水平低19.7个百分点；而高中及以上文化程度的劳动力所占比重

仅为劳动力总量的5.3%[①]。农村大多数职业技术学校的起点低，基础薄弱，长期投入不足，教学质量并不能满足农村发展需要。除此之外，由于贫困，贫困地区利用报纸、图书、电视、电话、互联网等手段获取知识与交流信息的机会也非常少，更不要说借此来提高贫困者的自身素质了。

（二）健康生存能力贫困

常言道，“身体是革命的本钱”，这是由于健康不仅是个体生存与发展的基础，也是经济增长的重要投入要素。然而，贫困地区缺乏健康生存的自然资源，难以获取充足的营养食物与适宜的生活与生产用水，同时也缺乏获得健康生存的公共资源。

（三）自我发展能力低

贫困地区的社会组织体系不完善，同时社区居民人际关系简单，特别是人口素质较低，严重制约了社会资本层次的提升。

21世纪是技术、技能与创意为驱动的世纪，是知识经济占主流的时代，先发产业将成为知识经济的主体。知识经济对当代国家来说是一个难得的机遇，也是一个难以把握的机遇。要想在这一战略机遇期抢占制高点，首先应当具备必要的能力，个人能力汇聚成国家能力。如果没有充足的能力，是难以跨入知识经济时代的，特别是那些能力贫困的人，会更进一步掉入贫困的深渊，陷入无法自拔的境地，即使是那些在工业社会生活富足但却缺乏创新创意的人，也会被知识经济的浪潮淹没而走入贫困阶层。因此必须加快治理能力贫困，防止在进入知识社会的时候出现大量贫困人口。

---

① 郑世艳、吴国清：《消除能力贫困——农村反贫困的新思路》，《农村经济与科技》2008年第6期，第24~26页。

专栏 2－2

能力贫困①

贫困始终是国际社会在发展问题上关注的焦点，也是社会不平等和发展不足最典型的表现。在现代社会，虽然我们依然能够看到"达不到满足基本生存需求"的绝对贫困现象（特别是在社会经济落后的后发国家），但是，人类的文明进步已使今天的贫困仅用物质上的匮乏来指代远远不够了。一方面，随着社会的进步、发展，真正生活在"生存线"上的人口已经越来越少，物质上绝对贫困的现象正在不断弱化以至消失，而达不到社会"可接受标准"的相对贫困问题日益受到关注，与物质贫困相对应的"文化贫困"现象也逐渐被纳入人们的视线。另一方面，在与贫困现象作斗争的过程中，人们越来越认识到，缺吃少穿仅仅是贫困的表象，而不是它的主因，导致贫困的内在根本性原因，是更深刻意义上的社会生存、适应及发展能力的低下与短缺。为此，联合国开发计划署（UNDP）在《人类发展报告(1996)》中专门提出，收入的匮乏只是贫困的一部分，"就像人类发展围绕着生活的各个方面、远比收入宽泛得多一样，贫困也应该被看做有多个角度"。为了更好地反映这一理念并多层次地度量人类的发展程度，该报告引入了一个新的综合指数——能力贫困指标，用于考察人口中缺少基本发展能力的人数及比例的情况。在这份报告中，能力贫困指标所定义的"能力"集中体现在三个方面：一是基本生存的能力（即获得营养与健康的能力）；二是健康生育的能力；三是接受教育与获得知识的能力。同时，联合国开发计划署在报告中还特别指出，20 世纪 90 年代中期，当后发国家 21% 的人口处在收入贫困线以下时，有 37% 的人口面临着"能力贫困"问题；也就是说，在这些

① 刘爽：《试论消除能力贫困与西部大开发》，《中国人口科学》2001 年第 5 期，第 23 页。

国家中，物质贫困者大约有9亿人，而属于“能力贫困”的人口则多达16亿人。由此可见，“能力贫困”是一种比物质贫困更为广泛和普遍的社会现象。

四、创新扶贫模式，避免社会逆向选择

20世纪80年代以来中国反贫困战略的核心是变救济式扶贫为开发式扶贫。开发式扶贫是“造血”和“输血”相辅相成的扶贫模式，出发点是帮助最贫困的人群通过改善基本生产和生活条件，发展生产以摆脱贫困，即在国家必要支持下，利用贫困地区的自然资源和人力资源，进行开发性生产建设，逐步形成贫困地区自我发展能力，脱贫致富，实现可持续发展。1986年开始，国家大规模实施扶贫开发战略，主要是想实现贫困地区从单纯依靠行政系统向主要依靠经济组织转变，从资金单向输入向资金、技术、培训相结合输入及配套服务转变。为了有效地达到扶贫效果，中国预先选择了扶贫投资瞄准的目标，设立了国定和省定贫困县，形成了以贫困县为单位的扶贫瞄准机制。虽然，这种机制有利于将有限的扶贫资金集中使用到最需要的地区，有利于开发实施扶贫项目，促进贫困地区经济发展，然而，这种预先设定扶贫单位的瞄准机制也明显存在着一些难以解决的矛盾，出现了“贷富不贷贫”的扶贫资源错位配置现象，致使扶贫资源更多地被贫困县内的非贫困乡镇和非贫困人口获得。

造成这一现象的原因：一是由于非经济因素浓重。在确定部分贫困县特别是国定贫困县时，包含了较大的非经济因素，如对革命老区以及少数民族地区的特殊照顾，而一些条件与此相近甚至更为贫困的地区却未能进入国定贫困县名单。二是由于贫困县内的人口并非都是贫困人口，如592个国定贫困县的总人口约2亿人，而1998年这些贫困县内的农村绝对贫困人口只有2100多万人。据陕西省扶贫办调

查，1994 年全省农村贫困户平均使用扶贫贷款仅为 6.92 元，不少贫困户从未享受到扶贫资金的扶持。黄季焜等人 1998 年对 8 个省的乡村随机调查发现，贫困户户均贷款是 60 元，而非贫困户却高达 148 元。三是以贫困县为单位的瞄准机制，还导致了国定贫困县以外的另一半（2000 万人左右）农村贫困人口几乎没有得到中央扶贫资金的扶持，只能依靠地方政府拿钱帮助，而大多数贫困省区地方政府的扶贫资金又非常有限，因此，国定贫困县以外的贫困人口所得到的扶贫资金总量十分微薄[①]。

由此看来，中国原有的政府主导型的减贫模式存在着不少的问题。当前中国积极引入 NGO 等社会机构发起、组织的社会扶贫活动，例如，“希望工程”、“光彩事业”、“康复扶贫”、“幸福工程”、“春蕾计划”等，并发动贫困人口自身参与到减贫工作中来，一方面可以充分了解贫困地区和贫困人口的脱贫需求；另一方面也能更好地发挥市场机制的作用，保证资源的有效配置。不过，这些都只处于起步阶段，扶贫减贫的目的是发展，发展的过程中不能让贫困人口“躺”在政府的肩膀上，必须还要加大创新扶贫模式，防止出现逆向选择。

专栏 2－3

新气象：三环节参与催生农民自我脱贫新精神[②]

香港乐施会等 NGO 组织在实施扶贫项目时实行参与式扶贫，让农民成为参与扶贫决策、实施和监管全过程的主体，在改变贫困村庄落后面貌的同时，也悄悄改变着贫困农民的思维和生活方式。

---

① 杨军：《中国反贫困战略面临困惑及调整思路》，《甘肃理论学刊》2001 年第 1 期，第 50～53 页。

② 张琴：《“草根扶贫”：跃上与政府互动的新平台》，《半月谈》2007 年第 4 期，第 15 页。

参与流程一：农民自主决策

云南省景东县漫湾镇安乐村山体滑坡严重，有村民居住的滑坡带就达17处，有的村民搬三次家仍不能摆脱险情。由于资金紧张，当地无法对该村实行整体搬迁。香港乐施会帮助村民通过投玉米粒的方式，决定扶贫方案启动顺序为滑坡治理、种植业发展。由于尊重了农民意愿，本来需要几千万元解决的问题最后只花了40万元，而且村民变得更加团结，老百姓还凑了几千元立碑记载安乐村“从混乱到安乐”的历史。

年逾花甲的村民文登荣感慨地说：“以前没问过大家想法，有人被占地就漫天要价，有的甚至到工地偷水泥，有的道路修好后没人维护几个月后就坏了。现在我们自己拿主意，多占了点林木和田地也没人说什么，义务工投入率达80%。”

参与流程二：农民参与实施

云南省大理白族自治州鹤庆县是国家扶贫开发工作重点县，而六合彝族乡松坪村又是该县13个特困村中最贫困的，绝大部分农户居住在破漏的茅屋和木房中。然而，香港乐施会实施的参与式扶贫项目却给这里带来了巨大变化：本来需要两年才能修好的路4个月就完工，路通后水果商品率从50%提高到80%；农民自主选举的发展委员会带领农民实施水窖的分配和建设、修路、种植养殖培训、社区基金的运行，以及卫生室和畜牧兽医室的建立等扶贫项目的全部活动，农户人均纯收入从353元增加到579元，增加了64%，贫困户从236户减少到118户。

参与流程三：农民自主监管

村民根据本地具体情况，讨论投票决定适合的贷款利息、还贷期限和项目范畴，农户三户一组相互担保提高贷款信用和保障资金安全……香港乐施会在云南省禄劝县进行了十多年的社区发展基金（类似小额贷款）自我监管项目取得了明显成效。例如，一个村根据自身特点决定将分得的4万多元基金用于养牛项目贷款。一头售价为2000元左右的瘦牛，经过3个月育肥后可卖到3000元左右，村民据此将贷款额度定为每户3000元，一年利息十厘，还贷期限为3个月。该村讨论后决议由彼此熟悉的村民三户一组互相担保，到期不能还款的人无法再次贷款，提高了还贷信用，保障了社区基金良性运转。在这个项目中，农户一年大概能获得30%的利润，其中10%作为利息返还给社区基金，使得项目贷款总额不断扩大。

乐施会项目经理、负责人梁海棠说，农民自主监管不仅增加了项目的透明度，也更能让资金用在"刀刃"上，是确保扶贫资金用到实处、起到实效的好办法。同时，农民在参与监管的过程中，培养了独立思考、与他人讨论、讲信用的能力和习惯，也培养了农民的自我脱贫能力。

五、培育自立精神，增强自我造血功能

长期以来，农村扶贫注重物质经济，以生存为根本的扶贫制度漠视了扶贫对象的精神贫困。现实中，我们所面临的贫困乡村，不单是物质的匮乏，更为严重的在于根植于内心深处的思想贫困，在于他们那些安于贫困现状的生活态度，因此，思想贫困是比物质贫困更加难以根除的痼疾。

精神贫困主要表现在缺乏自强自息、自主脱贫的精神，很多地方甚至觉得"要饭财政"是理所当然，贫困户"躺"在政府的怀抱内等待救援。人同动物的本质区别就在于人有精神。倘若没有精神，人就不能称其为人；如果"精神贫困"，必然庸碌无为。一个民族要发展，一个国

家要强盛，同样离不开精神力量的支撑。有了共同的精神支柱，人们才会心往一处想劲往一处使，专心致志地向着一个目标前进。

专栏 2－4

农民意识——非理性的、封闭的、静态的①

一是不思进取，小富即安；二是愚昧无知，不求文化素质；三是狭隘顽固，墨守成规；四是懒惰成性，自私保守；五是孤陋寡闻，坐井观天；六是不讲卫生，不修边幅；七是重男轻女，男尊女卑的大男子主义等等。以上表象仅仅是农民意识的一般反映，其实从本质上而言，农民意识同封建的理念和意识流是一脉相承的，说它们是一对孪生的胎胞兄妹一点也不过分。一个国家、一个民族，如果下意识地无限制地强化农民意识和农业经济的基础地位，潜意识层面上必然情不自禁地要淡化工业化和科学技术等极具现代意义的服务业。我们应当清醒地认识到，农民意识是封建意识的主流意识，农民阶级是封建社会的主体阶级（阶级基础）。固然，农业经济在任何时候都是社会经济的基础，但是这个基础必然要被工业化和城市化动摇和取代，这也是一般人类社会发展进入近代人类社会的重要标志。

中国新农村建设的内涵是生产发展、生活宽裕、村容整洁、管理民主、乡风文明，与韩国的新农村建设倡导“勤勉、自助、协作”的精神相比，中国缺少的是自立自强，而这个恰恰是支撑贫困人口脱贫的内在重要精神支柱。在中国农村，绝大部分贫困人口不乐于接受新经验、新事物；依赖、盲从、不独立；迷信、听天由命；文化素质低、眼界窄、安于现状。在这样的农业文明基础之上产生的中国文化注重传统，“传”就是继承，“统”即同一，同时建立起了基于血缘关系、地缘关系的带

① 资源来源：刘多（新疆阿勒泰地区行署统计局）：《现代化对农民意识的时代挑战》，中国经济网，2007 年 6 月 20 日。

有小农经济烙印的社会关系，把这些农村贫困人口牢牢地锁在了土地上，有天靠天、没天靠政府，缺乏脱贫的主动性和积极性，自然难以脱贫。

而在城市中，贫困人口具有的精神贫困更为严重和突出，甚至产生过严重的社会危害。因为市场经济具有竞争性和平等性，竞争性使一部分单位和个人处于劣势，这导致企业停产、倒闭、破产，引发了失业问题。一部分人失去工作、生活沦入贫困状态时，容易产生心理的失衡和精神的变态，为了生存，部分贫困人口采取盗窃、抢劫、诈骗、卖淫、贩毒甚至绑架、杀人等犯罪手段。市场经济的平等性虽然给人们享受机会平等、公正交易的权利，但是却存在大量事实上的不平等，诸如官商勾结、权钱交易、行贿受贿、贫富分化、分配不公等等，这也导致了社会成员经济利益和社会地位上的差别。一部分城市贫困人口由此产生“嫉妒”、“眼红”、“不满”，甚至怨恨，为获得所谓“补偿”，不惜以犯罪手段去获取社会财富。这些由贫困引起的各种违法犯罪事件的发生，会对社会安定造成严重影响。

扶贫的最终目标，不是扶贫工程的完工，而是要达到贫困人口的经济发展、走向富裕。“输血扶贫”重在增强“自我造血”功能，在生产生活具备基础设施的条件下，提升生活的质量。扶贫不仅要扶助当前，还要着眼长远，在开发、建设脱贫致富物质基础的同时，注重发挥当地的创造潜力和主观能动性，引导贫困人口发展致富。只有这样，才能巩固脱贫成果，有效避免返贫现象。然而长期的贫困会形成一种自我维护的文化体系，潜移默化地影响人们的生活态度和价值观念，内化为相对保守的价值观念、安于贫困的生活态度和拒绝革新的行为特征，使贫困者丧失了脱贫的动力和信心，这种心态和价值观不仅会影响到他们自身的发展，还会因其代际传递性而使得贫困得以维持和延续[①]。由此看见，未来中国的减贫工作要把物质减贫和精神减贫结合起来，防止出现上述类似现象。

① 胡平：《关于解决中国农村贫困问题的现时思考》，《甘肃理论学刊》2004 年第 1 期，第 3~5 页。

第三章
秉持全球战略视角
循证国际减贫良方

贫困是一种多维现象，对贫困现象的认知和对贫困问题的深入研究离不开国际视野。贫困作为一种社会现象，必然根植于特定的社会环境中。例如，美国的贫困概念与印度的贫困概念有很大的不同，美国的贫困定义侧重研究社会平均生活水平，定义反映一个社会的不平等状况，而印度贫困定义强调是最低生存水平①。横看国际扶贫模式，可分为三类：第一类是战略规划、政策支持、法律护航立体互动下的以美国、日本为代表的先发国家减贫经验；第二类是战略规划和政策支持平面推进下的以印度、巴西为代表的新兴国家的减贫措施；第三类是落后国家依据国情所采取的行之有效的点状突破减贫方式，诸如孟加拉“乡村银行”小额信贷等减贫模式。

① 杨文武：《印度的贫困与反贫困研究》，《南亚研究》1997 年第 3 期，第 58～68 页。

第一节　相关利益立体互动
先发国家减贫成功

战略、政策、法律三位一体，多维互动，是先发国家实现成功减贫的重要经验。战略规划、政策支持、法律保障成为先发国家减贫过程中的三大“利器”，政府职能、财政能力得到充分发挥。分析美国、日本、韩国等先发国家的减贫经验，有利于深入认识中国减贫工作中的问题，“他山之石，可以攻玉”。

一、系统化制度体系，护航美国减贫征程

在美国区域开发和贫困人口消除过程中，系统化制度体系功不可没，主要是政策优惠与法律支持。美国在贫困地区的优惠政策具有多层次的特点，联邦、州、县、市均设有各自针对贫困地区的优惠政策。有效的法律、法规使减贫与区域发展战略和各项政策措施能够在严格的法律法规框架下有序实施，防止人为因素的过多干预，进而实现成功减贫。

（一）优惠政策促进贫困地区起飞与发展

优惠政策之一是对基础设施和公共设施给予资助。首先，凡是在贫困地区修建公路、机场、港口、电站和通讯、信息等基础设施，都可以向联邦政府有关部门申请专项拨款。为了改善贫困地区的投资环境，联邦政府对贫民区的街道和住房改造，对河道疏浚、垃圾处理、给排水工程改建，对公园和博物馆、购物中心的建设，给予一定的资金资助或由联邦政府担保给予低息贷款。其次，联邦政府对新建企业工人培训和工人的迁移性就业也给予资助。凡是在贫困地区“企业区”新建企业的工人培训、失业工人再就业培训，以及开始衰落的老工矿区工人迁移到其

他地区就业，联邦政府都给予补贴。再次，为了防止农业衰退，联邦政府给予农民和农产品补贴。联邦100多个援助项目中，给予农村的援助占20%；生产粮食的农民70%的收入、生产果蔬的农民5%的收入来自于联邦的价格补贴；另外农村公路、通讯、供电、供水和建房都可以得到联邦援助；农村90%的贷款由联邦政府担保。美国联邦用于农村的援助款达630亿美元（1994年），其中用于农产品的价格补贴为90亿美元。

优惠政策之二是对军事基地转业给予拨款。冷战结束后，美国关闭或准备关闭的军事基地有50~70个，相应地减少了200多万个工作机会。为了使关闭的军事基地转业他用，联邦政府已在财政预算的国防开支项目中列出专项拨款。例如，加利福尼亚州一个军事基地转办加州大学分校，联邦拨款1500万美元。据统计，仅1991年，联邦为军事基地转业安排的支出就达1.5亿美元。

优惠政策之三是对在贫困地区开发房地产给予优惠。例如，联邦政府曾拨款40万美元把需要改造的贫民区的一条街买下，再卖给房地产商开发仅收3万美元；联邦政府同时对房地产开发商也提出明确要求。为了鼓励中产阶级来购买贫困街区的住房，改建后的新住宅房价要比其他地区低30%左右。低收入者要购买新改建街区的住房可获得银行低息贷款。

优惠政策之四是对农牧业用地和矿产开采给予优惠。凡是到贫困地区从事农牧业生产和开采矿产资源的私人投资者或公司，都可以得到优惠，优惠的程度要视其发生投资的费用而定。如果每英亩开发费达到2500~10000美元，联邦就可以决定将土地赠送或廉价出售。另外，联邦政府还将需要开发地区的土地管理权下放，以增加贫困州的实力。如阿拉斯加州刚建立时，属于美国最穷的州之一，联邦议会通过立法将近9000万英亩的土地管理权下放给州政府。州政府可以再把土地卖给私人开发，使州筹集一笔基金可用于对外投资商和本州开发商的资助。除此，联邦政府又对老城市贫民区建立自由企业区给予鼓励。美国联邦议会

1993年立法，在一些日趋衰落的老城市拟建立自由企业区。由联邦拨款，地方减免税收，吸引国内外投资；创造就业机会，降低失业率，促进经济振兴、改善贫困面貌。1994年开始兴建纽约、芝加哥、洛杉矶等几个老城的自由企业区，联邦政府为此已拨专款10亿美元，每个自由企业区平均投资1亿美元搞基本设施建设。而对各地建的开发区，联邦政府也给予资助。1993年制定的田纳西流域整治开发计划，田纳西河流域管理局所需投资全部由联邦拨款解决；阿巴拉契亚山区开发管理局所需投资，联邦拨款解决80%，各州自筹20%。对田纳西河流域管理局所属公司全部免税（包括联邦税、州税和县、市税），但利润要上交一部分给联邦政府，联邦政府再以拨款形式返回（实际上不交，只是纳入联邦财政预算的总盘子）。其他类型联邦贫困地区开发机构的利润全部留下自我滚动，联邦直接投资不要求收回（政府部门的专项拨款已开始增加“拨改贷”的比例，进行回收）。

（二）法律支持保障减贫战略和政策绩效

进入20世纪后，根据不同时期各地的不同状况，美国政府相应制定了许多法案，以保证西部贫困、落后地区开发的顺利进行。如1933年罗斯福政府通过了《麻梭浅滩与田纳西流域开发法》和第一部农业法，有力地促进了西南部农业经济的发展。20世纪60年代初，美国政府先后成立了地区再开发署等专门机构，相继颁布了《地区再开发法》（1961）、《加速公共工程法》（1962）、《人力训练与发展法》（1962）、《经济机会均等法》（1964）、《公共工程与经济开发法》（1965）、《阿巴拉契亚地区开发法》（1965）以及《联邦受援区和受援社区法》（1993）。在上述法案不断发挥作用的前提下，20世纪60年代后期到80年代初，美国西部几乎所有的主要产业部门经济效益的增长速度都快于东北部和中北部。1972～1977年，高技术工业就业人数增长最多的10个都市地区中，有8个位于西部和南部，硅谷、佛罗里达、亚特兰大和田纳西技术走廊等高技术中心的崛起，加速了美国经济重心的西移，极大地刺激了美国经济、社会的发展①。

美国的西部贫困地区开发，在解决国内区域不平衡问题和消除贫困问题上，无论对后发国家还是先发国家都有良好的示范效应。从美国反贫困治理结构角度分析，其规范机制和参与机制对我们的借鉴意义最为突出。美国西部开发之所以能够持续进行，一个重要原因就在于美国政府先后颁布了一系列的法律、法规，使西部开发有法律依据和法律保证，使区域发展战略和各项政策措施能够在严格的法律法规框架下有序推进，防止人为因素干预。在对待移民和人才流动问题上，美国的各项法律、政策也明显倾向于待开发地区。从 1784 年到 1832 年，美国联邦政府连续颁布六个出售西部土地的法令，售地地幅由 640 英亩降到 40 英亩，每英亩价格由 2 美元降到 1.25 美元。1862 年又颁布“宅地法”，规定移民只要交 10 美元证件费，便可在西部占有 160 英亩荒地，耕种 5 年后，就可获得合法所有权。在法律的保护下，西部土地的廉价出售、低价租赁和无偿赠与，一方面有效调动了当地居民的积极性，另一方面也吸引了大量国内外移民到西部定居。这种参与机制的存在，对于美国西部的成功开发有着极其重要的作用②。

二、扶贫支边教育政策，助推日本减贫进程

日本教育基本法规定，人人享有均等教育机会，全体国民均应有受相应能力教育的机会，不因人种、信仰、性别、社会身份、经济地位或门第而有教育上的差别。事实上，日本政府始终致力于振兴后进地区教育，以缩小地区间教育发展的差距。

（一）日本教育的扶贫传统

20 世纪初，由于工业化和城市化的加速，农村人口大量涌入城市，

① 戎生灵：《借鉴美国西部开发经验加快中国西部开发步伐》，《世界经济研究》2001 年第 5 期，第 53～62 页。

② 王大超：《转型期中国城乡反贫困问题研究》，东北师范大学博士学位论文，2003 年，第 30～34 页。

特别是东京的人口惊人地膨胀。农村人口进城后，多从事人力车夫、搬运工、火药工、拾破烂等又累又脏又危险的工作，形成了一个个人口密集、生活条件低下的贫民区。贫穷人家的子弟无力就学，加上弃儿、孤儿、流浪儿的不断增加，不就学儿童的队伍逐年扩大。当时东京的三大贫民区下谷、浅草、木所的孤儿、弃儿分别占未成年人口的 15.43%、12.84%、11.64%。这些孤儿、弃儿有部分进入收养院，大多流落街头，堕落、犯罪者日渐增多，严重影响了社会的安定。1895~1902 年间，东京市各年度的就学率都几乎低于全国平均数。例如，1900 年全国平均就学率 81.48%，东京市为 76.56%；1901 全国平均 88.05%，东京市为 82.5%；1902 年全国平均为 91.57%，东京市为 87.93%。

解决贫困儿童就学问题成为当时日本政府的燃眉之急。为此，日本政府采取了如下措施：第一，设立特殊寻常小学（当时贫民学校之称）。东京市从 1901 年起开始创办全公费的特殊寻常小学，至 1921 年止共设这类学校 11 所，这些学校的特点是：免费入学并发给学习用品；有浴场等卫生设备；上课分上午和下午二部制、1907 年增设特殊夜学部，夜学部修业年限为两年，每晚两小时。特殊寻常小学给在学儿童一些特别的手工操作劳动，并支付工资，同时为他们设立储金会，让儿童把自己的劳动所得储蓄起来；特殊寻常小学的教师工资待遇优于普通学校。为筹办特殊寻常小学（贫民学校），当时日本杰出的教育家坂本垄之辅为此付出了许多心血，为贫民教育作出了特殊的贡献。第二，在收养院设立附属小学。这些学校为学生安排简易课程，要求其达到文部省规定的小学水平，还相应教授一些职业知识和技能。第三，开设夜校。虽然 1900 年第三次小学校令规定一概禁止雇用就学儿童，工场法也规定禁止招收未到就业年龄的儿童，但这些规定与现实并不能完全一致。事实上，许多儿童为了生计，白天都要干活。为解决这个矛盾，日本政府设立了“东京市立寻常夜校”，这种学校是为未修完义务教育课程而又不能在白天就学者而设的。相当于普通小学的教育设施：免费入学；学习年限 3 年，每晚上课 2 小时；入学年龄 12 岁以上。

第二次世界大战后的1949年，日本在百废待举经济十分拮据的情况下，作出了减免贫困学生学费的规定。1954年明文规定文部大臣、都道府县、市镇村各级政府在振兴边远地区教育方面的职责。国家对各级政府为振兴偏僻地区教育所花的经费予以补助。同时，按地区边远程度划分为以下七个等级：特别地区、5级、4级、3级、1级地区、准边远地区。据1982年有关资料，全国属以上七类地区的中小学共6994所。这些地区的学校由于条件差，设备不足，国家和地方政府逐年另增教育投资，并规定这些投资只限用于以下三个方面：一是充实设施设备方面。边远地区的教育设施设备费由1967年的402百万日元增加到1976年的15848百万日元，是10年前的36倍多，包括为便于学生上学购置的交通工具的费用。二是修建学生宿舍、建筑教师住宅，加强医疗保健等，特别用于提高教师待遇方面。为确保师资数量和质量，政府规定发给边远地区教师津贴，月津贴额是根据不同地区级别占本人月工资及月扶养津贴（即扶养家庭人口的津贴）总额的25%以内。三是当该地区教职员调动或随校搬迁时，从搬迁之日起3年内，都道府县发给教职员迁居津贴，其月津贴额在本人月工资及月扶养津贴总额的4%以内。用于改善学习条件方面，除以上所述外，政府还对边远地区的学校提高免费供给膳食的比例。如冲绳鹿儿岛县的公立中小学实行100%免费供给学生伙食。

（二）扶贫支边的法令保障

日本教育上的扶贫支边，以法的效力去保证各项措施的落实。二战后，日本除了在宪法、教育基本法和学校教育法中明确要求给每一个受义务教育的学龄儿童提供平等的就学机会外，各个时期都制订出有关扶贫支边的具体法令。1949年3月文部省公布“减免贫困学生学费”的规定，1952年实行义务教育免费以后又公布了《促进重建危险校舍临时措施》，1956年颁布了《关于国家补助贫困儿童教科书费用的法令》，1964年以后分别颁布了《关于国家对上学困难的学生给予补助的法令》、《孤岛振兴法》、《大雪覆盖地区对策特别措施法》、《过疏地区对策特别措施法》。如《边远地区教育振兴法》中，明确而具体地规定了文部大臣、都道府县、市镇村各级政府在教员编制待遇、教林、教具、教学方法、保健等有关振兴边远地区教育的方向的任务，还规定国家对都道府县及市镇村政府为振兴边远地区教育所用的经费给予补助 1/2。《孤岛振兴法》中也规定，对地方政府为振兴孤岛教育所用经费，国家补助 2/3，而一旦地方政府不按规定使用国家补助费时要予以退还。仅 1978 年的年度财政开支中，就有 157 亿零 500 万日元作为边远地区教育的津贴。如果有违反有关法令而使教育受到损害者，学校或个人可以向教育裁判法庭提出控诉，追究其责任。

各项措施的有效落实，使日本的义务教育普及到城乡每个角落。一方面，有效地提高了日本国民的素质，使日本成为世界上文盲最少的国家，其中小学毕业率也是全世界最高的。教育的发展为日本各行各业提供了一支阵容整齐、有相当文化的、训练有素的劳动队伍，大大提高了劳动生产率。另一方面，缩小了日本后进地区和先进地区学校之间差距，在教育上为儿童创造了一个基本平等的竞争条件。日本政府千方百计缩小各地区学校的差距，规定在设施设备、教员配备等方面都要求达到一定的标准①。

三、新农村战略有力支撑，推进韩国全面减贫

韩国在过去的几十年里，经济发展很快，成功地由传统贫困的农业社会向现代工业社会转型，创造出了被称为“东亚模式”的经济增长方式。韩国人均 GNP 由 1962 年的 87 美元增加到 2007 年的近 2 万美元，同时，贫困人口迅速减少。韩国贫困人口的快速减少离不开新农村运动的实践及其他相关措施。

（一）新农村运动在减贫中功勋卓越

韩国新农村运动始于 20 世纪 70 年代初，迄今已 30 余年，是由总统

① 张凤莲：《日本扶贫支边教育政策论析》，《教育论丛》1989 年第 3 期，第 63～65 页。

倡导、政府推动、全民参与的一场轰轰烈烈的改革农业、改变农村、改造农民的革命性运动，又称“生活富裕运动”或“过好日子运动”。取得巨大成功的韩国新农村运动，是各国农村学习的榜样，2003年联合国称之为农村可以致富的实践运动①。

从总体上看，韩国的新农村运动经历了基础建设、扩散、充实和提高三个阶段。在基础建设阶段，政府向每个村免费提供335袋水泥，让各村自行决定如何用来改善村民的生活环境。同时，政府提出十大项目建议，但不要求强制执行。一年下来，全国35000个村有一半的村干得不错，政府又给他们加拨了500袋水泥、1吨钢筋，让他们做更多的事情；相反，对另一半干得较差的村，政府不再给予支持。通过这样的引导，在第三年另一半原来干得不好的村也参与进来。四年后，韩国初步改变了农村居民的生活环境条件。在扩散阶段，新农村运动迅速向城镇扩大，成为全国性的现代化建设活动。新农村建设的重点从改善农民居住生活条件发展为对居住环境和生活质量的改善和提高：修建村民会馆、自来水设施以及生产公用设施，新建住房，发展多种经营。政府对新村指导员、国家各级公务员、社会各界负责人分批进行新农村教育；对卓有成效的农村提供贷款，并在各方面提供优惠政策；动员理工科大学和科研院所的教师、科技人员轮流到农村巡回讲授和推广科技文化知识和技术。这一阶段，农民收入大幅度提高，农业连年丰收。在充实和提高阶段，随着城乡差距的逐步缩小，社区经济的开发日趋红火，政府推动新农村运动的工作重点放在鼓励发展畜牧业、农产品加工业和特产农业，积极推动农村保险业的发展。同时，为推动乡村文化的建设与发展，政府为广大农村提供各种建材，支援农村的文化、住宅和农工开发区建设，新农村运动从政府主导的“下乡式运动”转变为民间自发，更加注重活动内涵、发展规律和社会实效的群众活动。进入21世纪，新农村运动的内涵进一步拓展，全国称之为“第2新村运动”，其目标是“大家一起

① 唐德祥：《韩国新农村运动的实践与启示》，《决策导刊》2006年第9期，第8~10页。

以建立舒适的生活环境为理念，实现共同体社会”，主要内容包括生活、意识改革运动、民间社会安全网络形成运动、环保运动、注入地区活力运动以及祖国统一和国际合作运动。

韩国新农村运动取得了巨大成功，特别在城乡居民收入水平和生活待遇方面成果显著。到20世纪70年代中后期，全国所有农民都住进了砖瓦房或铁皮屋顶房，所有村都通了公路，98%的农户装上了电灯，农户普遍使用自来水，农民年人均收入达到649美元，收入曾一度超过城市居民。进入80年代、90年代以后，随着工业化、城市化进程的快速推进，韩国城乡经济进一步协调发展，城乡居民收入水平实现同步提高。到2004年，韩国国民收入跃升到人均14000美元，城乡差距缩小到10：8.4，城市化率达到90%。

（二）财税政策为减贫保驾护航

韩国政府高度强调经济增长，同时兼顾分配公平，不断完善收入分配制度。韩国经济从20世纪60年代开始高速发展，但基尼系数一直处于一个较低水平，1965年时仅为0.34；到1975年和1980年时，基尼系数达到峰值0.39，随后逐步下降；1995年时为0.28，收入分配状况相当理想。就是在1997~1998年东南亚金融危机期间，韩国经济大幅滑坡，国内失业率大幅攀升，基尼系数略有回升，1999年时为0.32，其后又出现缓和迹象。另外，韩国现代经济研究院发表报告称，20世纪末亚洲金融危机以来，韩国地区间收入分配失衡加速恶化，2008年以人均地区生产总值（GRDP）为基础的基尼系数为0.194，较1997年翻了一番多。该报告称，亚洲金融危机时期韩国贫富差距骤然加大，人均GRDP基尼系数从1997年的0.085跳升至1998年的0.154，此后增速虽显著放缓，但贫富差距一直未能缩减。但是，可以说，韩国的基尼系数一直处于比较平均和比较合理的范围内。

此外，韩国在经济腾飞之初与中国一样，整个社会的二元结构非常明显，繁华的大都市和贫困潦倒的农村形成鲜明的反差。严重的城乡差距成为影响社会稳定的主要因素之一。为此，韩国政府采取了一系列的措施，在加速工业化的同时，在减贫方面也取得了良好的效果。表现得最为突出的是以下两项措施。

一是合理化个人所得税制度。个人所得税是现代国家的重要税源之一。韩国从 1965 年起开始征收；2001 年时，个人所得税占国税总额的 20.9%。从征收个人所得税的效果来看，个人所得税在政府税收收入中的比重日益扩大，高收入阶层纳税额占总额的比重较高，起到了明显的收入调节作用。2002 年，韩国综合所得税总额为 57454 亿韩元，其中由收入最高的 10% 阶层缴纳的税金占 76.9%，收入前 10% ~20% 的阶层和前 20% ~30% 的阶层分别缴纳了 10.9% 和 5.0%，而收入最低 10% 阶层缴纳的税金仅占总额的 0.1%。通过个人所得税，一方面调剂了社会分配，另一方面为减贫工作提供了充足的财政支持（见图 3-1）。

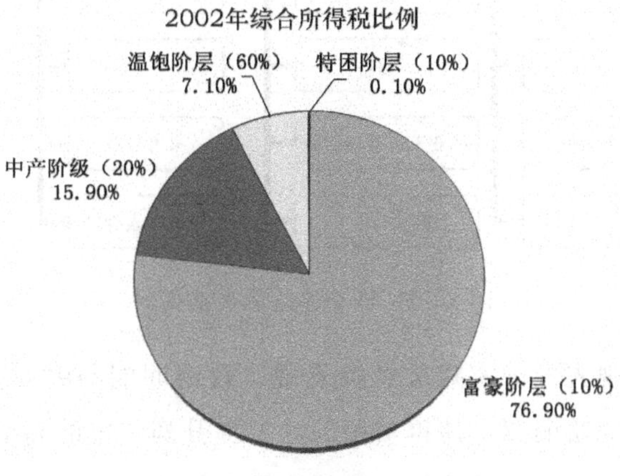

图 3-1　韩国 2002 年综合所得税比例

二是完善社会保障体系。在 20 世纪 60 年代，韩国经济实力比较差，没有能力完善社会保障，当时政府的主要思想是优先确保经济增长，保障生存权，只有公务员年金、军人年金等特殊部门的社会保险和产业灾害补偿保险。20 世纪 70 年代，韩国经济有了一定的发展，政府开始关注社会保障体系的建设。到 20 世纪 80 年代，韩国经济已具备坚实的基础，经济实力也已经可以满足民众对于社会保障日益高涨的需求，韩国的社会保障体系建设迅速发展。现在，韩国已经建立起比较完善的社会保障体系（见图 3－2）。完善的社会保障体系是贫困人口的生命线。以 2002 年为例，韩国保健福利部按家庭成员人数制定的月均基础生活标准为：单人家庭 34.5 万韩元，大约相当于 280 美元，这一标准远远高于国际社会人均每天 1 美元的贫困线；二人家庭 57.2 万韩元；三口之家 78.7 万韩元；四口之家 99.0 万韩元；五口之家 112.5 万韩元；六口之家 127 万韩元。

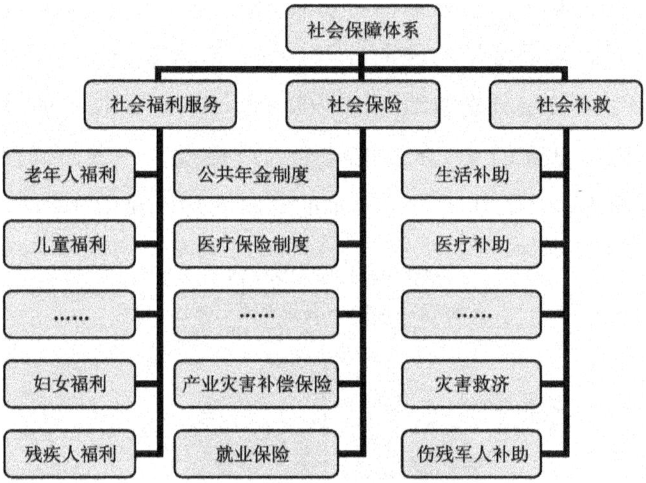

图 3－2　社会保障体系结构图

综上，透视先发国家减贫经验发现，政府职能与财政能力在减贫中起主导作用。战略的制定使得贫困问题被提升到一定的高度和重要位置，政策是减贫的利器，相关法律、法规则是保障政策的有效实施。

第二节　政府主导全面推进
新兴国家成效显著

印度、巴西、俄罗斯等新兴国家，在减贫方面也不断努力，并取得了较大的成绩，但作为后发国家，这些国家的贫困形势依然严峻。分析新兴国家的减贫措施，有助于我们更加审慎地应对中国的减贫问题。

一、发展和变革中的印度政府扶贫项目

印度政府自20世纪70年代起，开始实施针对贫困人口的各种扶贫项目。每年用于扶贫项目的资金为1000亿卢比（25亿美元），并计划在今后20年内把贫困人口限制在总人口的10%以下。印度政府的扶贫项目在设计、组织、运作等方面各不相同，下面择其几个主要项目予以介绍①。

（一）农村综合发展项目（IRDP）

全国农村综合发展项目始于1979年。该项目由中央统一规划，所需资金由中央政府和邦政府分摊。其目标是帮助被选中的家庭，为改善生产条件，提高农业生产率，发展农村工业、商业和服务业提供生产性资金和农业投入，为农村贫民创造更多的就业机会。目的是提高农村贫民的经济地位，使他们的生活水平提高到贫困线以上。这个项目的主要措施是向生活在贫困线以下的小农、边际农和农业劳动者提供补助和贷款；同时向他们供应种子、化肥、农药等生产性物资，提供各种技术性服务；政府投资兴办一些水利设施，免费（或低费）给农村贫民供水，以帮助他们发展生产，提高劳动生产率。

农村综合发展项目的运作首先是确认穷人。为了确保项目能帮助最穷的人，只有年收入低于11000卢比的家庭才可以接受项目援助。确认过程由农户调查开始。此调查一般由村民委员会或同其他政府职员如教师共同进行。调查的目的是评估家庭收入。为便于工作人员评估家庭收入，邦政府通常用各种资产来表示收入，如有无土地、按等级划分的土地等。受援家庭确定后，就要选定适合受援家庭需要和能力及当地资源

① 中国社会科学院印度扶贫考察团：《印度扶贫考察报告》，《中国农村经济》1998年第9期，第69～76页。

状况的经营项目。经多方协商选定经营项目后，根据项目需求对受援家庭给予补贴和贷款。补贴与贷款所占比例为25：75，补贴一般为实物形式。例如，对从事农业生产的提供耕牛，对手工艺人提供机器设备，对跑运输的提供交通工具等。受援者用项目贷款购买的资产不能用于非项目活动，也不能随意转让。

地区和居民区级的有关部门为相应的项目活动提供帮助。地区农村发展署和居民区官员参与各项微观活动的规划与实施，有关的区级官员都是地区农村发展署指导委员会和执行委员会的成员。为了帮助开展项目，地区农村发展署被授权可用10%的资金进行项目活动所需的重要设施基础建设。受援项目以小组形式开展活动，5个接受贷款者组成1个小组。小组按行业组建，即在同一个村子里，以从事同一行业的，没有血缘、亲情关系的家庭组成。若干小组组成中心，规定借贷次序和规则以及严格的会议制度等。整个小组要共同为每个成员每笔贷款负责，这样便于进行基础设施援助和管理监督，由此保证了极高的还款率。此外，小组活动较易成功，因为这样便于提供支持和市场服务，集体的讨价能力也更强些。

扶贫资金由国家银行贷给小组。贷款的申请通常在村里临时搭起的帐篷里进行。受援者、居民区官员和其他部门的代表，包括税收部门和银行的人，都到这里来。通过这种“帐篷体制”，贷款决定可在当地作出，为受援者节省时间与精力。否则，他们得从一个办公室跑到另一个办公室去办理“无欠款证明”和其他文件。银行必须在15天之内对贷款申请作出答复。银行如果拒绝某一贷款申请，必须给出充分的理由。为避免申请者在财政年底大批涌来，银行又把年度指标划分成季度指标和月指标，根据这些指标，可对地区、邦和全国的贷款数量进行控制。银行提供给小组的贷款利息率为12%～18%，低于市场利息率。小组提供给成员的贷款利息率为24%。小组决定该组成员的贷款数额和先后次序。多数贷款是中期的，在3～5年之间还清。由于以小组信誉向银行贷款，小组内又有联保机制，因此贷款还款率在96%以上，基本没有大的风险。从1980~1981年度到1997年5月，该项目共援助5100万个贫困家庭，银行共发放贷款1836.6亿卢比，政府提供补贴966.4亿卢比。

（二）全国农村就业项目

1989年，印度农村就业项目在全国开始实施。这个项目包括印度农村4400万个家庭，按平均计算，拥有3000~4000人的村，每年可获得10万卢比的拨款。这个项目的主要目的是通过既能为贫民持续获益又能扩大农村基础设施的生产性工程来创造新的就业机会。这个项目的费用中央政府负担80%，邦政府负担20%。从1989~1990年度到1996~1997年度，印度政府对该项目共投入资金2566.17亿卢比，这期间的实际费用是2519.45亿卢比。1997~1998年度，中央政府的资金投入为100亿卢比。

中央政府的拨款根据各邦、直辖区的农村贫民占全国贫民总数的比例分配给邦政府。这种拨款从邦分配到县，是根据指数化了的各县贫困程度拨付的。全国农村就业项目在实施过程中，根据目标的不同特点，又分成两种不同的就业计划：

第一种就业计划是为贫民提供雇工就业，着重在农村地区创造持久耐用的固定资产。这个计划的目的有三：在农村地区扩大就业，每年达到3亿~4亿劳动日；创造永久性的社会资产；改善贫民的营养状况和生活环境。这三个目标是相互促进的。这个计划的发展目标和面向目标组的创造就业项目结合在一起，就业和发展成为相互促进因素。为此，计划规定把费用总数的40%~50%用作原料支出；10%作为能使最贫穷的种姓和部落民直接受益的工程专款，这些工程包括建造饮水井，提供住房等；10%用于营造公共森林，每户开发一英亩农田，种植果树和林木。通过开发农业得到工资，使贫民能够摆脱高利贷和地主的控制，也使他们不必随季节而搬迁。5年间果树和林木等农业很好地发展起来，从而使贫民解决了温饱问题。该项计划由县农村发展机构负责执行，但是，项目的选择和检查，则是由地方评议会机构进行，在没有评议会机构的地方，村民委员会可以执行这个工作。民办组织也有机会参加这个计划的活动，但不允许承包商介入该计划的任何活动。

第二种就业计划是解决农村无地者在农闲期间的就业问题。其目的有两个：增加农村无地者的就业机会，为每户无地家庭中的 2 名成员每年至少提供 100 个劳动日的就业；增加农村基础设施等，以满足农村经济日益增长的需要。在提供就业方面，重点放在：至少每户无地家庭有 1 名成员得以就业；在无地家庭中，种姓、部落民和妇女优先就业。此外，超过最高限额的剩余土地和荒地的接受者，也给予优先就业机会。与第一种就业计划不同，这个计划的工程是通过有技术专家的机构实施，即道路建筑由公共工程部门、小型灌溉工程由水利部门施工。主要的工程包括：在流域地带开发土地；建造和改建现有住房；建造公共设施。在过去的 8 年里，该项目共为贫困农民提供了 65.8554 亿个劳动日的就业；在 1997 ~ 1998 年度，该项目为贫困农民提供了 41.4443 亿个劳动日的就业。

（三）自营职业培训项目

印度政府于 1979 年开始实施农村青年自营职业培训项目。这个项目是农村综合发展项目的有机组成部分，目的是以必要的技能和改良的传统技术武装农村青年，使他们能在农业、工业、商业和服务业方面从事自营职业。该项目只有属于农村综合发展项目目标组家庭中 18 ~ 35 岁的青年才有资格参加，并且 1 户只能参加 1 人，选择的重点是种姓和部落民、退役军人，并规定至少有 1/3 的受训人是农村女青年。培训的技术多种多样，培训时间半年到 1 年不等。每期培训根据技术类别分成若干班，每班 10 ~ 25 人，每个受训人每月发给 250 卢比的奖学金，教师的工资由政府负担。农村青年自营职业培训项目在“六五”计划期间培训了 94 万人，其中 46.4 万人从事了自营职业，种姓和部落青年占受训人员总数的 32%，青年妇女占受训人员总数的 35%。这个项目在“七五”计划期间培训了 100 万人，其中 47% 从事了自营职业，12% 获得了工资就业，其余 41% 没找到工作。到 1997 年 6 月，该项目共培训青年 413.1 万人。

（四）农村妇女与儿童发展项目

农村妇女与儿童发展项目开始于 1982 年 9 月，它是在试验的基础上，在从各邦选出的50个落后县中进行试行。这个项目是农村综合发展项目的特殊组成部分，它集中在为农村妇女就业提供便利条件，目的是使妇女参与创收活动，提高妇女的收入水平，并使她们能够得到创收活动所必需的支持性服务。因农村妇女与儿童发展项目的对象与农村综合发展项目的对象相同，因此，它也要求妇女以小组的形式来组织活动、申请贷款。妇女小组每组至少15人，多了不限。每组选出2个小组长，负责小组的组织、服务工作，每个小组长每月有20卢比的报酬。妇女小组成员的贷款条件是：每人必须先有存款存在小组，然后才能贷款，存贷比例是1：3；每次贷款，必须同时有2个小组长共同签名，银行才给贷款，这样确保贷款没有风险。银行贷款利率为12%，存款利率与市场存款利率相同。妇女小组成员采用分期还款形式，每月1次，还款额不定，每月能还多少就还多少。但必须是累计将一次贷款额还清之后，才能继续二次贷款。贷款用途多种多样，有的用来做生意，有的用来养牛、养羊，有的从事种植业，有的制作服装等等。每个农村妇女与儿童发展项目下的小组都可一次性得到15000卢比的循环活动经费。这个项目开始在50个县试行，在“七五”计划期间，已扩大到了更多的县，到1990年，已在191个县实行。据粗略估计，在“七五”计划期间，这个项目组建了28000个小组，拥有46万妇女成员。到1997年3月，该项目已发展了18.7495万个小组，共有302.6万妇女受益。

二、巴西的“发展极”开发战略及反贫困举措

第二次世界大战后，经过历届政府的努力，巴西经济得到了快速发展。然而，国内仍存在十分严重的贫困问题。20世纪70年代，巴西的贫困人口发生率一度下降较快，但自80年代初起，尤其是债务危机以后，其贫困人口发生率有所上升。巴西政府也就反贫困问题作了积极的探索。

（一）“发展极”开发反贫困战略

巴西政府的“发展极”开发反贫困战略，产生于20世纪60年代根

据“不平衡增长—发展极”理论提出的区域开发反贫困战略。所谓“极”就是指一个经济空间，包含一个能在此空间或地理区域内发生影响的原动力单位的群体。这一战略的核心内容是，通过大规模的物质资本投资，在贫困地区形成新的发展极或增长点，通过发展极或增长点的极化和扩散效应，带动周边不发达地区的经济发展，并以经济增长方式促进不发达地区的贫困人口自上而下地分享经济增长的成果，以缓解区域性的贫困状况①。

1967年，巴西政府在贫困落后的亚马孙地区的马瑙斯1万平方千米的地区建立了一个“经济发展极”，实行进出口自由贸易政策，并以优惠的税收政策吸引国内外企业投资建厂。马瑙斯自由贸易区分农牧业区和工商业区，由设在该地的直属联邦政府的自由贸易区管理委员会直接领导。联邦政府在这里实行特殊政策。其政策包括两方面内容：一是实行进出口自由贸易，规定凡是用于扩大再生产的进口商品免交进口税；二是实行财政刺激政策，凡是在自由贸易区投资建厂的企业可享受各种优惠，如制定企业计划时可得到“亚马孙开发私人投资基金”的资助，可用所得税的减免部分进行投资，享受减免所得税的比重可达100%，免除用于自由贸易区内部或销往国内其他地区商品的工业产品流通税，向缴纳商品流通税的商品提供信贷资助，为工、农、牧等企业选址提供方便等等。

经过几十年的开发，马瑙斯地区的经济发展很快，由原来只有10余万人口的小城市发展成目前拥有124万人口的大城市，从业人员达10余万人。1989年年底，自由贸易区经济开发投资额估计为135亿美元。1985～1989年，工业企业数量平均每年增加14%，加工工业的投资增长了1.5倍。1989年，自由贸易区内共有577家工业企业，其产品销售额约为70亿美元。1990年，农牧业区已建立起170多个农场和畜牧场，成为巴西轻工业产品的重要产地。

---

① 尚玥佟：《巴西贫困与反贫困政策研究》，《拉丁美洲研究》2001年第3期，第47～51页。

2010 年，马瑙斯成为亚马孙地区的一颗明珠。随着马瑙斯自由贸易区的建立与发展，亚马孙地区得到了迅速的开发。全区人口由 1970 年的不足 100 万人增加到 300 多万人，经济也有明显的增长。在这一发展极的带动下，依靠发展极的离心作用，增长的势头通过资本、技术、组织、要素、信息等渠道向其周围地区“弥散”，并不断扩大其“弥散半径”，其作用是亚马孙地区又先后建立了许多规模不等的发展极，形成了带动整个区域经济开发的发展极网络，从而增强了边疆地区对中央政府的向心力。这一地区的开发增加了大量就业机会，解决了农村剩余劳动力的就业难题，对减少贫困产生了积极的作用。

（二）政府反贫困政策的积极举措

战后初期巴西有一半的人口处于贫困状态。而 1990 ~ 1996 年期间，贫困人口（家庭人均月收入在 100 雷亚尔以下）则由 6750 万人降至 5500 万人，绝对贫困人口（人均月收入低于 50 雷亚尔）也由 3300 万人降至 2140 万人。这主要是得益于巴西政府所采取的一系列反贫困举措。

1. 农村土地改革。巴西以土地高度集中而闻名于世，且土地集中的趋势一直在不断扩大。1970 年，1% 的农户占有全国土地面积的 39.5%。1975 年，在注册土地总面积中，10 公顷以下小地产所占的比重由 1970 年的 3.09% 降至 2.79%，10 ~ 100 公顷地产所占的比重由 1970 年的 20.42% 降至 18.63%，而 1000 公顷以上大地产所占的比重却由 39.52% 增至 42.65%。其中，10 万公顷以上特大地产就由 33 个增加到 46 个。据巴西殖民和土地局统计，1995 ~ 1996 年占地 1000 公顷以上的农户占巴西农户总数的 1%，它们控制了巴西土地的 45%①。1997 年巴西农村土地占有的基尼系数为 0.78（1 为土地全部集中在一人手中，0 为理想的分配）。

土地的高度集中、经营的粗放，导致巴西农业生产率低下，这不仅阻碍了农业的发展，而且使无地农和小农的生活更加艰难。为缓解土地

① 巴西地理统计局：《1995 ~ 1996 年农牧业统计》。

集中引起的冲突，1964 年政府颁布了土地法并建立了专门机构——巴西土地改革委员会。但是，土地改革（以下简称土改）委员会所做的唯一工作是在 1967 年对土地占有状况的调查。1970 年，土改委员会被解散，代之以国家垦殖与土改委员会，因为政府决定把移民作为解决土地问题的主要办法，按照土地法，政府利用公共土地以及从大庄园主那里收购的土地安置了 55 万无地农户。但是，由于被安置的农户既缺乏资金，又缺乏最基本的基础设施和社会生存条件，结果分得土地的农户不久又放弃土地，重新沦为无地农。

2. 东北部农业发展计划和全国一体化计划。为解决农村贫困问题，巴西政府于 1970 年和 1972 年把拟用于北部和东北部地区工业发展的一半的税收鼓励资金，用于东北部农业发展计划和全国一体化计划。东北部农业发展计划是为实现东北部农业现代化而制定的，主要由一个土地再分配计划和一个为购置土地、农业机械、化肥和其他农业物资而制定的信贷计划组成。全国一体化计划的目标是要扩大经济边疆，尤其是农业边疆，包括中西部地区、东北部河谷地区以及亚马孙部分地区。

20 世纪 70 年代初，巴西政府在东北部、北部和中西部地区投资 20 亿克鲁塞罗，修建了 3 条贯穿三地的公路干线，其中 1 条是横贯亚马孙的大公路，全长 5 400 千米，另外两条是南北走向的公路。这些公路干线的建成和通车，将北部和中西部地区纳入全国交通体系之中，把边远地区同发达地区连成一片，从而为移民和区域经济开发创造了条件。同时，政府鼓励人们在亚马孙地区有前途的农业地带定居。移入农户最初由政府提供必要的资金和技术帮助，而每个农户按政府要求须在半年至 1 年内达到粮食自给。如果在不太长的一段时间内这些农户自身有能力对土地加以利用，占地的农户就会成为土地的主人。同时，由政府在村里设立小学、卫生所、教堂、银行办事处、邮局、商店以及农业办事处。

对于亚马孙地区原有的农户，1971 年 11 月，全国货币委员会制定了一个向他们提供农业信贷的计划，贷款为期 3 年，援助对象仅限于定居这一地区各片土地上的确有耕作经验的农户。为了使新迁入的农户长期定居下来，巴西政府在鼓励农户从事商品性农产品生产的同时，还大力开拓国内外农产品市场。作为鼓励农产品出口的许多措施之一，巴西采取了“出口走廊”计划，以减少国内运输成本，增强产品在国际市场的竞争力。农产品出口走廊的建立，极大地调动了农户从事商品性农产品生产的积极性。在1973年年底和1974年年初，巴西政府又宣布一个补充计划来促进“农工企业”以及在东北部和亚马孙区域选定的分区内进行全面的和综合的发展。这些计划旨在减轻东北部农业工人就业不足的状况，其办法是将本地区的工人调到新的农业边区、特别是亚马孙地区，提高留在本地区的农业工人的生产率，以及在农工业领域创造非农业的就业机会。为改善贫困农民的处境，1999年巴西建立了全国加强农村家庭农业计划，该计划主要是向小农发放优惠贷款，同时鼓励农民建立合作社，政府提供贷款、科技、农机和化肥农药等。

3. 迁都巴西利亚。由于原来的首都里约热内卢远离全国中心地区，其政治与经济辐射力远远达不到中西部和其他边远地区，为了使全国一体化、改变首都地理位置的局限，库比契克政府时期把首都迁到巴西利亚。迁都巴西利亚是巴西各界人士的百年宿愿，也是巴西政府开发落后地区的重要举措。巴西利亚位于巴西中央高原，地理位置比较居中，可以充分发挥全国政治、文化和交通中心的作用，其辐射力可以达到边疆地区。在迁都后的3~5年内，中西部地区的经济、特别是农业经济得到了长足的发展。在迁都的同时，政府还修建了通往东北部地区和北部地区的公路，从而为落后地区的开发奠定了基础。

4. 最低收入保障计划。1997年12月，巴西联邦政府制定了最低收入保证计划。这是巴西近年来采取的最为有力的反贫困计划之一。该计划由联邦政府按一定的比重向愿意参与计划的最贫困城市拨款，联邦政府和市政府各出资50%，对人均月收入低于政府规定的1/2最低工资、有7~14岁在校读书的儿童的家庭进行资助。第一项协议在1999年4月签订，其目标是1200个落后城市中的140万户家庭。到1999年10月，573个城市中的近30万户家庭受到资助。政府总出资3060万雷亚尔，平均每个家庭每月得到35.60雷亚尔。

三、俄罗斯转型时期的贫困问题及对策

自1992年向市场经济转轨以来的十多年时间里，俄罗斯贫富差距急剧拉大，特别是在转轨最初几年，俄罗斯（以下简称俄）近1.2亿居民生活水平下降了66%～80%，实际收入减少了一半到三分之二不等。据俄官方统计，在改革之前的1991年，货币收入低于贫困线的俄罗斯人口为610万人，仅占俄人口总数的4.1%；1992年实施改革以后贫困人口猛增至5020万人，占到俄人口总数的33.5%；1993年为4690万人，占俄人口总数的31.5%；1994年为3620万人，占俄人口总数的24.4%；1995年为3660万人，占俄人口总数的25%；1996年为3190万人，占俄人口总数的22%；1997年贫困人口为3070万人，占俄人口总数的20.8%。而俄罗斯科学院人口社会经济问题研究所等非官方统计机构的统计数字一般要比官方的统计数字高得多，因为后者的统计数字还包括了老人和孩子。从2003年10月1日起，俄最低生活保障线由原来每月450卢布提高到600卢布，相当于20美元左右，官方数字则显示，在俄罗斯要维持日常生活，月收入平均需要75美元，但目前俄罗斯尚有近三分之一的居民达不到这一标准。对此，俄罗斯政府制定了相关政策与措施，尽力化解转型期贫富差距扩大、贫困问题恶化的状况。

（一）将发展经济作为主要手段

事实上俄罗斯联邦政府一直以来特别重视社会贫富分化问题，1997年5月，俄联邦政府提出“政府七项主要工作”，其中前两项都是旨在解决贫困问题的。普京上台之后，正式提出要振兴俄罗斯民族经济、同贫困作斗争的政治主张，也正是在振兴经济的过程中，俄罗斯贫富分化问题也正在逐步得到解决。俄贫困人口从实施改革之初的1992年的5020万人，下降到1997年的3070万人，从占俄人口总数的33.5%下降到20.8%。1998年8月金融危机之前，俄职工平均月薪为177美元，金融

危机后卢布在四个月内贬值75%，职工平均月薪合计不到60美元。到2001年，职工平均月薪已经增加到4294卢布，大约141美元，2002年底又增加到160美元。全国最富的10%居民收入与最穷的10%居民的收入的比值目前降到了14倍左右。近十年来，俄罗斯人口死亡率高于出生率的趋势也开始得到扭转，当年出生率增长10%，死亡率则下降5%[①]。

（二）建立健全社会保障体系

针对转型时期贫富分化加剧、贫困问题凸显的现实状况，俄政府建立健全社会保障体系，将普遍的福利制度转变成为最贫困居民提供一张安全网，特别是自2000年普京担任总统以来，俄政府更是加大了社会保障工作的力度。2000年，俄政府补齐了所拖欠的工资和失业救济金的大部分，退休金则全部补齐。2000年6月，俄政府又通过了《俄联邦政府近期社会经济政策的基本方向》，提出了新政府关于加大社会保障力度的基本思路，涉及医疗保障、退休保障和最低生活保障等要素。2001年，俄政府还建立了“补偿基金”，使之成为俄联邦一项重要的社会保障措施，并将“补偿基金”列入了2001年联邦预算。目前俄“补偿基金”主要用于《残疾人社会保障法》和《老战士法》两项社会保障法令的实行，从而使社会保障所需资金在联邦一级得到了有效保证。

（三）加大税制改革的力度

2000年7月26日，俄联邦委员会批准通过了《税法典》，规定从2001年起俄罗斯公民不管收入多少一律缴纳13%的统一所得税，而此前俄罗斯实行的是累进所得税制，也就是根据公民年收入的多少，按照12%、20%、30%三级税率缴纳相应的所得税，凡是年收入在5万卢布以下者缴纳12%的所得税，年收入超过30万卢布者缴纳30%的所得税，年收入在5万~30万卢布之间者缴纳20%的所得税。按照这种累进所得税制，收入越高者所缴纳的所得税应当越高，可是实际情况却是一部分高收入者更愿意“夹着尾巴做人”，千方百计地隐瞒实际收入，想方设

① 盛世良：《普京执政三年：成绩、问题和前景》，《当代世界与社会主义》2003年第1期，第82~86页。

法地偷税漏税，而真正缴纳所得税的倒是那些低收入者，这就变相地加剧了贫富分化。新税法将所得税起征点由原来的5万卢布改为10万卢布，并且针对税收征管中长期存在的高税率、低征收的现象，强化了税收征管，要求建立普遍的纳税申报制度，税务机关的工作重点也转向日常的、重点的税务稽查，对各种偷税、漏税行为进行严厉处罚，直至送交法庭审判，这样既保护了低收入阶层的利益，又促使了高收入阶层依法纳税。

（四）加大对农业的投入和国家的支持力度

为推动农业和农村的发展，1999～2003年，俄联邦预算用于农业和渔业的投入由88亿卢布增加到312亿卢布，并且实行统一的农业税，农民缴纳的税种由原先的28种减少为10种。2003年11月普京又签署了统一农业税法，俄罗斯学者认为，按照新的统一农业税法缴税，可以使农民每年少缴150亿卢布的农业税。这些措施促进了俄农业近几年的发展，2000～2002年俄农业总产值持续增长，3年增长了17.8%，年均增长5.6%①。

总之，通过战略项目的制定，结合相应的政策措施，作为新兴国家的印度、俄罗斯、巴西也在减贫方面取得了较大成绩，推进了经济的平稳增长和社会进步。

第三节　行之有效点状突破　落后国家赤字突围

贫困是世界性的课题，消除贫困是全人类的共同任务。贫困的消除不能仅仅依靠美国、日本等先发国家或是中国、印度等新兴国家制定的

① 徐元宫：《转型时期中俄贫富分化及其对策比较》，《俄罗斯研究》2004年第4期，第57～63页。

战略和措施，还需要其他国家共同努力，无论是最贫困国家还是富足国家，都要立足国情努力开发出新的减贫模式、选准突破点积极推进减贫进程。

一、坦桑尼亚减贫创举成新世纪非洲的楷模

非洲是世界第二大洲，其人口占世界总人口的12%，拥有丰富的矿物资源和水利资源。然而，非洲却是世界上最贫困、经济发展水平最低的洲。尽管非洲减贫任重道远，但作为新世纪新非洲的典型，坦桑尼亚卓有成效的减贫工作给世界留下了深刻印象①。

（一）建立经济特区，积极鼓励投资措施

正如《2000/2001年世界发展报告》所指出的，“市场驱动的增长是减少贫困的中心内容”，“各个地区和国家在减少收入贫困和实现人类发展方面的不同绩效多半可以归因于经济增长的差异”。实现减贫目标在很大程度上源于持续增长的宏观经济。经济发展了，才能使政府用于各项减贫项目上的财政支出成为可能，减贫战略才能实施。对资源丰富但多未开发的坦桑尼亚来说，不是没有经济增长和减少贫困的潜力，而是如何把这种潜力激发出来。

坦桑尼亚不断深化的经济改革，尤其是能源部门和电信领域，为经济的增长注入了活力，也为经济发展创造了良好的宏观外部环境。自20世纪80年代末世界银行和国际货币基金组织分别推出对非洲援助的结构调整计划以来，坦桑尼亚政府从实行自由主义政策导致民族和宗教等问题凸显使国家处于分裂边缘中吸取了教训，努力消除自由化的影响，推进以经济结构调整为中心的经济改革，建立经济特区，实施鼓励投资措施，经济进入了平稳增长的时期②。比如，2003～2004财政年度，坦桑

① 胡国勇、路卓铭：《坦桑尼亚的贫困状况、减贫策略及其对我国的启示》，《社会科学家》2007年第5期，第56～60页。

② 无华：《桑戈谈非洲和坦桑发展问题》，《西亚非洲》2002年第4期，第70～71页。

尼亚的经济增长速度分别达到了6.2%和6.3%；由于国际经济形势良好，对内改革的效应初步显现，2005～2006年仍然保持这一发展速度。除此，坦桑尼亚的出口多样化取得进展，黄金、钻石等贵重矿物的勘探、开采和出口成绩斐然，为赚取外汇作出了重要贡献。坦桑成为非洲继南非和加纳之后的第三大黄金生产国。

（二）加大人力投资，经济反贫与减少人类贫困并举

20世纪90年代以来，国际反贫困的重点由加大对基础设施投资力度、促进区域经济增长的物质反贫，转向了经济反贫与减少人类贫困并重。在这一大背景下，坦桑尼亚当局也逐步认识到，强调经济自由化、市场化和私有化的结构调整计划虽然为国家引入了市场经济体制，但并不能解决经济危机背后的深层次问题。近年来，坦桑尼亚开始高度重视反人类贫困和人力资本投资，将经济发展与教育、卫生等事业的发展统筹安排，特别是在最近的减贫战略报告中，更是把卫生医疗与艾滋病防治、教育、安全用水、城乡发展确定为国家减贫战略中的重点①。

（三）重视贫困人口参与，改进扶贫资金及项目管理

国家减贫战略的顺利实施，离不开政府的有效管理。它可以确保减贫资金使用的透明性，保证有限资源得到最大限度的合理使用，反之，公共部门低效率、腐败、浪费，都会导致资源不足，用于改善公共服务的减贫项目难以达到必要的水平和质量。坦桑尼亚政府正是充分认识到了这一点，着手加强良政建设，并体现于被非洲国家广为接受的《非洲发展新伙伴计划》（NEPAD）之中。贫困人群不仅是减贫战略实施结果的被动受益者，而且应成为减贫过程中的主体和主导力量。穷人可以广泛参与减贫项目的设立、实施以及监督的评价，以促进减贫资源的有效利用和减贫战略的可持续实施。各国的扶贫经验也充分表明，贫困人口的参与和意见表达，能够使减贫项目更具针对性和科学性，降低减贫计

① TIM WILIAMSON, SUDHARSHAN CANAGARAJAH. Is There a Place for Virtual Poverty Funds in Pro－Poor Public Spending Reform[A]. Lessons from Uganda's PAF[C]. Development Policy Review, 2003, 21(4).

划的实施和监督成本，达到减贫的预期效果。坦桑尼亚近年来开始在减贫对象的确定、减贫项目的决策及实施、减贫效果的评价等方面借鉴国际经验，更多地引导贫困人口参与。

（四）瞄准稳定与可持续性，大力强化国际合作减贫

坦桑尼亚等非洲的苦难和赤贫，除内因外，也有深刻的殖民历史背景和当今日益加深的全球化趋势等外因，经济全球化使世界各国结成了更为广泛而深入的联系，彼此间的联系犹如链条般不可分割、环环相扣。坦桑尼亚面对来势汹汹的全球化潮流，一方面积极摆脱被裹胁淹没或挤向边缘的弱者命运，顺应时代，自强地搏击潮头；另一方面，与国际社会密切合作，积极为国家减贫和经济发展争取良好的外部环境以及稳定、可持续的国际援助。

二、孟加拉小额信贷扶贫模式成功运作

孟加拉小额信贷扶贫模式的成功运作，实质上是穷人贷款权利的突破。独立后的孟加拉在 1972 年正式建国时，就是世界上最不发达的国家之一。几十年来，消除贫困始终是该国面临的艰巨任务。

在反贫困实践中，孟加拉原创性的小额信贷扶贫模式发挥了极其重要的作用。小额信贷（microfinance）是孟加拉吉大港大学经济系教授穆汗默德·尤努斯（Mohammed Yunus）博士在 1976 年发起的一个研究实验项目，旨在探讨穷人进入合适的金融信贷网络的途径。在大多数后发国家，正规的金融机构主要同经济层面上前 25% 的人群打交道，而下面 75% 的人群只能求助于放高利贷者。在实验中尤努斯发现，资金不足是穷人难以摆脱困境的重要制约因素，而如果让穷人无须担保地得到数量和期限合适的贷款，他们知道如何用这笔贷款获得收入，并及时还款。这一实验项目运用于具体的反贫困实践，被尤努斯称为“乡村银行项目”，后经过他不懈的努力，创建了具有国际影响力和示范效应的乡村银行（Grameen Bank，简称 GB）。由于这种设计将自我就业的穷人家庭或

他们所从事的经济活动视为一个个微型企业，所以这种信贷又被称为微型企业信贷（micro - enterprise finance），当它被引入中国时，被译为“小额信贷”。

站在穷人的立场上思考问题，尤努斯认为，信贷是人类的基本权利，穷人也应当获得信贷服务，而不应游离于金融服务机构之外；穷人有能力用好贷款，政府与社会有责任和义务发挥和挖掘他们的潜力，以帮助他们通过自身的努力摆脱贫困。贫困者的一般特点是底子薄、文化素质低、经营管理经验少，因而适合于从事投资少、风险小、易操作、见效快的小型项目。从这些实际情况出发，尤努斯设计的小额信贷是按商业化原则向穷人提供不需要抵押担保的、具有制度化和组织化的金融服务。

GB 特别瞄准贫穷妇女，认为妇女的参与有特殊的意义。因为在一般的贫困人群中或贫困家庭中，妇女地位最低，发展机会最少；同时在贫困状态下养育子女、照顾老人，又使她们承担着难以想象的家庭负担与责任。从一定意义上讲，妇女的脱贫才标志着家庭和社会的脱贫。鉴于妇女具有节俭、谨慎、诚实、顾颜面等特点，GB 的大多数项目倾向于以妇女为主体。GB 的小组长和中心主任几乎全由妇女担任，妇女的贷款额占 GB 的总放款额的 90% 以上。GB 的实践经验表明，妇女的还款率更高，妇女比男人更遵守贷款制度。

小额信贷的发放者乡村银行（GB）并不是简单地向穷人提供信贷服务，而是通过周密的组织来确保穷人从小额信贷计划中受益。贷款者在接受金融服务的同时，也可得到信息咨询，接受技术、技能培训，为提高贷款使用效率创造条件。另外，GB 还向穷人提供各种非金融性质的社会服务，如鼓励贷款者在社区建立幼儿园、捐献种子和树苗、美化环境，通过会议中心向成员传授营养、卫生和医疗保健常识，通过条例规范穷人的社会行为等。这种形式的信贷，在孟加拉得到了广泛的普及，它使越来越多的穷人从中受益，从而成为孟加拉国内最具特色、最有成效的反贫困手段，也成为反贫困治理结构中参与机制有效作用的良好示范。

三、马来西亚在民族平等中体现穷人权利

政府及公共部门在实现马来西亚减贫、保障穷人权利中发挥着特殊的作用。在构成马来西亚的最主要的三个民族中，马莱或者说当地人（bumiputeras）的贫困发生率最高。1970 年，马莱人占贫困人口的64.8%，而中国人和印度人的相应比例为 26% 及 39.2%。同年，马来西亚国内的基尼系数高达 0.513①。由贫困问题导致严重冲突，给马来西亚政府带来了有史以来最深刻的教训，但它客观上也催生了随后出台的历史上著名的新经济政策（NEP）②。1971～1990 年 NEP 的直接目的，就是为了及时解决极端贫困地区特别是马莱人的极端贫困问题、就业中的种族歧视以及在部门、地区和民族间存在的不公平待遇等社会经济问题。马来西亚遵循的是市场经济职能与政府干预相结合的混合型经济模式，它以政府政策为导向，以法律框架为保障，以私有经济发展为驱动力，以缩小种族间贫富差距和消除国内贫困为目的。而 NEP 突出强调政府的反贫困职责及反贫困作用。

在 NEP 实施的早期（1971～1980 年），政府对经济的干预明显增加，公共开支由 1970 年占 GDP 的 22.4% 上升到 1980 年的 29.10%。但在 20 世纪 80 年代全球性经济萧条出现时，政府随之减少了对经济的干预，开始转向基础设施及环境建设，为私有部门参与经济提供扶持服务。基于此，在反贫困进程中，马来西亚政府有严密的组织机构，反贫困项目的计划、预算分配、实施和启动一般要通过联邦、国家、区域和村落等不同层次的发展、技术和协调委员会来进行，各行政机构在统一协调、高透明度的原则下高效工作。

马来西亚将公共部门管理视为有效治理结构的最重要因素，与公共

---

① 西瓦：《马来西亚的反贫困及治理结构》，见《中国承诺本世纪末消除贫困》，中国经济出版社 1998 年版，第 256 页。

② 林乘东：《中国：走出贫困》，云南教育出版社 1999 年版，第 130 页。

服务改革、公共部门金融管理改善、制度改革、政府计划与预算、项目协调、实施和评估相关联。公共部门的改革也围绕着质量管理、创新、金融管理、公共人事管理等内容进行，目的在于维持宏观经济的增长和稳定、保证竞争力、消除贫困、提高生活质量和保证人力的持续发展。在马来西亚，绝对贫困的概念广泛用来指贫困线收入（PLI），PLI 在货币上等同于最低生活水平消费，是用于满足基本的衣、食、住、行、能源、燃料、交流、教育、医疗及娱乐的开支。根据绝对贫困的概念，家庭每月净收入低于 PLI 的视为贫困，低于 PLI 的 1/2 的住户则视为核心或极端贫困人口①。在政府和公共部门的共同努力下，马来西亚的贫困发生率由 1970 年的 49% 减少至 1990 年的 15%，并在 1995 年进一步减至 9.6%；1989 年实施“核心贫困发展计划（DPHP）”后，核心贫困率从 1985 年的 6.9% 降至 1995 年的 2.2%，到 20 世纪末这一数值甚至接近于零。实践证明，政府和公共部门特殊作用的发挥，对于马来西亚反贫困治理结构运作效率的提高起到了至关重要的作用。

总之，坦桑尼亚、孟加拉、马来西亚作为落后的国家，其减贫成效的取得依托的是立足国情的行之有效的减贫措施，其成功的关键则在于选择了合理的突破点，“点状突破”促减贫。

第四节　他山之石可以攻玉　国际经验启迪中国

消除贫困仍然是当今世界、特别是后发国家的迫切要求。反贫困是一个世界性课题，中国作为世界上人口最多的后发国家和世界上贫困人口最多的国家，应当把减少和消除贫困作为国家发展的首要任务，与时

① 西瓦：《马来西亚的反贫困及治理结构》，见《中国承诺本世纪末消除贫困》，中国经济出版社 1998 年版，第 253 页。

俱进地学习和借鉴国内外消除贫困的经验和做法，积极推动中国的减贫工作。

一、国际社会缓解贫困的战略种类概览

在过去的50年中，由于对发展问题的复杂性认识不断深化，全球缓解贫困的战略也不断得以调整和完善。这一变化在世界银行有关反贫困问题的报告中得到体现。20世纪50年代和60年代，物质和基础设施的大量投资被视为推动社会经济发展的主要手段；而《1980年世界发展报告》中则明确提出，仅有物质投资是不够的，医疗和教育的重要性不仅在于它们本身的意义，而且还可以促进穷人收入的增加。由于20世纪80年代世界爆发了债务危机和全球性的经济衰退，同时在减少贫困方面，东亚与拉丁美洲、南亚和撒哈拉以南非洲均取得迥然不同的成就，进一步加深了人们对减贫的认识，而侧重点在于改进经济管理和允许市场力量发挥更大的作用。《1990年世界发展报告》建议，通过经济开放和投资于基础设施促进劳动密集型产业增长，同时向穷人提供基础医疗和教育服务来达到减贫效果；于是20世纪90年代，治理结构和机构问题以及地方机构和国家机构的脆弱性问题成为减贫议题的中心。

《2000/2001年世界发展报告》提出，创造机遇、促进赋权和增强安全保障是今后消除贫困的战略和政策。《2005年世界发展报告》提出，应当为人们创造机会来摆脱贫穷并提高生活水平。2008年的金融危机导致就业减少，人口流动方向出现逆转，即从城市向农村回流就业，或者说是从非农部门转向农业部门，进而各国的消除贫困战略也随之发生转变。2011年12月8日，世界银行执行董事会批准建立一个有关在危机后加快对最贫困国家的资金援助速度新的紧急应对机制。《2013年世界发展报告》提出，在后发国家，就业是发展的基石，其回报远不仅限于收入，就减少贫困、让城市有效运作、为青年提供机会而言，就业至关重要。

综上，缓解贫困的战略可以概括为以下三类：

（一）以收入分配为主导的社会福利战略

社会保障和社会福利战略，就是由政府出钱来维持贫困人口的收入，以此来达到减贫的效果。由于耗资较大，后发国家根本无力承担，因此主要是先发国家用于缓解贫困的主要方式。1982 年，美国每个纳税人贡献 250 美元税收用于维持穷人的收入，占政府支出的 10%，而近 150 万穷人获得了总额 500 亿美元的公共援助。虽然这项战略取得了一定的成绩，但是社会福利计划的批评者认为，该战略易使穷人不求上进，好吃懒做，因此应该为穷人建立一个最低限度的“安全网”，促使穷人去接受教育、参加培训、寻找工作，使他们能从根本上脱贫。

（二）以全面经济增长为主导的涓滴受益战略

经济发展过程中，优先发展起来的地区通过消费、生产等方式，可以带动贫困人口和地区发展，进而使贫困人口和贫困地区脱贫。因此，新古典经济学的一个重要思想就是通过经济的全面增长来缓解贫困，这也是二战后许多后发国家的扶贫战略选择。这种理论的假设是，穷人能够在经济增长中通过“涓滴效应”受益，即全面的经济增长能够提供更多的就业机会、更多的收入、更大的市场等。里根总统执政美国时就认为，政府救济不是救助穷人最好的方法，而应该通过经济增长使总财富增加，最终使穷人受益。

（三）以能力建设为主导的目标瞄准战略

20 世纪 80 年代以后，一些国际机构和广大后发国家认识到，由于强势集团很大程度上决定了利益分配的格局，因此经济增长的成果是很难让穷人去分享的，这正如后发国家是很难分享到全球的“和平红利”一样。基于这一认识，许多国家转向实施目标瞄准型扶贫战略，直接向贫困人口或贫困地区供给其所需的物品或服务，提高其创收能力，同时建立必要的社会安全保障制度。特别是，经济发展水平与自然资源禀赋等因素差异导致了人口区域间的事实不平衡，那么，引导人口合理流动以强化减贫效果也是一种重要策略。吴国宝在其专著《中国劳务输出扶贫开发研究》中提出，中国1999年农村贫困人口减少量的45%和贫困下降率的70%都是劳务输出作出的贡献。

二、对中国贫困人口现状的重新审视

中国在过去长达30多年的扶贫历程中，积累了丰富的实践经验，探索出了一条“政府主导、社会参与、自力更生、开发扶贫、全面发展”的符合中国国情的扶贫道路，也取得了巨大的反贫困成绩。中国的农村贫困人口数量（未解决温饱问题的人口数量）已经从1978年的2.5亿人下降到2005年的2365万人，占农村总人口的比重由30.7%下降到2.5%。

但贫困和扶贫开发是动态的、有阶段性的，进入新时期以来，中国的贫困问题和扶贫形势又发生了如下变化：

（一）贫困线低且温饱效果不稳定

中国实际扶贫规模远大于贫困线下人口数量，因此要科学界定贫困内涵并在此基础上给出贫困的具体测定标准。就中国的贫困标准来看，它实际上是未解决温饱的贫困人口标准，是1986年由国家统计局按照维持人类基本生存所必需的食品支出（占85%）和衣着、住房、燃料等非食品支出（占15%）的比例，对6.7万户农村居民家庭消费支出调查的基础上计算得出的。当然，由于价格变动和基本生存必需品内容的变化，国家贫困线也是不断变化的，从1978年为人均纯收入100元一直逐年上升至2011年的2300元。相比较而言，中国贫困线比1人1天1美元的国际社会通行标准要低。国家统计局于2000年对处于“温饱线”以下的贫困人口的实际生活消费支出进行测算和研究后，建议把865元作为新的贫困线标准。按此标准计算，2005年为944元，相应的中国农村贫困人口就不是2365万人，而应该是6432万人。但在实际扶贫工作中，因为很难完全按照统计标准界定清楚贫困人口，扶持的范围更大一些，约有

1 亿人左右[①]。当然，实际扶贫人口数量与贫困人口数量不相称也和如下因素有关：初步解决温饱问题的群众，由于生产生活条件尚未得到根本改变，他们的温饱还不稳定，巩固温饱成果的任务仍很艰巨。

（二）扶贫对象更加复杂

进入新时期，尽管贫困人口规模在大幅度减少，但中国的减贫难度却在不断加大。体现为：一是“大分散，小集中”的区域性分布特征仍很明显，贫困人口主要分布在中西部一些偏僻的贫困村庄（这些地方或者资源禀赋差或者尚未开发或者自然条件恶劣）；二是呈现出很强的集团性特征，即贫困人口主要由一些农民、下岗工人、残疾人、少数民族等特殊贫困群体所组成。对剩余贫困人口，学界一般称之为极贫人口或真性贫困人口，而扶贫工作者则形象地将之比喻为“最难啃的硬骨头”。

（三）贫困人口弱势化，相对贫困矛盾显现

随着中国市场经济体制的不断完善，贫困人口由于受到区位条件、自身素质、组织化程度等方面的因素制约，处于越来越不利的发展地位，而全球一体化更是加重了这一趋势。以 1985 年、2000 年和 2004 年三年为例，贫困农民收入上限与全国农民人均纯收入平均水平的差距分别为 1：1.9（206：398 元）、1：3.6（625：2253 元）和 1：4.4（668：2936 元）。农村基尼系数也在不断扩大：1978 ~ 1985 年为 0.2124 ~ 0.2267；1986 ~ 1992 年为 0.3142 ~ 0.3134；1993 ~ 2000 年为 0.3292 ~ 0.3536；2001 ~ 2004 年为 0.3603 ~ 0.3692[②]。

三、国际减贫经验对中国新时期减贫工作的启示

实践证明，减贫不是一朝一夕就可以完成的，而是一个持久的系统工程。这是由于贫困成因复杂，贫困对象各异，贫困程度不同，然而最

① 张磊：《中国扶贫的回顾与展望》，《内部资料》2006 年第 6 期，第 3 页。
② 张磊：《中国实施“一体两翼”扶贫战略情况介绍》，《内部资料》2005 年第 12 期，第 4 页。

关键的是贫困是一个与时俱进的动态概念，因此只从单方面来实施减贫策略是难以实现脱贫目标的，而要多维度、多层次全盘考虑。

（一）对症下药，区别对待

只有解决最根本的问题才能有效地减贫，“药到病除”。贫困虽然是多种因素长期积累的结果，但是都有最主要的成因。因此，为求减贫效益最大化，最有效的方式之一就是对症下药，区别对待。中国贫困人口和贫困地区的社会经济生态环境差异较大，这使得各地致贫原因各有不同，包括：因病致贫、因智障致贫、因老致贫、因灾致贫、因缺乏能力致贫、因自然环境和资源致贫、因教致贫等等。

由于致贫原因不同，中国贫困人口和地区对减贫措施和力度的需求也就不同，公共财政应对症下药，对减贫相关工作进行分类。具体来说，对于因病致贫的，要加强卫生防疫宣传工作，同时扩大病种救助范围，提高救助标准或是出台相关的基本的公费医疗保险等措施；对因智障致贫、因老致贫的，要积极开展结对帮扶、定期扶持等，以及建立基本的“敬老院”等福利机制；对因灾致贫或返贫的贫困者，宜安排相应支出支持扶持式减贫；对于因缺乏能力致贫的宜安排相应支出支持救济式减贫；对因自然环境和资源致贫的，宜安排相应支出支持异地安置；对因教致贫的，宜安排相应支出支持教育培训事业等等。当然，确定减贫方式后，如何实施也是关键，这就必然要制定具体的方案，采取适宜的推动力度，唯此才能提高财政减贫的针对性和有效性。

（二）由面到点，靶向精准

由大到小，中国的贫困对象分为贫困县、贫困村、贫困家庭和贫困人口，要根据贫困对象确定瞄准方式，做到点面结合。长期以来，中国扶贫采取的是区域瞄准方式，这种方式适合于贫困人口规模较大且高度集中的情况，在此前提下具有准确、有效、节约成本等优点。2000 年以前，中国的扶贫开发主要以县为主，随后将瞄准对象调整至贫困村，实行“整村推进”的项目式扶贫，通过“整村推进”发展项目改善整体的生产和生活条件，使贫困人口受益，实现减贫的目的。但是，行政扶贫的资源很难全面覆盖所有的贫困村，通常的做法是一个县选几个典型贫困村开展项目。但现实中往往存在这样的现象，如一个贫困村的几户最贫困人家都住在深山里，给他们单独修一条路成本太高，不能纳入“整村推进”的扶贫中，还是整体搬迁较为合适；给其新建住房，让其到山下集中居住，随后解决技能培训、社会保障、子女教育等问题。在贫困县、贫困村纷纷脱贫后，还是会存在个别的贫困家庭和贫困人口，贫困人口的分布开始分散，区域瞄准方式的优点也就无从体现了。这时就要下移瞄准对象，缩小瞄准范围，对贫困家庭和贫困人口进行重点扶持，直接向特困者提供基本的公共物品或服务，以提高瞄准的准确性，提高财政资金效率。

（三）以“输血”促“造血”

按照“工业反哺农业、城市支持农村”的方针，政府要积极构建社会参与帮扶的工作平台，以外力“输血”促内力“造血”，全力助推新农村建设，使贫困农村减贫，进而使得贫困人口脱贫。“输血式”扶贫也称“救济式”扶贫，通过发放资金或是物资的方式来解决贫困地区和贫困人口的生存需要，这在短期内可以解决贫困地区和贫困人口的基本温饱问题，较为适于特困群体，但是这种“输血式”扶贫不仅会增加财政压力，而且极易导致贫困人口对救济产生依赖心理，妨碍其自身发展能力的激发和调动，不能达到彻底脱贫的目的。因此，政府要变“输血式”扶贫为以“输血”促“造血”，运用以“培训促进创业，以创业带动就业”等思路，努力拓宽就业领域。对此，政府要积极构筑各种扶贫互动平台，一是对贫困村进行大力扶持，特别是在政策、项目、资金、技术等方面加强引导，使各个贫困村从自身实际和发展优势出发，积极扶持发展优势产业和特色经济，形成稳定的产业支撑，从机制和组织体系等方面积极培养其“造血”功能，实现长期脱贫和遏制返贫；二是加强对贫困人口的“三园联动”机制建设，引导他们根据自身特点与能力探索出与自身适应的减贫模式，以“输血”促“造血”，最终实现脱贫。

（四）以“绩效标准”促减贫工作

财政减贫不但要承担脱贫的主要责任，而且要处理好公平与效率的关系，既要注重效益（效果）又要注重效率，提高财政减贫的整体绩效水平。财政绩效取向决定了财政减贫是促进经济增长和发展的重要途径。通过有效的财政措施，财政减贫在保证其他地区发展的同时，能够推动贫困地区经济发展、促进劳动力自由流动、保护贫困地区的生态环境，满足国家宏观经济调控的需要，进而力促整个社会经济的发展。因此，从绩效出发，完善财政减贫制度及政策不但是反贫困所必需的，也是宏观调控所需要的。具体来说，一是建立健全面向特殊贫困者的财政救助体系，保障贫困者的养老、医疗、教育、就业等基本需求，同时完善土地、户籍等相关制度和机制，支持户籍制度和农村土地制度改革。二是构建宏观政策的协调机制，使财政政策与农业政策、价格政策、土地政策、信贷政策、投资政策、区域发展政策形成合力，在既定的财政投入水平上提供最多的有效公共物品或服务，将财政减贫效力发挥到最大。三是制定财政减贫绩效制度。成立相关专家队伍，设置项目库，制定减贫绩效指标等，以此来形成减贫的内在动力，提高财政资金的利用率。

总而言之，加大财政减贫投入力度只是治标不治本，要在借鉴其他国家成功经验的基础上，根据国情以及宏观调控需要，针对目标贫困县、贫困村、贫困家庭以及贫困人口的具体需求及其发展能力，建立行之有效的以减贫为目标的制度、体制与机制，并根据情况变动及时调整相关策略以此推动国家减贫目标的彻底实现。

第四章
完善财政收入制度
脱贫致富政策激励

世界银行减贫的中短期目标就是联合国的“千年发展目标”，而其终极目标是实现“没有贫困的世界”。中国要实现全面建设小康社会目标就不得不面对贫困问题的挑战。新形势下扶贫工作要解决三大核心问题：一是扶贫覆盖面扩大。根据国家统计局提供的数据，如果按照2300元的新扶贫标准测算，2011年底，中国扶贫工作覆盖面将从2688万人扩大至约1.22亿人，占农村户籍人口的12.8%。二是城乡收入差距进一步拉大。2011年城乡居民收入之比达3.13∶1，农民人均纯收入与城镇居民人均可支配收入差距达到1.4万元。三是农村内部的收入差距也愈加明显。若从农村居民收入五等分来看，2010年最高收入家庭的人均纯收入是最低收入家庭的7.5倍，同年国家扶贫开发工作重点县农民年人均纯收入仅为全国农民的55%，由此可见中国的相对贫困问题日益凸显。由于公共财税政策在减贫上效果最强，且操作起来较其他宏观减贫手段相对独立，因而，中国将长期实行以财税减贫为主的政府主导型减贫模式。

第一节　构筑公共财政体系 多元支撑减贫战略

中国特色的扶贫开发本着“巩固温饱成果、加快脱贫致富、改善生态环境、提高发展能力、缩小发展差距”的思路，创新一系列公共财税政策，以此来不断满足贫困人口的生存需求，为贫困人口创造基本的生活、生产条件，培养和增强贫困人口摆脱贫困、独立发展的能力。

一、建设公共财政，奠定扶贫能力的基石

公共财政的公共性、灵活性和直接性等特点，构成了公共财政在减贫方面的职能优势，这对于减贫任务来说正是不可或缺的。

（一）公共财政具有公共性

财政政策的目标可分为直接目标和最终目标。公共财政的直接目标是通过满足社会的公共需要，有效地提供公共物品或服务，为经济发展和稳定增长服务，为公平分配和提高效率服务；但公共财政的最终目标还是促进社会进步和发展，构建一个和谐社会。这正如德国经济学家哈德斯的观点：对于处于经济目标之上的社会总目标来说，经济稳定只是工具而已，它只是实现社会总目标的阶段性目标。首届诺贝尔经济学奖得主、荷兰经济学家丁伯根在其《经济与政策：原理与设计》一书中指出：政策目标的设定取决于政策目的。因此，公共财政的直接目标与最终目标意味着社会所有成员的公共需要都被纳入公共财政的目标，包括了贫困者在内的全体居民共同利益的体现，而要保障贫困者的社会需要就必须主要由公共财政通过减贫、扶贫工程等公共支出，为其提供所需的公共产品或服务，“搭便车”等非效率问题也意味着只能由公共财政

提供公共产品或服务。公共财政收入源自社会大众，而公共支出不仅主要用于涵盖全体社会成员的公共物品或服务，而且更加关注贫困者，为其免税同时又为其提供最基本的生存和生活需要及公共需要。公共财政在减贫方面彰显公平的同时也要兼顾效率。

（二）公共财政具有灵活性

公共财政具有灵活性，不仅表现在公共收支上，而且也表现在公共政策与公共体制上。一是公共收入获取方式的灵活性。公共收入包括税、费、债、利、捐及其他收入类型，政府分别通过公共权力、公共信用及公共产权等多种方式来灵活取得，为减贫奠定一定的物质基础。二是公共支出具有灵活性。公共支出首先是通过公共预算来统筹计划的，具有年度性、全面性、计划性、透明性、精确性、科学性、法律性等特点。这些特点约束了公共财政的灵活性，但为其提供一定的枷锁的同时，也为其有效提供减贫公共服务、切实履行减贫职能提供了有力的保障；而公共财政具体实施减贫措施时，主要是通过直接或间接的转移性支出方式来实现，可见实现方式也具有一定的灵活性。三是公共财政政策具有灵活性。公共财政政策包括税收政策、支出政策、预算平衡政策、国债政策等，是一个有机的完整的政策体系。因此，公共财政可以根据具体的实际情况采取不同的政策措施来达到经济稳定与发展，兼顾公平与效率等目标，从而有效地实现公共财政减贫职能。四是财政分权体制具有灵活性。财政分权体制科学地划分中央财政和各级地方政府在减贫方面的财权财力，也是对各级政府财权财力划分的法律规范和基本制度，从而也是保障公共财政有效实施减贫措施的重要前提。这样，公共财政可以通过公共财政收支、公共财政制度以及公共财政分权体制等各个方面灵活履行其减贫职能。

（三）公共财政具有直接性

之所以说公共财政具有直接性，是由于：一是公共财政政策作用的领域有利于直接减贫。公共财政政策主要作用于倾向于结构调整和资源优化配置的分配领域，因而可以直接影响消费总量和投资总量，从而直接影响社会的有效需求，这也相应地决定了公共财政减贫效果的直接性。二是公共财政减贫手段的直接性。公共财政政策可以通过救济支出、补贴、投资、税收等直接或间接手段来具体实施，特别是其直接手段直接面向贫困者个人，加大了减贫力度同时也加快了减贫进度。当然，减贫并不是只有公共财政政策才能实现，其他诸如农业政策、金融信贷政策、价格政策、土地政策、区域发展政策等也是可以实现减贫功效的，但是只有综合性的公共财政减贫政策具有直接性，而其他政策都需要财政从旁进行协调配合，因而都是间接减贫的手段。如农业政策要借助补贴、税费减免等财政手段才能实现发展农村经济、增加农民收入等目标；而价格政策一般要与粮食企业亏损补贴配套使用才能保护农产品价格，进而保障农民收入水平。

二、深入财税优惠，推动动态扶贫战略

伴随改革开放进程，中国在消除贫困、摆脱贫困方面创造出了令世人瞩目的成绩。到 2008 年，农村贫困人口从 1978 年的 2.5 亿人减少到了 2900 万人，贫困发生率由原来的 30% 下降到 3% 左右。在减缓贫困的过程中，财政扶贫发挥了核心作用。20 世纪 80 年代以来，随着国家反贫困战略的提出和实施，国家综合运用财税等手段，不断加大扶贫力度。2011 年 11 月 7 日，为贯彻落实《中国农村扶贫开发纲要（2011 ~ 2020 年）》（中发［2011］10 号）精神，进一步加强和规范财政专项扶贫资金使用与管理，促进提升资金使用效益，中国对《财政扶贫资金管理办法（试行）》（财农字［2000］18 号）进行了修订，制定了《财政专项扶贫资金管理办法》，并且规定中央财政预算安排的财政专项扶贫资金按使用方向分为发展资金、以工代赈资金、少数民族发展资金、“三西”地区农业建设专项资金、国有贫困农场扶贫资金、国有贫困林场扶贫资金、扶贫贷款贴息资金等等。

（一）专项扶贫资金

专项扶贫资金主要有支援不发达地区发展资金、“三西”地区农业

建设专项资金、以工代赈资金等。

1. 支援不发达地区发展资金（以下简称发展资金）。发展资金于1980年设立，是国家财政专门用于经济不发达的老、少、边、穷地区，以改变其落后面貌，加快其经济发展的专项资金。

发展资金主要用于改变农业生产条件，发展农村多种经营，以及利用当地资源并能带动地区经济发展，有利于老少边穷地区群众脱贫致富的项目。对修建农村道路、桥梁、发展农村文化教育事业、进行技术培训、防治地方病等，也给予重点扶持。

需要说明的是，1986年财政设置了“预算扶贫基金”，1990年又设立了“少数民族地区温饱基金”，进行有偿使用，进一步扩大了支援不发达地区发展资金的规模。2008年，中央财政安排扶贫资金167.34亿元，比上年增加23.34亿元，增长了16.2%。

2. “三西”地区农业建设专项资金。该项资金于1983年开始设立，每年2亿元，专门用于解决甘肃定西地区、河西地区、宁夏西海固地区的开发建设。到2007年底，“三西”农村绝对贫困人口由1982年的784万人下降到134.7万人，贫困发生率由62%下降到8.3%；甘肃、宁夏两省（区）“三西”地区的农民人均纯收入分别从1982年的96.3元和126.6元增加到2141元和2214元。特别是2008年，国务院决定再次延长“三西”地区农业建设专项资金使用期限，即从2009年起延续至2015年，并将资金总量从目前的每年2亿元增加到3亿元。

3. 以工代赈资金。以工代赈始于1984年末，2005年12月，国家发展和改革委员会发布的《国家以工代赈管理办法》规定，以工代赈，是指政府投资建设基础设施工程，受赈济者参加工程建设获得劳务报酬，以此取代直接救济的一种扶持政策。1985～1998年国家财政累计安排以工代赈资金299亿元。“八五”期间，国家决定动用价值100亿元的粮食和工业品，以加快江河湖泊治理，恢复水毁工程。按照《国家八七扶贫攻坚计划》，从1994年起，国家再增加10亿元以工代赈资金执行到2000年。2001年开始，国家又进一步加大了以工代赈的投资规模，每年除从财政预算内安排40亿元资金外，还从国债中安排20亿元，在基本农田、乡村道路、人畜饮水、小流域治理、牧场建设、人畜饮水等方面，帮助贫困地区的基础设施建设。2001年和2002年国家再从国债资金中安排10亿元搞易地扶贫搬迁试点项目，2003年又增加了5亿元资金。

（二）税收减免

国家历来对贫困地区给予税收优惠（包括取消农业税、所得税、工商税等），这也是国家税收政策的一个重要内容。1994年实行新税制以来，国家税收扶贫政策主要包括以下几个要点：一是对国家确定的"老、少、边、穷"地区新办企业，所得税可在3年内先征后返或部分返还；二是资源税全部留给地方，中央不参与分成；三是对贫困地区和温饱问题尚未解决的贫困户，对农业税进行减免；四是对贫困地区的耕地占用税、边境贸易、民族贸易企业等，也在税收政策上给予适当照顾。

（三）财政体制倾斜

1994年前中央财政对贫困地区的倾斜，反映在财政体制上主要是定额补助。1994年分税制改革后，除保留了上述对贫困地区的定额补助，还在结算补助和过渡期转移交付中对贫困地区给予了适当倾斜。对较贫困的少数民族省区，中央财政又增加了国家民委用于专门解决民族地区一些特殊问题的机动金①。

总体看来财政从多方面对贫困地区的扶持，促使中国的扶贫工作取得了重大进展。农村贫困人口大幅下降，贫困地区的经济面貌也发生了较大变化。实践证明，中国反贫困战略能够得以成功实施，其重要原因在于国家财税扶贫政策发挥了重要作用。贫困是动态的，经济的增长与贫困的消除是由经济体不均衡的发展所决定的，均衡化的增长方式只能带来静止的贫困，因此，我们要采用城乡统筹、区域统筹的思想，优先发展沿海地区，帮扶落后地区，针对贫困地区制定一系列的财税帮扶机制，变"输血"为"造血"，真正提升贫困地区财政建设能力和贫困人

① 苏明：《中国财税扶贫政策运用的现状、问题与对策》，《湖北财税（理论版）》2001年第7期，第8~10页。

民的“造血能力”。

三、规范财政收入，促成稳定增长机制

国家财政收入体制关乎国家的“钱袋子”如何筹集的问题。它可喻作是一架抽水机的运作机制机理，包含有总抽水量，各个抽水管道及其抽水量、流量、流速等层面架构内容。

中国现阶段财政收入的形式具有多样性和繁杂性。一是费多而杂。政府凭借固有的职能，在收取行政事业费时往往仅凭借红头文件，而不是依据正规的法律文件，有失公平正义。二是税亦多杂。中国千年的皇粮国税——农业税取消，减轻了农民的负担，但随之而来的农村的各项收“费”仍居高不下。现在中国有28个税种，主要税收收入中是增值税收入，这是种间接税占了中国全部税收收入的40%，再加上企业所得税，则占全部税收的三分之二，地方税收仅占三分之一。三是债务多杂。主要是显性内外债不多杂而国内隐性债务多杂，且不论社保领域的历史欠账债务，现实最困难的是县乡基层财政的债务问题。仅2005年，乡级债务就高达万亿元；全国乡镇近5万个，平均每个乡镇负债2000余万元；农业税取消后，乡镇财政收入甚微，何论还债。

总体来看，中国财政收入增长表现为总量倍增、周期缩短。2003年以前，财政收入平均7年翻一倍。2003~2007年，财政收入跨越3万亿元、4万亿元和5万亿元三个台阶，这一期间财政收入增长了1.4倍。根据财政部公布数据显示，2012年1月到12月，全国财政收入累计103740亿元，比上年增长24.8%，增加20639亿元。其中，中央本级收入51306亿元，比上年增加8818亿元，增长20.8%；地方本级收入52434亿元，比上年增加11821亿元，增长29.1%。中国的财政收入高增长有其特定生成条件，是转轨国家和人口大国特征的表现，然而必须看到的是，无论何种类型国家、处于何种经济发展阶段，财政收入都不可能长期高增长，中国也不可能例外。现在应该清醒地认识到，无论是

从经济运行角度看，还是从制度变迁角度看，迫切需要建立促成财政收入稳定增长的机制，以此才能增加国家的整体抗贫能力。

四、提升财政能力，彻底消除贫困板结

坚定不移地推进财政改革，逐步完善公共财政体系，着力提升财政能力是彻底消除贫困板结的关键所在。结合当前财政发展实际，提出以下改革思路：

（一）财权与事权相对称

分税制改革使得财权逐级向上级部门集中，出现了事权与财权不对称的现象，而农村税费改革基本终结了“农民办事业”的格局，将以义务教育为典型代表的基本公共服务全都纳入到公共财政保障范围，这又进一步加剧了基层财权与事权的矛盾，导致一些基层单位财力紧张，从而不能有效地开展减贫工作。据统计，地方担负的事权支出占整个财政支出的比重，2006 年为 75.3%，2007 年为 77%；而地方财政收入分别只占这两年整个财政收入的 47.2% 和 45.9%。对此，政府要按照财权与事权相匹配的原则，以事权定财权，以责任定财权，以现有事权格局为基础，顺应当前行政管理体制和财力格局的要求，逐步建立起基本支出以县为主、重点支出分级投入、省级统筹、管理以县为主的模式，较好地保证各级政府正常运转和各项事业健康发展，为减贫工作既打下良好基础又提供可靠依据。

（二）完善财政机制建设

财政收入的可持续发展能力是减贫的关键因素之一，要消除贫困，就要建立财政收入稳定增长机制、最低财力保障机制和引导财力向下转移的诱导激励机制，促进各级政府之间的财政能力均等化。具体来说，一是要增加基层财政收入来源。可以根据各个地区的财政经济实际情况，将税基较广而稳定的税种作为市县级政府的主体税种，充实地方税体系，改变基层地区目前无税可分和缺乏主体税种的局面，调动基层地区政府

发展经济的积极性，实现县乡财政收入的稳定增长，为减贫奠定物质基础。二是要建立财力最低保障机制。科学测算各地区的财力最低保障水平。一方面可以按照地区财力均等化要求，以省为单位分别测算，另一方面以保公用经费、保正常运转及提供最低水平的公共物品或服务等为依据，测算各级政府人均财力最低标准，对于下级政府低于底线标准的由上级财政“托底”，从而有效地保证减贫工作的正常开展。三是要建立引导财力向下转移的诱导激励机制。转移性支付要按照财力向基层倾斜的原则，适应以城带乡、以工促农的要求，加大上级对下级地方政府，特别是县乡的转移力度，建立起省市对县乡多予、少取、放活的诱导激励机制，缩小区域差异，增强基层政府履行减贫职能的能力。四是要完善公共财政投入决策机制。基层政府能更好地了解辖区内居民的偏好，也最了解贫困人口的实际需要，而财政拨款是“自上而下”，按照公共物品或服务提供的效率原则，要以县为主开展农村公共投入整合，建立“自下而上”和“自上而下”相结合的公共投入决策机制，切实扭转基层政府财政资金“一少、二散、三乱、四低效”的格局，提高财政资金减贫效率。

第二节　优化调整税制设计 加大贫富调节力度

在中国市场机制不断完善的条件下，政府理应逐步减少直接干预税收作为宏观调控的主要工具，在整个宏观调控中无疑需要承担起更大的责任、发挥更大的作用。20 世纪 90 年代以来，中国先后进行了分税制改革与农村税费改革，前者旨在调整中央与地方各级政府的事权及财力分配关系，进而强化中央的宏观调控能力，而后者则是调整农村分配关系，从根本上减轻农民的负担。这两次重大改革涉及不同层面的税费及利益分配，但都对中国的扶贫工作产生了不小的影响。税制改革如何充分体现强化税收调节与再分配调节机制的指导思想，如何在新的宏观经济调控目标下运用税收对贫困进行更为有效的间接调节，都是值得思考的重要问题。

一、税收调控，构建可持续减贫体系

财政政策和货币政策是政府宏观调控的两大支柱政策，其中，财政政策的作用对政府调控更为重要，因为在经济全球化趋势不断加强的情况下，货币政策的调控受到越来越多的限制。如欧盟 15 个国家已实现货币一体化，再过几年各国自己的货币将不存在，一体化后的货币政策由欧盟货币执行委员会统一制定，各国政府能唯一自主使用的宏观经济调控手段只有财政政策，而税收是财政政策的核心手段。无论是总量的供需平衡，还是结构的布局组织都与税收调控密切相关。

税收具有调节宏观经济的能力，从理论上看就是税收杠杆原理。政府通过制定不同的税收政策，建立相应的税收制度，规定不同的税收鼓励措施，给纳税人以有利或不利的税收条件，以此来影响纳税人的经济行为。需要指出的是，虽然征税是强制性的，但税收的调控作用却是自动产生的，被调控者根据税收政策变化及利害关系，自动调整着自己的经济行为，否则只能牺牲自己更多的利益，这就是所谓的税收“自动稳定器”。正像诺贝尔奖获得者、著名经济学家萨缪尔森说过的那样：税收制度几乎在无意之中具有高度的伸缩性。具体地说，政府根据不同时期的经济状况，运用税收政策“相机抉择”地“熨平”经济的周期性波动。在经济萧条时期，国民生产总值下降，个人收入和公司利润减少，政府可以适当降低税率来避免可支配收入的下降，刺激投资和消费需求，防止衰退的扩大；在经济高涨时期，随着生产扩大、就业增加、收入上升，政府又可以适当提高税率，抑制和减少可支配收入的过度增长，遏制投资和消费需求的膨胀，降低通货膨胀率。此外，政府还可以通过税收政策的调整来促进高新技术的开发和研究，促进基础产业发展和基础设施建设，促进充分就业等。

税收是宏观调控和降低贫困的重要手段。20 世纪 80 年代的美国里根政府，以减税治理经济停滞；90 年代的克林顿政府，以调整税收结构扭转财政赤字；之后的布什政府，也以减税 3500 亿美元刺激经济复苏，这些均说明了各国在各个时期都注重运用税收杠杆调控经济均衡发展。

税收调控的一大重要特征在于它集经济、行政及法律手段于一身。经济手段是指税收将各方面的财富向国家转移，调节各方面的经济利益，影响纳税人的经济行为；行政手段是指政府可以凭借国家行政权力直接操纵和掌握税制变动、税法修改、税收政策制定等，以规范和调控税收行为，实现经济目标；法律手段是指税法的制定、颁布、执行和变动，都是通过经济立法和经济司法来规范和维护的，具有强制性和权威性。而这些手段特点是其他调控手段所不具备的，这也是税收在整个宏观调控体系中占有突出地位，发挥独特作用的原因所在。

二、完善税种，统筹城乡减贫进程

税收作为政府财政收入的主要来源，既可为支持新农村建设提供财力保障，又能凭借其调控职能逐渐消除制约城乡协调发展的体制性障碍，促进城乡资源要素的合理流动和优化配置，建立起城乡公共服务均等供给的有效制度，让农民更多地分享中国改革开放的成果。“以税惠农”应该成为今后一段时期国家财政对农民支持的重要政策之一。税收支农政策应当根据社会主义新农村发展的特点，坚持“有所为，有所不为”的原则，突出政策重点，减少“撒胡椒面”式的盲目性，尽可能地发挥有限税收政策资源的最大效能。

中国长期以来对农业生产及与农业相关的产业都给予了税收优惠政策，但农民收入增长速度仍然相对较慢，关键在于税收政策还只是围绕农业生产来设定，并无直接针对农村、农民的相关优惠政策，客观上还存在将农民与土地捆在一起的宏观环境。下一步，税收政策优惠的重点应放在农村，支持农业生产工业化、规模化和专业化，支持城乡生产要素自由流动，以提高农民收入为核心，加大税收优惠力度。

（一）完善自产自用农产品退税制度

农民不仅是社会商品的生产者，同时也是重要的消费者，因而也就有可能是最终的税收负担者。农民作为农业生产者在购买农药、化肥、种子、农机等生产资料时，生产资料价格中包含了增值税进项税额，虽然这部分费用也体现在由农民自行承担的花费之中。针对农民所承担的自产自用农产品中所包含的增值税，应加快研究建立居民退税制度，使农民可依据购买生产资料时所取得的增值税专用发票上注明的税款索取退税。农村居民退税制度的内在功能，就是使增值税链条由“开放”形成“闭合”，自动强化增值税和所得税的制约机制，同时减轻农民实际税收负担，促进农村资金回流。

（二）构建“三农”水电基础设施投融资税收优惠机制

中国的农村水利灌排基础条件差，饮水困难，农田水利基础设施年久失修、疏于管理、破坏严重，积累的问题越来越多，因而，要制定税收优惠政策，积极引导民间资本直接投资于农田灌溉工程。同时，应本着“多予、少取、放活”的原则，使投资者享受国民待遇，特别是在水费征收、税费优惠、土地占用费及水资源费减免等方面，使其享受与国营、集体水利管理单位一样的待遇。凡参与农田排灌工程和老灌区改造的投资，在工程完工正式投产后，给予免缴所得税的优惠；也可以运用BOT的投资方式，给投资方一定期限的特许经营权，在特许经营期限内给予适当的税收优惠照顾。除此，还应出台并完善促进农村水电发展的税收政策：在增值税转型改革前，明确规定小水电增值税超6%部分实行即征即退政策；增值税转型后，扩大农村水电企业进项税额抵扣范围，将建筑安装所形成的固定资产纳入抵扣范围，增加进项税抵扣额，切实减轻农村水电企业增值税税负；或者将农村水电企业固定资产按照折旧额的恰当比例作为进项，允许企业扣除，减轻企业税负。对小水电代燃料工程和促进农民增收十分显著的农村水电工程、无电乡光明工程实行免征增值税政策和免征所得税政策优惠，继续对西部地区农村水电企业所得税实行“两免三减半”政策。

（三）实行农村金融机构差异化税收政策

国家应该建立与新经济组织相适应的农村金融体系及投融资体制，对农村金融机构实行差异化税收，引导社会资本向农村流动，从根本上扭转现阶段农村资金外流、农村经济发展严重“贫血”的局面。作为农村金融领域主力军的农村信用社，今后5~10年将会成为产权明晰、经营有特色的社区性农村银行机构，对其可实行一定的税费减免或一些社区服务业的税收优惠，以增强农村领域金融机构筹融资能力，更好地为发展农村经济服务；对民间金融组织出台相应的税收优惠政策，允许民间借贷合法化，并对其进行规范，引导民间资金增加对农业的投入；减征或免征农业贷款利息收入的营业税，引导商业银行把一定比例的资金用于农业发展，鼓励和支持各大金融机构参与到“三农”问题的解决中来；对邮政储蓄银行当年在县及县以下地区新吸收的居民储蓄和单位存款，如果其将25%的存款直接贷放或委托贷放用于当地的农业融资，也可做出特殊的税收安排，促使邮政储蓄成为扶持农业和农村经济发展的“输血机”；制定税收优惠政策刺激现有的各家保险公司、证券公司、信托公司根据当地农村实际发展情况，逐步深入农村，设立分支机构或营业网点，提供多样化的金融工具，丰富农村金融市场。

（四）出台有利于农村合作经济组织发展的税收政策

农村合作经济组织是当前中国农村的专业合作社、社区合作社、专业协会、各类经济联合体、合作社联合体等组织的总称，是农民依法自愿联合组成的，不以营利为目的的，实行民有、民管、民享原则，为其成员提供生产经营服务的经济合作组织。随着中国市场经济的建立和加入WTO过渡期的结束，“三农”问题日益成为制约中国经济、社会走向全面小康的关键性问题。农村合作经济组织能够较好顺应现实需要，不断承担起破解中国“三农”难题的重要组织主体的角色和使命，已逐渐成为提高农民组织化程度、保护农民利益、促进农村稳定和农业发展的重要主体力量，成为统筹城乡经济社会发展、建立和谐社会的重要组织载体。2004 年至 2006 年，三个中央一号文件和国家“十一五”规划均明确提出鼓励和引导农民专业合作组织发展。据农业部统计，截至 2006 年底，全国农民专业合作经济组织总数超过 15 万个，成员数量已达 2363 万名，占全国农户总数的 9.8%；年培训农民 1500 多万人次，为成员和周边农户代销农产品 2 亿多吨，代购各类生产资料 1 亿吨；平均每个成员获得盈余返还和股金分红约为 400 元，成员平均增收 500 元左右。

在法律规定中明确合作社的合法地位、保护合作社的合法权益、制定对合作社的各种税收减免优惠，是许多国家特别是亚洲国家合作社立法中所采取的普遍做法。如日本合作社纳税的税率与公益法人一样，缴纳税率为 27% 的法人税，比一般公司税税率低 10.5 个百分点；农协中央会免缴法人税、印花税。韩国农协法规定，农协法人税率为 25%，其他公司为 28%；对农业机械实行补贴，由农协半价供应给农户；农产品加工和农用油供应免税；政府扶持农业资金由农协发放并负责收回，政府补助 1% 的手续费；农产品经营和加工设施政府补贴等等。马来西亚规定，合作社的利润免征所得税，合作社购买不动产免缴印花税。泰国规定，合作社免征所得税（泰国没有营业税）①。

三、平衡区域，探索区域减贫财税机制

改革开放环境下，任何一个区域的经济发展既受国内因素的影响，也受国际因素的影响，既受传统因素的影响，也受现代因素的影响。特别是进入 21 世纪以来，随着国际国内政治经济形势的变化，影响区域经济发展的矿产资源、水资源、能源等传统因素的影响力下降，而信息化、全球化等现代因素的影响力上升，国际因素的作用不断强化，区域经济

① 见广东工程咨询网，见 http：//www.gdaec.com.cn。

融入全球经济之中。国内因素与国际因素、传统因素与现代因素相互联系、相互影响，共同作用于区域经济的发展过程，并决定区域经济的发展格局。

发展经济学家赫希曼指出，政府对落后地区的发展必须加以干预，来抑制先发地区对落后地区的极化效应，平衡资金与人才的区域分布。因此，在中国建立以税收政策为主导的综合财税调节体系在缩小区域经济差距方面有着战略性的意义。

四、公平优先，调整收入分配格局

收入分配差距是市场经济的必然产物。适度的分配差距有利于促进竞争、提高效率；但过大的分配差距，则会带来诸如贫困、社会冲突、低收入者得不到发展与改善自己处境机会等一系列后果，处理不好，还会引发社会动荡，妨碍整个经济社会的稳定发展。事实上，我们当前所遇到的许多矛盾，都同收入差距的过大有直接关系，甚至有些矛盾本身就是收入差距过大的直接结果。

在市场化的改革已经取得了初步成效、市场经济体制已经初步形成的今天，我们确实需要正视贫富差距状况，必须调整收入分配格局。要充分利用税收手段，深入挖掘税收“潜能”，加强对高收入的调节力度，完善对低收入者的扶持政策，强化税收调控国民财富的功能。要将税收所具有的调节贫富差距的功能融入税制体系建设之中，从而使税收政策真正担负起调节收入差距、支撑和谐社会建设的重任①。

（一）加快个人所得税制改革，促进个人收入显性化

首先，应当转变税制模式，实行综合所得课税和分类所得课税相结合的混合所得税模式。这种税制模式就是把经常性、固定性收入的所得项目划入综合征收范围，并且以一个年度为计算期，如工资薪金、劳务

① 于海峰、谭韵：《调节居民收入差距的税收政策取向》，《地方财政研究》2007 年第 7 期，第 13 ~ 16 页。

报酬、稿酬、特许权使用费、生产经营、承包承租、财产租赁、财产转让等；而把投资所得和没有费用扣除的应税项目实行分类所得税，如利息、股息、红利所得、股票转让所得、偶然所得等。其次，应当减并级次、调整税率结构。个人所得税改革应有照顾低收入者而调节高收入者，兼顾培育中等收入阶层的理念。由此出发，中国应对月收入在 3000～5000 元的群体实行适用税率为 3% 的低税率政策，同时把个人所得税最高税率 45% 调整到 55%，以有效调节高收入者收入，缩小收入分配差距。再次，应当科学设置费用扣除标准。虽然 2011 年个人所得税中的工薪所得费用扣除标准由 2000 元提高到了 3500 元，减轻了纳税人税负，但距离“十二五”期间个税改革的目标仍有很大差距。对此，个人所得税应充分考虑劳动力形成成本、劳动者基本生存成本和劳动者基本发展成本等因素，进行适当的费用扣除，并且要动态调整费用扣除额。最后，还要加强监管。应当将个人身份证号码作为永久纳税号码和社会保障号码，在全国范围内采用纳税人单一身份证号码登记系统和支付方强制性预扣制度，同时要大力减少现金交易，不断扩大信用支付体系，以此来促进个人收入显性化。

（二）开征社会保障税，支撑社会安全网络

社会保障税中存在公平和效率平衡的理念，并且与公平理念、分配制度之间也存在内在的契合。社会保障是国家依法建立、具有经济福利性质的国民生活保障和社会稳定系统，通过社会福利和社会救济等方面的运作，具有相对缩小居民收入差距、减少社会不安定因素的作用。但是，现阶段中国主要通过征收社会保险费来筹集社会保险基金，这种筹资方式暴露出不少弊端，如管理不规范、缴费基数不统一、覆盖面过窄以及征收刚性不强。因此，从公平收入分配、优化税制结构和规范社会保障基金筹集方式的角度看，将中国的社会保险费改为社会保障税是非常有必要的。从国际经验看，社会保障税是以纳税人的工资和薪金所得作为征税对象的一种税收，是实施社会保障制度的主要资金来源，是实现公平收入分配的有力工具。同时，社会保障税作为直接税的主力税种，

可以大大地提高中国直接税的比重，有利于中国税制结构的整体优化。

（三）开征遗产税与赠与税，谨防阶层固化

遗产税与赠与税的开征主要不是出于财政收入的考虑，而是协助个人所得税和社会保障税对当期财富流量的调节，调节存量财富的分配，防止财产过度集中，促进社会公平，因此，应该采取高免征额和高累进税率。从目前中国的税收征管水平出发，遗产税应采用总遗产税制。关于遗产税与赠与税的配合模式，则应采取遗产税与赠与税分设的模式。

（四）普征房产税，促进资源流动

随着中国收入差距的扩大、房地产市场的持续高速发展，普遍开征统一规范的房产税是当务之急。理论上，开征房产税不仅能够增加财政收入、调节房地产市场的收益分配，也是减少房地产投机、遏制房价疯涨、减少房地产市场的非理性行为，特别是保障中下层人们能有安居之所、保证房地产市场持续稳定发展的重要手段。当然，由于住房兼有消费品和投资品的双重属性，在普遍开征房产税时要充分考虑居民基本住房需求，要区别对待：在明确产权归属的前提下对所有权人自住的第一套住房应全额免税；对存量或增量的第二套住房拟征一定的房产税；对存量或增量的三套及以上住房课以重税并实行累进税率。目前，上海市和重庆市已开展房产税试点。2012 年 9 月 20 日，国家税务总局政策法规司巡视员丛明透露，房产税将扩大试点范围，并逐步建立房地产税制度，房地产税最终会在全国实施。

五、以创业创新带动就业，营造税收政策宽松环境

实行改革开放政策 30 多年来，中国经济持续保持高速增长，GDP 年均增长率超过了 10%，成为世界上经济增长最快的国家之一。虽然经济的高速增长创造了大量的就业岗位，但是由于人口与劳动力增长较快、经济结构失衡状况不断恶化，失业压力却有增无减。中国要在全球竞争中取得有利地位、实现经济社会的跨越式发展，需要我们高瞻远瞩，设

计以创新、创业解决就业进而减贫的税收政策，从根本上改变无业致贫的现实局面。

（一）构建激励创新创业的流转税政策①

在增值税政策方面，由于增值税的中性特征，要求其税收抵扣链条完整，因此不宜实施直接的减免税，且税收优惠幅度不宜过大。增值税支持“创业”的空间只存在于税率和一般纳税人认定的行政程序上。当前，中国国内的高科技电子产品还很大程度上依赖进口，自主研发生产的比例非常低，因此可以考虑申请将自主生产的“高科技”产品列入低税率13%行列，鼓励创业者向这一领域靠拢，寻求规模效益的扩大。另外，新设企业在运行步入良性轨道时转为“一般纳税人”的认定上，税务机关应简化转换机制，缩短考察时间，同时帮助企业进行规范化的会计核算处理，健全财务制度。

在营业税政策方面，2006年，全国第三产业创造的生产总值仅占国内生产总值的39.4%，而第一和第二产业分别为11.7%和48.9%。在这种生产格局下，中国今后的努力方向仍然是大力推进第三产业的发展。对新设立的服务业企业，应继续推广新办高科技企业、研发机构、技术咨询及技术服务等企业的减免税收优惠，并可比照“两免三减半”的方式，实行营业税在一定年限内的减免。

除此之外，在流转税类减少的基础（主要是营业税）上，还应减少地方类各项收费和附加。

（二）构建激励创新创业的企业所得税政策

这主要涉及税基式减免、税率式减免两个方面：前者指只要符合相关规定所列鼓励资本投向，就应在一定年限内，在新设企业其应纳税所得额的基础上减征或者免征一定比例；后者是在国内外税率平等的基础上，对新设立企业的特定收入来源实施税率优惠。

1. 税基式减免。如果企业兼营多种业务，并且企业会计核算健全，

① 秦鑫：《促进“全民创业”的财税政策选择》，《地方财政研究》2008年第11期，第8~10页。

能够从账目上清晰地区分各类业务收入，可以对特定鼓励类收入的应纳税所得额单独地进行减免（如新设软件开发、软件生产企业技术咨询收入等）。因此，在促进“创业”的过程中还应鼓励企业实行《企业会计制度》，并注意做好税务部门与审计部门、工商部门和注册会计师的业务衔接工作。对于获得减免企业所得税的企业，税务部门应对企业未来发展状况进行评价，进而考虑后期征税选择。

2. 税率式减免。内外资企业所得税合并，是一个对内资企业发展非常有利的契机。两税合并之后，内外资企业在所得税税率上实现平等，这就为从行业和企业性质角度来安排税收优惠提供了可能性。对新设立企业，尤其是大量科技型中小企业特定收入来源提供税率优惠，这是税务部门可以设计的优惠方向。

（三）构建激励创新创业的财产税和行为税政策

这一类税种主要涉及企业生产办公用的房产地产，主要从房产税、土地增值税、城镇土地使用税、车船使用税等方面寻找优惠空间。新办企业大多无力购房购地，多数情况是先采用租用的形式。现行财产税又主要针对财产所有者征税，因此，这一类税收优惠主要是鼓励财产所有者、管理者为新设企业提供用房用地便利。

第三节　税与非税双轮驱动着力推进减贫进程

政府非税收入是政府财政收入的重要组成部分，在增强政府宏观调控能力、促进经济社会发展等方面发挥着辅助性作用。当前，随着中国公共财政体制建设的全面推进，政府非税收入管理步入了体制创新、机制创新和制度创新的关键时期，进一步理清创新的思路、寻求创新的路径，成为各级财政部门共同探讨的重大热点问题。近几年，庞杂的非税科目和法律缺位的行政收费组成的预算外资金收入呈现持续增长的态势，对此，国家发改委、财政部从2009年1月1日起，取消或停止城市房屋拆迁管理费、暂住证（卡）工本费、新资源食品申请审评费等100项，以推进行政事业性收费改革，减轻企业和社会负担。即使如此，行政事业性收费的数目依然很多，这就需要政府采取组合型财政体制与政策，综合运用财政体制与政策杠杆加快推进减贫进程、有效实现减贫目标。

一、理论溯源，行政收费有其合理性

行政收费是指行政主体或受行政主体委托的公务主体，对在行政活动中受益的特定受益者依法强制收取相应对价或者为提高自然资源、公共设施的使用效率而依法向使用者强制收取一定费用的具体行政行为。规范行政收费已成为中国行政法制建设的重要内容，而探寻正确的行政收费理论是规范行政收费的基础，对合理制定中国扶贫减贫战略也具有重要的指导意义①。

（一）“弥补财政收入不足”理论

行政收费是政府财政收入的经常来源。不可否认，行政收费具有弥补中国目前政府财政收入不足的功能，但功能不等于价值，虽然行政收费在客观上弥补了财政收入不足，但并不能据此就把弥补财政收入不足作为行政收费的基础理论。功能是指行政收费在客观上所能起到的作用，而价值是指设定行政收费所追求的目标或所欲达到的目的。行政收费的价值并不在于弥补财政收入不足。如果国家需要增加财政收入，可以采用税收方式；而且从各国财政收入来看，不论政府财政收入是否充足，行政收费在政府财政收入中都占有一定的比例，包括财政收入充足的国家，如美国、日本、德国等。

① 江利红：《成本效率论：基于公平与效率价值的行政收费基础理论》，《南都学坛（人文社会科学学报）》2007年第5期，第90~94页。

（二）“准公共物品”价格理论

公共选择理论或公共经济学理论将满足人们需要的产品根据其性质的不同分为公共物品、私人物品以及介于二者之间的准公共物品（包括服务）三种。“准公共物品”是指部分为了满足社会共同需要的物品，主要有两种形式：一种是具有拥挤性的公共物品，如道路；另一种是具有价格排他性的公共物品，如政府提供的行政服务、政府兴办的公园等。由于准公共物品具有竞争占有性，过度消费会产生拥挤，但准公共物品又同时具有非竞争性，私人不能有效供给，一般由政府等公共部门来提供，而且准公共物品具有排他性，利用排他设施可以确定受益者的范围，因此，政府提供“准公共物品”的支出应当通过行政收费的形式来补偿。根据以上经济学理论，行政收费理论基础在于行政收费是政府提供“准公共物品”的价格，特定受益者缴费就相当于支付该价格向政府购买“准公共物品”。而行政收费项目的确定，主要依据这种服务是不是具有“准公共物品”的特性。公共收费的领域主要是在进行准公共物品的配置时，为体现受益原则，促进经济效率的提高而有目的地引入市场竞争机制形成的。因此，公共收费是政府干预和市场调节在准公共物品的生产或提供方面的有机结合。

（三）“特别支出补偿”理论

从理论上讲，行政收费之所以存在，最根本的理由在于：特别支出由特别收入来满足。行政主体代表公共利益进行行政活动必须支出一定的行政成本，行政成本的补偿方式主要通过税收和行政收费。行政成本的支出按照其受益范围的大小，可分为一般支出和特别支出。一般支出是指行政主体在一般行政活动中，为全体公民的公共利益而支出的行政成本，如国防、外交活动等；特别支出是指行政主体在特定的行政活动中，为使特定人受益而支出的特定成本，如颁发营业执照的工本费等。根据社会公平原则，受益者应当承担为其受益而支付的成本，一般支出应当通过一般性收入即税收得到补偿，而特别支出则应当通过特别的收入来补偿；如果为特定人受益而支出的特定行政成本由一般性收入来补偿，则违反了受益者与未受益者之间的公平原则，因此，特别支出应当通过行政收费来补偿。

（四）国有资源产权界定理论

国有资产是有限的，任何人使用国有资产都应当是有偿的，而不能无偿使用。国有资产的有偿使用包括税收和行政收费两项制度。行政收费和税收都各有各的特点，不能相互代替，行政收费就是为有限的国有资产的合理经济使用服务的。公共资源如土地、草原、矿产、河流、能源等为社会共有，在中国，它们归国家所有，国家须进行合理配置，交有关社会主体占有、使用和经营。国有资源的使用产权如果不加以确立，社会主体就会对国有资源进行掠夺性破坏，任何人都会从“共有的池塘”里滥捕鱼类，在“共有的森林”里滥伐树木。而界定产权的最好方式就是建立资源有偿使用制度，即收费制度，此类收费适用于国有所有并经行政程序进行合理配置以便实现最大使用效益的公共资源（主要是自然资源），也可叫做“界定性收费”。

二、科学定义，形成“收费与税收”双轮驱动

众所周知，政府的主要职能就是提供公共物品或服务以满足社会的公共需要，而政府提供公共物品或服务的前提是政府占有和支配使用一部分经济资源。一般来说，政府主要是采用税收与收费两种形式来获取经济资源。税收是政府凭借政治权力以强制、无偿的方式取得的一种财政收入，而政府收费是政府部门中的一些行政单位和事业单位在向社会提供管理服务或事业服务时，以管理者或供应者的身份向被管理对象或服务的消费者收取的费用。税收与政府收费虽然都是政府获取财政收入的方式，但它们却具有不同的特点。

（一）税收视角

一是税收的强制性。只有作为社会公共权力代表的政府才具有课税权力，而政府为了合法而有效地行使课税权力，就必然要建立集中性的

国税与地税等征管机构来统一收税并处理相关的税务问题，且收取的税收必须要交入国库由政府进行统一安排。二是征税的无偿性。税收就其征收过程而言就是单方面的价值转移，纳税人并不会因纳税而获得任何的回报，政府更不会对特定的纳税人给予公共利益上的回馈。三是税收的固定性。由于税收是政府强制无偿地征收社会大众的财富，这就要明确地规定纳税人、课税对象和征收程度以及征收方式，并经由立法机构审议批准以形成规范化、固定化的税法，不可以随意改变。

（二）政府收费视角

一是收费主体的分散性。政府的下属各行政单位和事业单位根据其具体管理职能和服务内容进行相应的收费，这就使得政府收费主体较为分散。二是收费机制的有偿性。政府收费遵循交易原则，即“谁受益，谁付费”。另外，政府的收费对象主要是与政府部门所提供的公共物品或服务相关。因此，虽然政府收费在一定程度上带有强制性，但是还是与消费者选择行为有关。三是收费定价的垄断性。这主要是由于政府下属的各行政单位和事业单位所提供的公共物品或服务一般都具有相当的垄断性，有的甚至是独一无二的，这就必然具有定价垄断性特征，消费者没有选择余地。

有鉴于税收与政府收费的不同特点，因而决定了其各自在一国社会经济中的不同作用。由于纯公共物品具有消费的非竞争性、同一性和供给的非排他性，任何一个理智的消费者，都可以既不为此付出代价，又能享受由此带来的利益，即所谓“免费搭车”，因此，政府提供纯公共物品所发生的费用，只能以税收来补偿，不能以收费来补偿。相反，由于准公共物品或服务的效用可以分割，并且消费者对准公共物品或服务的消费无论在范围还是程度上都存在差异；同时准公共物品或服务的效用具有外部性，不仅准公共物品或服务所在地区或消费者本人，而且其他地区和其他社会成员，都会从中受益。因此，准公共物品或服务的生产费用，应当由税收和收费两种形式来补偿，而税收与政府收费如何分担准公共物品或服务的费用，这主要取决于受益程度与生产成本和交易成本的高低。

三、制度缺位，违背“公平与效率”原则

在1956年到1983年期间，政府财政收入50%左右来源于非税收入，其大部分是国营企业的上缴利润。1984年以后，税收占国民收入的比重突然大增，其直接原因是“利改税”。2012年广东省按税收和非税收入占比划分，全省税收收入5073.66亿元，非税收入1154.54亿元，非税收入占财政收入比重约19%，比2011年的16.1%上升了近3个百分点。虽然非税收入在一定程度上缓解了政府各部门经费不足问题，促进了经济社会发展，但是目前政府对其的管理不力，负面效应越来越大。

（一）加重了企业负担

企业是经济发展的动力，而资金是企业的“血液”，但是，目前企业却承担着名目繁多的费用。特别是，随着社会分工的深化和专业服务的发展，企业用于购买各种服务的成本支出必然不断增长，并且在服务与货币的交换中，政府收费具有一定的垄断性，并不是遵循市场经济中的自愿与等价原则，远远超越了正常交易的范围，因而企业不可能根据成本—效益分析，选择最佳的服务与价格组合，获得企业经济效益最大化，这使得企业不堪重负、效益受损，这又必然会损害中国经济赖以生存和发展的微观基础。以2011年为例，中国大口径财政收入145865亿元，其中税收收入89720亿元，非税收入56145亿元，税收收入占大口径财政收入的比重仅为61.5%。全国乡镇企业目前负担的各种费用超过100余项，涉及多个部门和单位。

（二）分散了国家财力

目前，中国的政府收费除少数纳入预算内管理，其他大部分构成了预算外资金，也是“小金库”的根源所在。近年来预算外资金以“滚雪球”之势迅猛膨胀，呈现出一种不可遏止的增长惯性。预算外资金虽然有利于调动各单位、部门及地方政府的积极性，但同时也严重地分散了

国家财力，加剧了固定资产和消费基金等的急剧膨胀，降低了财政资金效率。2012年，审计署《关于2010年度中央预算执行和其他财政收支审计查出问题的整改结果》中披露，中央财政管理审计问题共计六类，其中三类涉及非税收入，可见加强非税收入管理仍任重而道远。

（三）加剧了社会的分配不公

当前，许多政府收费并不是为社会大众谋福利，而是利用管理中的种种弊端和漏洞谋取收费资金，私设“小金库”为已或单位谋福利，如提高自己的办公住房条件、发放高额奖金津贴福利等。而这些收入的获取并不取决于财政分配能力，而是取决于政府部门收费的垄断优势。另外，若收费所得与部门的权力和利益相联系，就必然造成人们为扩权而谋权的恶性循环。马克思政治经济学的基本原理是“劳动创造价值”，社会主义分配的基本原则是“按劳分配”，劳动报酬应与贡献相一致，只有这样才能形成高效率的激励机制。因此，政府收费打击了企业生产经营的积极性，也加剧了社会的分配不公。

（四）制约了经济增长速度

在中国财政收入中，政府非税收入已与税收作用相当，因而中国税赋负担不能仅以税收占GDP的比重来衡量，而应该以“税收+非税收收入”为基准，政府收费则是非税收入中的重要部分。目前，内需不足、投资不热的很大原因是负担过重，因此，中国必须要对现今的各项收费项目进行全面清理整顿。据估计，企业负担中的税、利息、费各占1/3，如能有效规范各种收费，遏止各种收费，就能有效地减轻企业负担，增强企业的投资能力，进而拉动经济增长，增强减贫效果。

四、管理创新，规范各类行政收费

政府非税收入管理创新是一项十分复杂的综合性改革。特别是由于历史、体制等因素的影响，政府收费收入已经成为地方各级政府和各部门的重要财力。在这种情况下，推进政府收费收入管理创新，必然涉及财税体制改革，涉及对部门既得利益的重新调整和规范，涉及政府职能转变，这就相应要求政府必须在推进管理创新的同时，必须实施配套改革。党的十八大提出，要对预算进行“全口径监督”，“加快改革财税体制，健全中央和地方财力与事权相匹配的体制，完善促进基本公共服务均等化和主体功能区建设的公共财政体系，构建地方税体系，形成有利于结构优化、社会公平的税收制度”。推进政府非税收入管理创新，深化分税制财政体制改革，对于推动中国下一步扶贫战略有着重要意义，在平衡区域发展、统筹城乡、公平收入分配等方面起着决定性的作用。

1. 深化“收支两条线”、实现政府非税收入回归财政的必然结果。在公共财政体制下，政府非税收入除了具有灵活性、不稳定性、特定性等自身的特点外，还具有公共收入的一般特性，即立项取得的法定性、标准制定的科学性、预算管理的统一性、支出安排的透明性。然而，过去长期用预算外资金这一概念来替代政府非税收入，容易让人产生认识和工作上的偏差，少数地方和部门把政府赋予的执收执罚权力当做了部门和单位的权力，把因此而取得的收入当做了部门和单位的利益，导致乱收费、乱罚款、乱摊派和坐支、垫支等现象普遍。1996 年以来，随着“收支两条线”管理改革的推进，预算外资金逐步纳入到财政预算或专户管理，预算外资金这一概念也在实践中慢慢得到纠正。党的十八大报告指出，要“加强对政府全口径预算决算的审查和监督”。“全口径预算决算的审查和监督”就是将公共预算、社会保障预算、政府性基金预算、国有资本经营预算全面纳入财政监督范围，此外，还应当将政府的债务预算、公共财产管理等纳入财政监督。由此可见，推进政府非税收入管理创新，是体现政府非税收入本质属性、深化“收支两条线”管理改革、实现政府非税收入回归财政的必然结果。

2. 加快公共财政改革、建立公共财政体制的迫切需要。构建适应社会主义市场经济要求的公共财政体制，是党的十六届三中全会确定的中国财政改革目标模式的基本取向。1994 年以来，中国初步建立了公共税收体系，近几年又进行了综合财政预算、部门预算、国库集中收付、政府采购制度等一系列财政改革，初步建立了公共支出体系。当前，建立科学规范的政府非税收入体系，已经成为加快公共收入体系建设的重要内容。不仅如此，对政府非税收入实行规范管理，还是实行部门预算和综合预算改革的基础，是实行国库集中收付制度和政府采购制度的前提条件。如果政府非税收入脱离了统一征收、统一预算管理，部门预算改革就难以到位，综合预算管理就不完整，政府采购也不全面。因而，作为公共财政体制建设十分重要的一环，政府非税收入管理创新被推到了改革的“前排”，其成效如何直接关系到公共财政体制建设的进程。

3. 理顺政府分配关系，优化社会经济发展环境的必经之路。以经济建设为中心，促进经济和社会全面发展，是新时期践行“三个代表”重要思想、落实科学发展观的具体要求。而政府非税收入如何收取、收取多少、怎么使用，直接关系到政府支持经济社会发展的政策取向，关系到政府依法行政程度、关系到市场主体的切实利益。因此，推进政府非税收入管理创新，可以铲除部门、单位利益分配差异的土壤，理顺部门、单位之间的分配关系，更重要的是，可以有效遏制“三乱”现象，促进政府依法行政；同时，还可以促进政府非税收入严格做到“取之有度，用之有规”，真正使政府非税收入“取之于民、用之于民”，改善经济发展环境，进一步提升政府部门公共服务的形象。

4. 做大财政收入“蛋糕”、增强综合减贫能力的重要保障。财政工作作为党和政府工作的重要组成部分，雄厚的财政实力是增强党的执政能力的重要保障。做大财政收入“蛋糕”，既需要建立健全税收收入稳定增长机制，依靠经济发展来实现应收尽收，也需要建立健全政府非税收入管理机制，实现政府非税收入应管尽管。很显然，推进政府非税收入管理创新，对政府非税收入实行统一征收、统一管理、统筹安排，有助于壮大财政收入规模，为提高党的执政能力提供坚实的重要物质资源和财力基础[①]。

① 汪建国：《政府非税收入管理创新的路径选择》，《财政研究》2005 年第 1 期，第 53 ~ 55 页。

推进政府非税收入管理创新，就是要按照公共财政体制建设的要求，打破原有预算外资金管理的“老框框”，明确政府非税收入范围，深化政府非税收入收缴改革，强化政府非税收入预算管理，健全政府非税收入运行机制，打造政府非税收入管理信息平台，加快政府非税收入法规制度建设，初步建立起公共财政下的政府非税收入管理新体系，实现政府非税收入管理的科学化、规范化和法制化，促进经济持续协调健康发展和社会全面进步。

第一，更新管理理念。政府要逐步淡化预算外资金理念，厘清政府的经济调控、市场监管和公共服务职能，逐步建立起“所有权属国家，使用权归政府，管理权在财政”的政府非税收入新理念。政府在规范政府非税收入管理，同时还要兼顾税收征管，摒弃狭隘的本位主义和地方保护主义的倾向，形成由财政部统筹安排的“征收、预算、使用”三分离的新型非税收入标准化管理，减轻社会大众负担，优化经济可持续发展环境。

第二，划清管理范围。按照受益范围，将政府公共管理性事务、公共物品或服务供给在各级政府间进行合理划分，加强清理整顿，严格管理范围。一是“清”，政府要根据各自的职能要求，取消不合法和不合理的非税收入，全面清理整顿现有的非税收入。二是“转”，按照政企职责分开的要求，并结合当前的事业单位改革浪潮，将不再体现政府职能、体现市场经营服务特征的收费转为经营性收费；同时，对体现政府职能且具有税收特征的非税收入逐渐以税收来替代。三是“纳”，各级政府要积极响应党的十八大号召，将所有非税收入都纳入预算管理，切实有效地将任务落实到位。

第三，健全管理制度。政府应尽快出台加强政府非税收入管理方面的《预算法》、《政府非税收入管理条例》、《罚没财物管理办法》以及《政府捐赠收入管理办法》等有关的法律、法规，规定政府非税收入的征收、管理、监督等程序以及各级部门之间的分配方式，从而增强非税收入征收、使用管理制度的约束力、可行性，健全完善相关标准化管理体系，构建完整的非税收入管理法规体系，达到非税收入财政分配的法制化、标准化目的。同时，政府要建立绩效评价，加强执收监管，探索建立科学的政府非税收入绩效评价方法体系。

第四节　财政税收全面激励综合提升减贫能力

立足于国情，中国当下应当将发挥市场配置资源的决定性作用与适当发挥政府的宏观调控作用相结合，共同促进经济的协调发展。在协调平衡经济发展过程中，作为宏观调控杠杆之一的财税政策，历来是各国政府的重要手段，更何况先发国家已实施的以财税政策为主的经济政策，在解决实际问题时的确发挥了积极作用，值得我们借鉴。财税政策是政府为满足社会公共需要而对一部分社会产品进行集中分配所采取的宏观调控措施，它作为一种投资、消费和就业的信号，通过影响经济主体的行为，最终引导资源、要素和产品之间重新调整，以缩小由于资源禀赋、历史原因及市场机制自发作用而形成的经济差距。

一、明确路径，增强贫困人口生产力

扶贫的一项重要任务就是使农村贫困人口回归主流社会，有效途径之一是搞好市场服务，通过市场带动贫困农民提高农业生产力。将边远地区的贫困农村和农民与现代化的经济和主流社会紧密结合起来，使贫困农民生产和销售市场需要的农产品，开拓非农就业机会，实现农民收入来源的多样化，降低市场变化带来的风险，缓解农产品销售收入的季节性波动，进而从根本上消除农村贫困。

1. 要加强农村贫困人口及其组织的能力建设，使他们能够获得经济

发展的机会和享有基本的社会服务及基础设施。国际农发基金认为，贫困人口缺少组织，就很难在其所在的社会范围内开发潜在的发展机会，也难以与外部群体建立平等的伙伴关系。因此，加强贫困人口的人力和社会资本基础，他们就能够更平等、更广泛地参与影响决策，从而使关乎其自身福利的谈判更有成效。否则对社会资本和经济基础设施的投入将无法获得持久的效益。与此同时，国际农发基金还致力于加强对有关国家地方政府和有关部门的能力建设：包括促进地方放权，提高地方政府对农村服务的责任制和透明度等，使之能够更好地满足贫困人口的需要。

2. 促使贫困人口更公平地获得生产资源和技术，从而促进自身收入的增长。国际农发基金认为，很多国家的农民正是由于不能公平地获得土地、水、森林这类自然资源，才导致了长久贫困。这些资源分配的不公平常常有着深远的历史和文化根源。很多后发国家的土地使用及占有关系、水资源使用和占有权、对森林和其他公共财产资源的获取等，已经逐渐成为社会冲突的根源，因为农村贫困人口在这些资源的使用上往往缺乏决策权。缓解这种紧张状况和制定可持续的、公平的资源使用计划，是所有后发国家必须面对的紧迫问题。

3. 改善金融和市场服务，使贫困人口能够融入经济社会发展的主流。农村贫困人口要提高农业生产力和增加收入来源，就必须增加投资和营运资本。国家应当尝试补贴那些愿为农村贫困人口提供贷款、对扶贫事业表现积极的农村金融机构，活跃农村金融市场并带动相关产业。

二、借鉴经验，明晰财政减贫理念

世界进步史表明，各国都遭遇过不同程度的贫困困扰，但因在社会制度、文化传统、经济发展阶段等方面的背景不同，其贫困问题有着各自不同的特征，所采取的财政减贫措施也存在着差异。然而，恰恰由于这些差异的存在，使中国能够从中汲取到更加丰富的减贫经验，继而提高减贫工作的效率和成功几率。

（一）后发国家的减贫经验

后发国家面临的温饱、土地、产业结构、科技、资金等相关贫困问题与中国的情况较为接近，其经验更值得中国借鉴。

印度尼西亚的财政减贫成效算是较为显著的，其减贫政策的宗旨是在发展中使穷人受益。公共财政大力支持国家发展计划，在农业、卫生、教育和社会福利等方面做了大量工作，有效地减轻了该国的贫困问题。同时，公共财政积极配合以农村小额信贷为核心内容的信贷扶贫模式，为自耕农占据优势的广大农民提供了及时、便利的信贷服务，推动了农村经济的发展，降低了贫困发生率。

小额信贷扶贫影响力最大的是孟加拉乡村银行，其以强调小额信贷项目的社会功能著称，切实帮助贫困者解决了基本生存问题并增强了他们的可持续发展能力。孟加拉乡村银行注重利用市场经济手段引导贫困者参与，并对其进行有效激励，为大规模的贫困者提供了信贷服务。孟加拉乡村银行承担着该国重要的扶贫任务，其小额信贷项目资金主要来源于财政补贴和国际援助。

20世纪中叶，拉丁美洲的巴西、墨西哥、哥伦比亚、智利、哥斯达黎加、委内瑞拉等国家相继实施了相同的财政减贫政策，即“发展极措施”，其中以巴西的做法最具代表性。具体包括：国家直接投资于贫困落后地区，建立起政治、经济、文化中心，带动周围地区的发展；设立“地区性开发特别协调部”作为专门管理机构，从事制定区域开发计划、安排项目和投资、开发集中连片的落后地区等工作，分期分批地解决落后地区开发问题；将全国税收的30%作为“全国一体化”基金，专项用于“发展极”计划对落后地区的大规模开发，并组建开发银行对该项特别基金进行管理；政府规定向落后地区投资的私人，一律减免所得税的50%，并鼓励将减免的部分继续用于这些地区的投资或公益事业；实行农产品最低保护价格，当市场价格高于这个价格时，农民可以自由向市场出售，而当市场价格低于这个价格时，农民可以将产品卖给国家，或作为抵押来取得低息贷款，从而保护了农民的基本利益。“发展极措施”发挥了积极的作用，使巴西贫困现象明显减轻，但财政也为负担该计划所需的巨额资金而感到压力巨大①。

（二）先发国家的减贫经验

“社会保障方案”和地区发展政策是先发国家解决本国贫困问题的主要措施，此外，还包括价格政策、就业培训、发展基础设施及社会事业等措施，这些措施均需借助公共财政的力量实施。

社会保障方案是一种从增加收入、提高生活水平的角度缓解贫困状况的措施，实质是对国民收入的再分配，其理论基础源自西方学者提出的“福利国家”思想。社会保障方案一般包括实行养老、疾病、失业等社会保险和社会救济，以及为贫困者直接提供基本的营养、卫生、教育保障和其他生活补助，以满足老人、妇女、儿童、残疾人、失业者等主要贫困者的基本需求，改善他们的贫困状况。该方案须借助财政手段来实行，主要通过累进所得税和转移支付缩小人们的实际收入差距，缓解低收入者的贫困状况。由于先发国家经济实力雄厚，贫困人口的比例相对较小，适合实行普遍的福利制度，因此社会保障方案已然成为美、英、丹麦等先发国家的主要减贫措施。在美国，公共福利支出是州和地方政府的第二大财政支出，仅次于教育支出；在英国，社会保障及福利支出是地方政府的第三大财政支出，且呈不断增长的趋势；在丹麦，中央和地方财政都是典型的福利财政，地方财政支出中社会保障和福利支出列第一位，占总支出的1/2以上，且呈逐渐增长的趋势。

地区发展政策是以空间分布为基础的一项减贫战略，其主要措施包括加大对贫困地区的投资力度来发展贫困地区的基础设施，增强贫困地区的发展潜力；对贫困地区进行政策倾斜来鼓励和刺激其经济发展。先发国家拥有雄厚的经济实力，有利于地区发展政策的实施，其经验对于中国制定合理、科学的区域政策，改善中西部地区的贫穷落后状况也具

① 阎坤、于树一：《公共财政减贫的理论分析与政策思路》，《财贸经济》2008年第4期，第61~67页。

有一定的启示意义。例如，美国曾进行大规模的西部开发行动，制定并实施了一系列地区发展政策，包括减税、免税、退税等优惠税收政策以及信贷政策和相关补贴政策，改善了西部地区的贫困状况，并在减少和消除贫困的基础上实现了地区间的平衡，进一步促进了美国整体经济发展。再如，德国曾进行大规模的东部开发行动，实施了两项重要的地区发展政策，其一是发达的西部地区对贫困的东部地区进行大量财政援助，主要用于加强基础设施建设、改善投资环境和减少失业等方面；其二是加大东部贫困地区的科技服务投入和为其中小企业的技术创新提供优惠贷款，促进人力物力资源的合理流动，这些政策有力地刺激了德国东部地区的经济发展，迅速增加了东部地区居民的收入水平，有效缓解了社会的贫富差距。

三、财税支持，选准中国扶贫基点

各国经验表明，制度变革与创新在财政扶贫中发挥着十分重要的作用。但当前，中国的财税减贫制度建设还比较滞后，从长远和全局来考虑制度创新较少。一个较优的制度创新方案应能使劳动者的劳动报酬与其努力程度相一致，应能激发当事人从事某种活动的内在动力，然而现实中我们的减贫工作恰恰忽视了激励机制的安排。比如，在政府对支援不发达地区的资金分配作用上，不论扶贫政策效益如何、工作成效如何，只要是贫困县，就根据往年基数予以安排，使得贫困地区脱贫的积极性难以真正得到有效调动，一些贫困地区甚至出现了“越扶越贫”的现象，扶贫效率大大降低。“十二五”时期，中国经济社会发展面临着若干新的任务，其中扶贫攻坚仍是重中之重。为此，要进一步调整和完善财税政策，充分发挥国家财政扶贫作用，从而推动中国反贫困工作迈向新的台阶。

（一）扩大财政扶贫投入规模

世界各国解决贫困的方法、途径各不相同，但不容否认的是，政府的投入对于贫困状况的缓解起到了举足轻重的作用。特别在地方政府财力有限、社会扶贫资金分散的情况下，中央财政扶贫资金投入规模将直接影响到扶贫任务的实现程度。因此，国家应随着中央财力的增大，结合扶贫攻坚的需要，逐年提高中央财政安排扶贫资金的比例；还可考虑将地方上划“两税”增量部分作为财政扶贫资金的重要来源，其中民族地区上划“两税”增量部分全部返还民族地区，专门用于扶贫。

（二）完善财政资金配套政策

在贫困地区，由于交通不便、信息不灵，国家和上级的许多扶贫政策往往落实不到位，扶贫资金的消化吸收能力不强。特别是一些针对贫困地区的上级扶贫资金要以地方相当比例的配套资金为前提，而由于地方财力不足，这些地区往往无法配套或不能及时配套而失去上述帮扶机会。因此，建议中央继续保留有利于贫困地区发展的专项补助政策，取消不发达地区的地方配套资金或降低地方配套资金比例。

（三）科学实施税收优惠政策

要对贫困地区制定一系列有效的税收优惠政策：对贫困地区新办企业和发达地区到贫困地区兴办的企业，3 ~ 5 年内免征所得税；对贫困农户依靠政府的扶持新开垦的山地农场、新建立的经果林基地等，应实行若干年的税收减免政策；对有利于贫困地区的以农副产品为原料的加工业，利用税收返还给予优惠照顾。

（四）规范财政扶贫资金管理

随着社会主义市场经济体制的逐步形成和公共财政框架的建立，加强财政资金管理和监督检查、规范财政运行秩序将是财政职能实现根本性转变的一个非常重要的方面。切实加强财政扶贫资金管理，不仅是提高财政扶贫工作质量和效益的要求，也是财政职能的本质体现。

1. 要加强制度建设。牢固树立依法理财、依法行政的思想，关键要加快财政扶贫资金管理制度化、规范化、法制化进程。目前，财政扶贫资金管理制度还不健全，有些规定还存在不规范的情况，有些规定的界限还不明确，还不适应市场经济和公共财政的要求，需要抓紧研究制定统一规范的财政扶贫资金管理制度。要根据社会主义市场经济体制建设、公共财政框架建立和国家有关法律法规的要求，明确财政扶贫资金的筹集、分配、使用、管理、核算、考核、监督检查、处罚等方面的规定，为扶贫资金的使用管理提供一个明确、规范的制度依据。

2. 要摸清“家底”。只有对现有财政扶贫资金的种类、数量和流向做到心中有数，才能规范资金管理，杜绝管理混乱、浪费、腐败以及挪用等现象的发生。而且，只有摸清财政扶贫资金“家底”，才能有效地进行项目搭配，有的放矢，达到有效扶贫的目的。

3. 要创新管理方法。积极引进、推行先进科学的资金管理方法，是提高财政扶贫资金管理水平的重要途径。要彻底改变重拨款、轻管理以及管理方法传统、落后的状况，在财政扶贫资金管理中积极引进新的、科学的管理办法，通过一段时间的试行，条件成熟后，要及时加以推广。项目管理、报账制、政府采购等都是国际通行的一些资金管理好办法，要在财政扶贫资金的所有项目中逐步推行项目管理办法，加快实行财政扶贫资金报账制的步伐，对一些重大的基础设施建设项目要有条件地实行政府采购。

4. 要加大监督检查力度。要把事前防范与事后监督检查结合起来，把重点监督检查与经常化监督检查结合起来，把对事与对人结合起来，把财政监督检查与社会监督检查结合起来，逐步构建财政扶贫资金使用的防范与监督之网，确保资金的安全和有效使用。

四、基金建设，支持普遍服务实施

中国扶贫资金的来源比较广，数目大小不一，结构比例互不相同，有国家的扶贫资金、地方的扶贫资金、社会各界的扶贫援助以及海外的资金和馈赠援助。从资金的具体项目说，国家扶贫资金包括发展资金、以工代赈资金、少数民族发展资金、“三西”地区农业建设专项资金、国有贫困农场扶贫资金、国有贫困林场扶贫资金、扶贫贷款贴息资金等等。当然，地方政府（特别是省政府）对当地的贫困地区也提供类似的援助，特别是对370个省级贫困县提供了大量的扶贫资金。从来源和使用结构看，省级为主的地方扶贫资金又可分为地方政府的配套资金、地方政府的财政扶贫资金以及东部沿海省市对中西部地方政府的支援三大部分。除此之外，社会各界根据自己的财力情况，通过“希望工程、光彩事业、幸福工程以及捐衣捐被”等援助贫困地区。而海外的资金援助和捐赠活动主要包括国外政府的援助、世界金融机构的低息、无息贷款以及海外华人的捐资、捐物等等。

中国现有的扶贫基金主要表现为公益性的捐赠，来源单一，层次简单，亟待改革。扶贫就是要帮助贫困人口创造一些必要的条件，提供必要的帮助，使他们能够摆脱长期存在的体制性束缚和边缘化趋势，使他们能够回归到经济社会发展的主流中来。我们应大力发展市场化的运作模式，让公益理念与市场紧密结合，利用一切可以利用的资源，提高项目运作的效益和效率。建立社会综合减贫能力系统，需要有强大的资金提供物质保证，即需要有相应的社会普遍服务基金的支持。

普遍服务基金与一般的投资基金、风险基金等不同，是为了实现公共服务普遍化以及支持普遍服务的实施、保障人人享有基本服务的权利而设立的政府专项基金。普遍服务基金具有以下特点：不以盈利为目的，相反要帮助那些弱势群体和落后的地区摆脱贫困；不以“大锅饭”为原则，相反会使效率高、潜力大的企业获得补贴资金的支持和发展机会；长期来看不会成为企业负担，相反会成为企业减轻负担、开拓市场的机会；不会加剧社会的动荡，相反会改变城乡居民地位不平等进而解决收入分配不平等，为社会的稳定、进步作出贡献。

普遍服务基金的征收和使用必须体现公平与效率的原则。基金的征收不以影响现有企业的发展为前提；基金的使用要实现最大范围和深层次的普遍服务；基金征收数额的高低，要根据企业发展水平以及普遍服务的范围和目标来确定。

从普遍服务的功效来看，普遍服务基金的征收可以采用多种方式：

1. 交叉补贴。主要作为垄断经营时期普遍服务的资金来源，在开放竞争的市场环境下基本不再使用。在垄断经营的情况下，普遍服务大多以利润高的服务向亏损性服务交叉补贴的方式维持，也就意味着，服务的价格不是以成本为定价基础的。以长途电话用户对本地电话用户的补贴为例，本地电话网络成本中有很大比例是在用户回路上。这部分路线投资大、利用率低，如果全部由本地用户承担的话，本地电话价格就很高。长途电话线路可以沿着业务量较大的路由建设，线路利用率高，这样成本就低很多。交叉补贴是一种不公平竞争行为，随着技术的发展，在竞争市场上逐渐被取代。

2. 许可证发放和其他补贴等机制。一些国家将普遍服务义务作为许可证发放的条件。以电信为例分析，英国发放电信执照时，加入了数项有关普遍服务的条件，包括语音电话服务、紧急电话服务、公共电话服务、对特定群体的服务提供的要求等等，要求电信运营者必须为农村和边远地区提供普遍服务。其他补贴机制还有对用户征收初装费、附加费；发行用户债券、无息（低息）贷款、财政拨款；或者特殊的赋税制度、政府补贴等。

3. 普遍服务基金。普遍服务基金是比较典型的筹资及成本补偿方式，是指通过税收或收费两种方式，从相关运营企业取得一定比例的收入，专门为支持普遍服务实施而设立的政府性基金。普遍服务基金的利用遵循以下规则：促进普遍服务的所有补贴应该是显式的；普遍服务基金的来源应该是广泛的；普遍服务基金补贴的目标应该是专一的；普遍服务应当以相对中性的方式实现。

通过对各类方式的比较，我们可以选择更适用于中国的普遍服务筹资体制。

第五章
科学财政扶贫投入
增强社会减贫能力

转型期中国的减贫工作需要依靠公共财政为主要工具，通过公共财政构建社会普遍服务体系，打造财政减贫平台，优化财政规模和结构，选准减贫的突破口，才能有效地提高社会减贫能力。首先，通过构建人文、产业和信息知识的社会普遍服务体系，为全体社会成员提供综合保障制度，在构筑社会“安全网”的同时，搭建起社会超跳平台，有效催生财政减贫能力。其次，随着减贫进程的推进，中国以开发式减贫为特征的减贫制度已经出现边际效益递减的现象，可以运用实地调查和计量经济分析等方法，并根据贫困群体的实际需求，推广“参与式”扶贫模式，进一步优化扶贫资金使用方向和结构，以提高农村减贫效率。再次，经济的快速发展能有效地减少贫困，发展经济需要处理好国家和市场之间的关系，确定好政府的职能，使得财政不仅能承担起协调经济社会发展的重任，还要能担负起促进经济增长的职能；只有通过分析政府在经济发展当中的作用来确定财政最优支出规模，才能加快经济的平稳健康增长，减少贫困人口。最后，中国当前的财政资金有限，在财政减贫支出上应选准教育、医疗和绿色产业作为减贫的突破口，针对性地加大投入，唯此才能产生最理想的减贫效果。

第一节　构筑普遍服务体系 夯实财政减贫平台

在中国市场经济深化发展的过程中，经济效率得以彰显的同时，实现社会公平和减少贫困却举步维艰，社会普遍服务体系可以有效地提升财政减贫能力。社会普遍服务是一种理念、一项制度、一个系统、一张囊括整个社会及其成员的网络。政府应当积极发挥财政支出在建设社会普遍服务中的导向作用，着力实现社会公平价值，协调不同利益主体的利益，缩小贫富差距，保证机会均等、服务同质，避免出现弱势群体、落后地区的边缘化，构筑一个能有效减贫的支撑平台。

一、社会普遍服务体系为中国财政减贫指明新方向

中国正处在由生存型社会向发展型社会转变的关键时期，社会公共需求全面快速增长同公共服务不到位、公共物品短缺的矛盾比较突出。尤其是随着农村公共需求的全面释放，义务教育、公共医疗、最低保障等基本公共物品的供给，已经成为制约扶贫效果的瓶颈。现阶段，鉴于中国农村贫困领域发生了新变化，在建设社会主义新农村的情况下，扶贫战略也需要进行相应的调整，即由以前的“经济增长战略”、“目标瞄准战略”转变到“以构建社会普遍服务体系为核心的扶贫战略”上来。

之所以选择“以构建社会普遍服务体系为核心的扶贫战略”，这主要是由于中国现阶段基本公共服务不均等的现实。具体表现为：一是义务教育虽在全国基本实现，但在设施、设备和人员配置方面存在着巨大的地区和城乡差别，这些差别也存在于城市内部的打工子弟学校与公办学校之间，地区因素和体制因素相互交织。二是卫生保健方面的地区差

距首先表现在卫生费用的分布上，农村的公共卫生和基本医疗设施与城市比较也有一定差距；其次表现在资源分布上，许多乡镇卫生院的硬、软件条件都不到位，缺乏专业技术人员，甚至缺乏一些基本的手术器材；农民工难以享受到新农合的优惠，而在务工地更难享受到城镇医疗保障。三是中国的社会保障体系的覆盖范围比较窄、各地差异较大、部分社会群体保障待遇水平较低，城乡社会保障存在体制分隔、缺乏衔接。中国农村劳动力进城务工人员的基本养老保险总体参保率仅为15%；在中国农民工整体参保率十分低下的情况下，退保率却在逐年攀升。四是社会福利和社会救助费不能随经济社会发展相应增加，导致社会救助和社会服务保障范围狭窄、标准低。

特别是，贫困地区普遍缺乏普遍服务公共物品，已影响到贫困地区的减贫成效。一是辐射作用弱。由于基础设施都需要巨大投资，而贫困地区通常缺乏基础设施，无法经常与中心城市取得联系，因此贫困地区受中心城市的辐射作用有限。二是规模不经济。由于贫困县内的教育、卫生和医疗等公共物品或服务难以形成规模经济，使其运行成本过高、效率低而难以为继。三是交易费用高。由于基础设施缺乏，贫困地区进行社会经济活动的交易费用就高，甚至于无法进行商品交易等。因此贫困地区普遍急需构建社会普遍服务体系，以提高贫困地区的减贫成效。

社会普遍服务体系包括人文社会普遍服务体系、产业社会普遍服务体系、信息知识社会普遍服务体系。保障人的基本生存权、发展权与自由迁徙权是人文社会普遍服务体系的主要内容，它解决包含医、食、住、行、教等多方面的内容；产业社会普遍服务包括网络产业普及化、新技术产业网络化和企业社会责任，可解决贫困人口的就业问题；信息知识社会普遍服务体系解决如何更好地保障公民的知情权、优化公民的选择问题。总体来说，社会普遍服务的性质特点有助于减贫成效的取得。

（一）社会普遍服务的均等性

社会普遍服务具有均等性是贫困人口能摆脱贫困的重要条件。每个公民能得到服务的机会是均等的，不管服务对象处于什么阶层、区域、人群，只要达到一定的标准和经过一定的程序，都可以得到服务。普遍服务的均等性可以保证贫困人口享受到基本的生存服务和保证每个公民有条件获得均等的发展机会。

（二）社会普遍服务的全覆盖性

社会普遍服务的全覆盖性能够消除减贫工作的地区差异。社会普遍服务的作用范围是服务于全体公民，政府运用公共管理手段提供社会普遍服务，依法满足全体国民获得基本生存、发展的需要。目前从中国贫困人口分布来看极其不均匀，中西部地区占全国的80%以上，其中西部占45.7%。从贫困发生率来看，东部地区为5%，中部地区为7.8%，而西部地区则高达16.8%。在592个国家贫困县中，中西部地区共有515个贫困县，而西部地区就有366个贫困县（1994），占全国的61.8%[①]。普遍服务的全覆盖性有利于增强减贫工作的效果，逐步消除减贫工作的地区差异。

（三）社会普遍服务的可获得性

社会普遍服务的可获得性有利于减贫目标的落地。所有社会成员无论何时何地，都能够以支付得起的价格甚至免费获得相应的普遍服务，而且能很方便就得到相应的服务。例如，实施九年制免费义务教育、提高落后地区的教育质量可以给年轻人获得均等的机会，扩大高校学生贷款项目的覆盖面可以使学生凭自己的能力获得高等教育等，贫困人口人力资本的提升有利于自身减贫。

（四）社会普遍服务的公正性

社会普遍服务具有公正性，可以保证贫困人口的基本利益。得到服务的公民，不受其收入多寡、所处地理位置、种族、性别、年龄等因素限制，在价格、质量和服务等方面都能得到一视同仁的待遇。贫困人口一般为弱势群体，普遍服务的公正性可保证弱势群体的基本利益，促进减贫工作的效果和效率。

---

① 李黎明：《中国西部大开发战略与扶贫开发战略研究》，《西安交通大学学报（社会科学版）》2008年第6期，第27～36页。

（五）社会普遍服务的可持续性

社会普遍服务具有可持续性，可以保证减贫工作的长期开展。对国民的社会普遍服务提供是长期的，支撑社会普遍服务的基金是永续的。当前社会普遍服务基金或者来源于国家，或者来源于企业和社会，相关的制度和程序能够长期保持社会普遍服务的提供，既能够为减贫工作的长期开展提供永久保障，又能够避免脱贫人口重新返贫。

当前，中国市场经济的发展若处理不好社会公平问题，就可能会陷入挫折与断裂充斥的现代化陷阱当中，社会普遍服务是要在激励竞争的过程中，使国土范围内的任何人在任何地方、任何时候都能以承担得起的价格享受服务，而且服务质量和资费一视同仁，避免出现弱势群体边缘化，避免出现落后地区边缘化[①]。构建社会普遍服务体系不仅可有效地解决中国改革中的现存社会公平问题，更可成为未来中国减贫工作的万向节，切实增强提高财政的减贫能力。

二、社会普遍服务体系提高财政减贫能力

中国公共财政减贫能力的建设需要构建适合中国国情的社会普遍服务体系，社会普遍服务体系虽然涵盖的内容广泛，但概括起来主要有三个方面：一是人文社会普遍服务体系，二是产业社会普遍服务体系，三是信息知识社会普遍服务体系。

人文社会普遍服务体系包括保障人的基本生存权、发展权与自由迁徙权。基本生存权的保障是贫困人口脱贫的基础，发展权有利于贫困人口的选择权的享有和运用，自由迁徙权则促进贫困人口劳动力要素的流动，从而充分发挥贫困劳动力的潜能。生存权简单地说是涉及医、食、住、行、教等多方面的内容；在中国构建人文社会普遍服务体系的进程中，至少应当建立健全食物保障、基本住房、基本卫生和义务教育四个

① 许正中：《社会多元复合转型》，中国财政经济出版社2007年版，第100～120页。

项目以保障中国人民的生存权。发展权是指个人、民族和国家积极、自由和有意义地参与政治、经济、社会和文化的发展并公平享有发展成果的权利。关于自由迁徙权，是指劳动力的自由流动权，这是充分发挥劳动力潜能的保障；劳动力作为一种生产要素，在市场经济的条件下，应该自由流动，这体现了公平竞争的原则，也有利于减贫工作的开展，如从自然环境恶劣的区域迁徙到相对较好的区域中有利于脱贫。

产业社会普遍服务体系是保障贫困人口能够分享人类技术和产业进步成果、推动产业升级和促进就业的减贫举措。产业社会普遍服务体系包括网络产业的社会普遍服务体系、产业网络化的社会普遍服务体系和企业社会责任体系。

网络产业是指通讯、水、电等基础性的产业，网络产业化的普遍服务可被认为是基本人权的一部分，它可保证贫困人口的基本受服务的权利。网络产业的普遍服务是政府部门实施公共管理的重要职责，也是一种消除贫富差距的非营利性政府行为。联合国人权公约强调“通信权是公民的基本权利之一”，原因在于除了衣、食、住、行等人文普遍服务之外，通信和电力、医疗等一样是维持人类生存、健康、安全、尊严和发展所必需的服务，网络产业化普遍服务是对公民人文普遍服务的延伸，提高了人作为企业中生产要素的能力。通信、电力等网络产业化普遍服务还可以促进区域发展平衡。由于地理位置、资源、基础设施、经济基础、文化教育等方面的多寡，不同国家城乡之间、地区之间都存在着巨大的差距。通过实现电信、电力等普遍服务，对农村和经济欠发达地区的通信、电力等基础设施和运营活动进行资金补贴和政策扶持，可以有效地改善贫困地区基础设施的落后面貌，不仅仅有利于提高贫困地区公众的生活水平，还有利于降低企业运行成本、提高企业生产运营效率，进而缩小地区经济社会发展之间的差距。

产业网络化专指高新产业推广和传统产业改造，是提升产业竞争力的重要途径。建立产业网络化的社会普遍服务体系，就是要借助于对高新技术产业的推广和传统产业改造保障机制，创造出更多的就业机会，不同程度地达到减贫目的。

企业履行社会责任有助于减贫和消除社会不安定的隐患。企业可以从直接和间接两个方面参与到基础产业普遍服务体系中来。一是企业可以直接参与基础产业的建设，实现直接的投资行为。具有经济能力的企业可集中资本优势、管理优势和人力资源优势对贫困地区的网络产业进行开发，这样既可以扩展自己的生产和经营，获取新的经济增长点，同时又可以弥补政府构建普遍服务能力的缺失之处，使贫困地区的人们可以享受到现代社会的文明成果。二是企业参与基础产业可以推动形成基础产业多元主体的格局，增加基础产业的竞争，减少一些基础产业的垄断性，增进贫困地区消费者福利。

信息知识社会普遍服务包括信息的普遍服务、知识的普遍服务和对知识权的保障，现代社会的信息和知识是公共物品，贫困人口获得必要的信息知识服务有利于增加收入从而减少贫困。信息的普遍服务是指知情权和信息的公众扩散。政府作为公民在政治上的委托代理人，有义务向委托人公开所有委托信息。知识的普遍服务是指政府采取一定的补贴措施扩散知识为社会所有，从而减少经济活动的交易成本，形成社会资本积累机制，营造人们共享知识和财富的氛围。例如，由于贫困地区人口不能大量、廉价获取农业信息知识，致使“信息贫困”成为影响农民增收、农业增效的主要因素。从农村发展实际看，农民最渴望的是通过低成本渠道获得政策、市场、科技、农资、气象等有价值的农业信息，其中最需要的是市场供求的变化趋势，以及种植、养殖等方面的高新实用技术信息。然而，这些信息，农民得到的非常有限，大多数农民还处于“信息饥渴”状态。信息普遍服务应该根据本地农村实际，采取低成本信息化基本原则，使用切实可行的多种手段整合农业信息资源，让更多的贫困地区农民及时获取所需信息。

总的说来，社会普遍服务不仅可作为满足社会公共需要的一种制度安排，也是一种有利于减贫的制度安排，它为贫困地区人们的行动选择提供了一个框架。制度作为一种外在的力量，对个人和社会发展来说，具有正义的和合理的价值，从本质上有利于促进人和社会的发展、有利于促进合作，从而有利于推动减贫工作的实施。构建社会普遍服务体系的目标是避免因贫困问题导致的社会群体间的断裂、地区间的断裂、现代化的断裂现象。中国目前的贫富收入差距导致了“文化鸿沟”、“教育鸿沟”、“数字鸿沟”、“就业机会鸿沟”等，构建社会普遍服务体系的深层目的，就是借助公共资源的整合和公共服务的推行而减贫，防止上述“鸿沟”现象的出现，防止经济社会的失衡与断裂。

三、社会普遍服务体系为避免出现社会鸿沟提供保障

社会普遍服务体系的构建，必须着力实现社会公平价值，协调不同利益主体的利益，缩小贫富差距，保证机会均等、服务同质，避免出现弱势群体、落后地区的边缘化，减少贫困人口。它既是政府部门实施公共管理的重要职责，也是一种消除合法享受服务方面所显露的贫富差距的非营利性政府行为，同时也是相关企业和个人的社会责任的具体体现。

（一）构建人文社会普遍服务体系

人文社会普遍服务的主要内容包括社会成员基本生存权、发展权和自由迁徙权的普惠制度体系，而最低生活保障制度、基本住房保障制度、基础教育保障制度、自由流动户籍制度等成为构建人文社会普遍服务体系的有力支持。

1. 最低生活保障制度。一要建立最低生活保障制度与医疗救助、教育救助、住房救助等相配套的综合性社会救助体系。最低生活保障的制度安排是为了保障已经陷入贫困窘境居民的生存权利以及最低标准的生活权利。大量的处于最低保障线的居民，往往是因病返贫，或者是因为其他刚性支出（如教育支出）而陷入困境的，因此，最低生活保障制度还需要辅以医疗、教育、住房等优惠政策和临时救助制度的补充。二要确定一套最低生活保障线的标准指标体系，既要解决贫困居民的衣、食等基本生存需要，又要能够与国情、国力及国家促进就业再就业的政策

相适应，以避免出现部分先发福利国家出现的“养懒汉”负面效应。三是最低生活保障的制度要避免“二元”化，要惠及包括贫困地区游离于政府提供的基本生活保障制度之外的大量贫困农民。

2. 基本住房保障制度。一是建立贫困群体的非市场化的保障制度。比如，针对困难群体，可以建立政府贴息的制度或由政府提供廉租房。对少量特困家庭，可采取社会无偿救济来提供住房。二是建立低收入群体的半市场化方式的保障制度。政府应发挥普遍服务的职能，对每年住房开工面积中必须包括多大比例的经济适用房做出强制性规定，通过减免土地出让金或提供土地补贴、减免税费等方式建设经济适用房、公/廉租房等以保障低收入群体的住房需求。

3. 以免费义务教育为核心的基础教育保障制度。义务教育是公共物品，是人们生存权的保障，同时也是实现其他权利的基础。贫困地区义务教育的普及与真正落实不仅是国家人口素质问题，更是解决困扰社会的贫困问题和构建和谐社会的重点，“授之以鱼，不如授之以渔。”

4. 自由流动户籍制度。现阶段，对户籍制度进行改革的社会呼声愈发高涨。一是尽快提交宪法修正案，将“公民迁徙自由权”写入宪法。二是要依靠和引导市场力量推动人口迁徙方式转变。从长期来看，应当尝试将户口审批登记制度改为迁徙登记制度，建立全国自由流动、城乡统一的户口登记制度，将户口与劳动用工、住房、教育、医疗、社会福利等公民的各种基本权益相挂钩。

（二）构建产业社会普遍服务体系

网络产业的普遍服务是一种消除贫富差距的非营利性政府行为，同时也是网络产业企业社会责任的具体表现。在中国这样一个大国实行社会普遍服务，第一，要考虑到各类服务的具体情况，界定网络产业社会普遍服务在不同时期的阶段性目标。第二，要明确基础产业社会普遍服务实施的直接实体，可考虑采用以下三种方式：一是竞争比较充分的市场由对应企业共同承担；二是在主导运营商的市场模式下指定一家经营商承担或者由达到一定市场力水平以上的运营商提供；三是通过招标投标确定，以使供需双方达到平衡。第三，要界定网络产业社会普遍服务的受众，要包括那些尚未被普遍服务体系覆盖、承担不了享受服务费用的社会弱势群体和边缘区域人员，以及因服务供不应求而造成的不能连续享受同质同量服务的单位或个人。第四，要规范网络产业社会普遍服务的要求，普遍服务所涉及的各个基础产业服务，都不能因地域原因、贫富原因而造成服务范围的任何遗漏，不能在应当提供的服务项目上对弱势群体和边缘地域产生歧视。政府的适度行政干预是兼顾公平的主要方式，在社会普遍服务中就是防止社会失衡与断裂，确保服务的普遍、公平的可获性。

构建产业网络化的社会普遍服务体系有两种方式：一是推广高新技术产业，促进产业发展。产业网络化社会普遍服务的目标首先是要催生高新技术，这就要大力支持企业建立博士后流动站，鼓励和引导企业建立技术开发中心或工程研究中心等研发机构。其次是推广高新技术，如高新技术产业开发区、高新技术产业开发园等等的建立，都是推广高新产业、形成产业网络的有效途径。二是要利用高新技术改造和武装传统产业，推进产业升级。

在推进产业社会普遍服务体系建设中，加强企业社会责任，既要明确企业的经济责任，也要明确其社会责任。经济责任是企业最基本的责任，企业应该承担并履行好经济责任，保证本企业职工的利益，同时为消费者提供商品或者服务，丰富人民的物质生活，推进国民经济的发展。作为享受公共服务的主体，企业不仅要履行经济责任，还要承担一定的社会责任。企业可以发挥其慈善责任，为一些政府投资不足或无力投资的地区捐赠，通过慈善公益行为帮助落后地区的人民发展教育、社会保障和医疗卫生事业，帮助落后地区改善基础设施环境。

（三）构建信息知识社会普遍服务体系

信息及信息网络是现代社会的神经系统，提供知识和文化技术的学校、图书馆、博物馆也应当是人类的共享服务，属于社会普遍服务的范围。若能充分利用信息公共服务平台，实现信息流通和共享，必将正向推动国家的整体发展和社会现代化转型。

中国的信息产业不仅要超前发展，还必须在社会普遍服务思想的指导下，实现信息技术共享的均衡发展，真正使信息产业成为覆盖全社会、推动全社会进步的产业，通过信息化带动和推动其他国民经济产业的发展。在政府确定信息知识产业的普遍服务政策时，可考虑引入竞争因素，利用市场机制来提供信息产业的普遍服务，既可以降低普遍服务的成本，又可以体现公平高效的原则。

加快推进农村信息化，有利于建设现代农业，逐步改变城乡二元经济结构局面，提高现代科学技术在农村的普及和推广应用水平，促进农村物质文明和精神文明建设。加快农村信息化不仅有利于推进农业和农村经济结构战略性调整，而且能够有效地促进农村各项社会事业发展。特别是，注意加快农村贫困地区的信息化建设，发挥信息化对农村经济社会发展的巨大作用。例如，通过计算机辅助教学与多媒体教育、现代远程教育和虚拟现实教育等手段，可以使先进的教学方法和实验条件等优质教育资源在广大农村地区实现共享，极大地促进农村教育事业的发展；通过互联网和建设农村疾病防控信息系统以及农村广播电视“村村通”工程等，能够极大地改善农村医疗卫生条件，丰富农民文化生活，促进农村社会全面进步。

社会普遍服务体系是一项服务社会全体成员的综合保障制度，在提供社会“安全网”的同时，搭建社会发展平台，共享社会发展成果。它可以让贫困人口分享现代化的成果，缩小社会个体和区域差距，实现二元分割的社会向城市文明、工业文明、知识文明的融合社会转型，从而有利于减贫目标的最终实现。

第二节　优化财政支出结构　改善减贫支出效益

20世纪80年代末，大多数国家经过了几十年的政府规模不断扩张之后，各国政府在制定财政调整计划时，面临着一个艰难的选择：财政支出中哪一类支出应当削减。在作出决策之前，决策者必须知道各类支出对本国经济增长的影响方向和程度，同时还要知道怎样使得财政投入带来的经济增长不会产生收入差别的扩大。所以，需要国家财政根据实际情况统筹安排，合理使用，明确支出比例，优化结构。

一、财政减贫效果递减，呼唤创新支出模式

大规模开发式减贫在政策实施的前期会取得较为突出的减贫效果。以拉瓦利恩（Ravallion）等人对农村调查数据重新估计的中国西南四省的贫困发生率及其变化为例，他们专门建成了一个1985～1990年的交叉数据库（Chen和Ravallion，1996），并在对中国农村公共投资对减贫的效果作了比较深入的分析后发现，农业科研、农村教育和灌溉、道路、电力、通讯等基础设施建设均对减贫起到了推动作用。这是由于开发式减贫的制度设计非常符合当时农村集中连片的区域性贫困性质，在解决数以亿计的农村贫困地区人口的温饱问题上极为有效，明显改善了贫困地区的生产生活条件，使得贫困地区经济发展速度明显加快。

然而，随着制度变革的深化和社会发展水平的提高，减贫政策的效果在一个纵向的过程中也呈现出一种动态变化的特征。贫困的性质不断发生变化，减贫工作需要进一步优化扶贫资金使用方向和结构、提高农村减贫效率。减贫不仅仅包括收入水平，还应包括公共消费状况，如教

育、卫生条件以及社会地位、福利和参与发展过程的能力。随着减贫进程的推进，人均拥有的扶贫资金不断增长，但减贫工作却越来越困难了，中国以开发式减贫为特征的减贫制度可能已经出现边际效益递减的现象（见图5-1）。

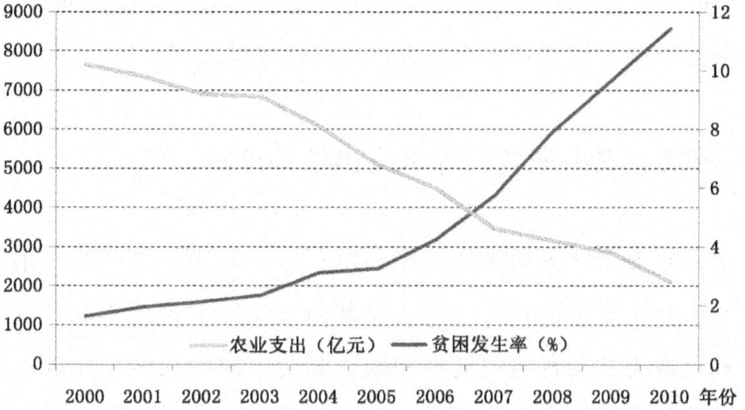

图5-1 财政农业投资对降低贫困率的影响①

为了切实评估开发式减贫政策的绩效（吕炜、刘畅，2008），我们构建农村贫困人口数对中央政府扶贫资金变化的函数：

$$pop = a_0 + a_1 cgp + a_2 cgp^2 \quad (1)$$

pop 表示农村贫困人口数量，cgp 表示中央政府扶贫资金量。对方程（1）求导数，得到下式：

$$d_{pop}/d_{cgp} = a_1 + 2a_2 cgp \quad (2)$$

（2）式中，左边表示中央政府扶贫资金的减贫效率，用单位政府扶贫资金减贫人数衡量；右边表示扶贫资金的边际效用，即中央政府每增加1单位扶贫资金，单位政府扶贫资金减贫人数的变化为 $a_1 + 2a_2 cgp$。选择1980~2004年间中央政府扶贫资金投入情况对贫困人口变化趋势的相关数据，对方程（1）进行回归分析发现：政府扶贫资金投入不断加大，以 $d_{pop}/d_{cgp} = a_1 + 2a_2 cgp$ 表示的斜率不断变小。由此可知，在开发式

① 资料来源：《中国农村统计年鉴2012》、《中国统计年鉴2012》。

减贫制度若干因素的作用下，减贫的投资效益开始趋近于某一临界点，单位政府扶贫资金的边际减贫效用在不断递减。这种情况表明，随着农村贫困的性质不断发生变化，面对新的制度与发展背景，如何进一步优化扶贫资金使用方向和结构、提高减贫效率是一个亟待解决的重要课题①。对此，我们有必要进一步探究现行减贫政策边际效用递减的原因，以求不断完善开发式减贫制度或进行农村减贫模式的创新。

二、透析减贫支出现状，寻求支出结构改进

为进一步改善贫困地区的状况和使更多的贫困人口脱贫，中央政府仍继续加大扶贫资金的投入，然而，贫困人口减少速度不断下降、扶贫效率不高已成为社会普遍关注的问题。要使中国的扶贫工作取得进一步的进展，按照贫困地区和贫困人口的实际需要，我们不仅要增加扶贫资金的总量，更要关注扶贫资金的投向和扶贫效果，适当调整扶贫资金在部门间的投向，以获得更好的扶贫效果。

贫困是多种因素长期综合作用的结果。由于中国不同地区的自然条件、社会经济环境差异较大，各地致贫原因多有不同。综合起来主要有：生存环境恶劣，生活方式落后；基础设施落后，产业基础薄弱；贫困人口数量多、增长速度快且综合素质普遍较低；资金、技术、人才短缺；因病、因残及因子女教育致贫等。正是由于致贫原因不同和所面临的贫困性质不同，贫困人口和地区对减贫措施和力度的需求也不同，公共财政应根据致贫原因，对不同的贫困人口安排不同的扶贫支出，对减贫相关工作给予切合实际的支持。

在优化财政减贫支出上，可运用实地调查管理学分析和计量经济分析方法。

---

① 吕炜、刘畅：《中国农村公共投资、社会性支出与贫困问题研究》，《财贸经济》2008 年第 5 期，第 61～69 页。

（一）实地调查管理学分析

汪三贵等通过对河北省平山县、甘肃省会宁县和云南省巍山县的农户抽样调查，抽取了720个样本农户，得到了农户需求分析数据[①]（见图5-2）。在三个县中，每个县选择4个比较贫困的乡镇，每个乡镇选3个自然条件和资源条件尽可能有差别的扶贫工作重点村，每个重点村选2个不同的自然村，每个自然村选10户农户，要求被选农户：一是经济条件好、中、差相搭配；二是经济活动和收入来源尽可能不同。

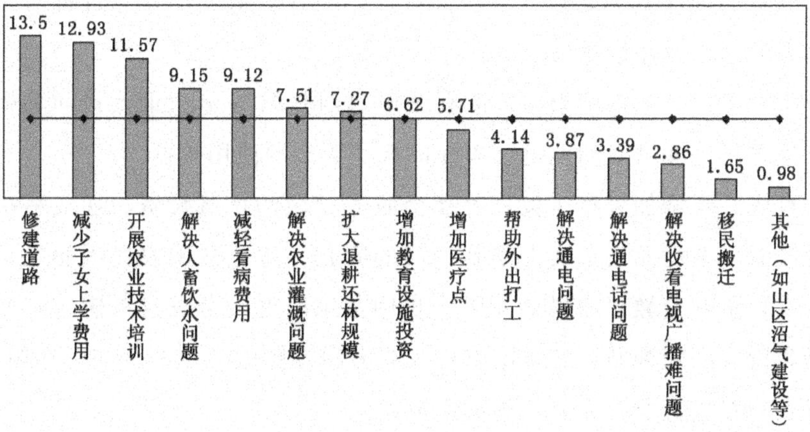

图5-2　农户需求排序图

接下来，采用快速评估法对农户的需求进行排序。先设计15类投资项目供农户选择，假定15个项目重要性的总分为100分，将100分平均分给15个项目，则每个项目为6.67分。按照这种方法，得分高的项目表示重要程度高，反之亦然。图5-2即为720户被访问者对15个扶贫项目的排序结果。农户认为对他们最为重要的前5个扶贫项目依次是修建道路（13.50分）、减少子女上学费用（12.93分）、开展农业技术培训（11.57分）、解决人畜饮水问题（9.15分）、减轻看病费用（9.12分）。通过分类统计发现，受教育程度、收入来源和家庭经济条件的不同

① 汪三贵、李文、李芸：《中国扶贫资金投向及效果分析》，《农业技术经济》2004年第5期，第45~49页。

并没有使他们的排序产生什么明显的差异，但不同地区的农户在需求排序上略有不同。如河北省平山县的农户前5位的需求分别是：修建道路、减少子女上学费用、减轻看病费用、解决农业灌溉问题和开展农业技术培训；甘肃省会宁县的农户前5位的需求分别是：减少子女上学费用、修建道路、扩大退耕还林规模、开展农业技术培训和减轻看病费用；云南省巍山县的农户前5位的需求分别是：开展农业技术培训、解决人畜饮水问题、减少子女上学费用、解决农业灌溉问题和修建道路。这说明被访问者的排序基本上是以当地自然资源条件为依据的，并且都对人力资源方面的投资比较重视。

根据上述的分析结果，今后财政应当对扶贫资金的重点投向和资金的管理进行一些必要的调整，以保证扶贫资金的使用效益。

首先，要增加医疗、教育等社会服务领域的扶贫投资。切实解决贫困地区农民看病及其子女上学费用高的问题，避免贫困农民因病致贫和因子女得不到受教育的机会而陷入长期贫困。可以考虑对贫困农户直接进行教育和医疗补贴，使贫困农户有能力和方便地享受教育和医疗服务，减轻农户在教育和医疗方面的沉重负担。

其次，要加强贫困地区的基础设施建设。在道路、人畜饮水和灌溉等建设上，要提高基础设施的等级和质量，同时要通过合理的制度安排来加强各类基础设施的维护，改变因只建不养而导致的基础设施投资效率不高的问题。为了改变基础设施建设在短期内难以给农户带来收益的问题，减少贫困农户义务工的数量，实施以工代赈，对参加基础设施项目建设的贫困农户给予工资补贴，以保证更多的贫困农户从项目中受益。

再次，要加强对贫困地区农民的技术和技能培训以及实用技术的推广，提高生产效率。技术和技能培训应当与实用技术推广和劳务输出结合起来，加强配套制度建设保证资金的使用效果，避免出现走形式和以培训为名套取资金的情况。

最后，要根据农户的需求选择项目。由于不同的贫困地区在自然资源、生态环境和文化方面存在很大的差异，为了使扶贫投资更适合当地的需求，要求地方政府通过参与式的方式鼓励贫困农户积极参与到项目的选择、实施、监督和评估过程中去；同时，中央政府应给予地方政府在具体项目选择上更大的自主权和灵活性，上级政府扶贫部门的主要责任是加强对资金和项目的监管。

（二）计量经济分析

按照计量经济学的视角，有学者（吕炜、刘畅）针对农村减贫分析建立了农村贫困方程模型：

$$P=f(GDP,\ INFRA,\ EDU,\ HEALTH,\ SECURITY) \quad (3)$$

其中，*P* 表示贫困程度，采用人头指数、贫困差距指数、贫困差距平方指数三个指数测量其变化；*GDP* 用农村人均纯收入与贫困线的比值表示；*INFRA* 表示农业基础设施建设支出，以财政用于基本建设支出与财政用于农业支出的比值衡量；*EDU* 表示教育支出，用财政对农村中小学教育支出与农村居民教育支出的比值衡量；*HEALTH* 表示卫生保健支出，用农村居民个人卫生支出与农民纯收入的比值衡量；*SECURITY* 表示社会保障支出，以财政用于农村救济费与财政用于农业支出的比值衡量。

在上述理论模型基础上，通过计量经济分析得到，中国农村贫困程度不仅受经济增长以及教育和基础设施等公共投资影响，还与卫生医疗、社会保障等社会性支出有紧密的联系。科学地研究减贫成功背后的各种数据后，可以优化财政支出减贫结构，带来更好的减贫效果。

一是快速的经济增长与反贫困战略相结合，可以起到大规模缓解贫困的作用。数据表明，经济增长与贫困测度各项指标间显著负相关，而且对各项贫困指标的弹性很大。这为前述的经济增长可以减缓贫困的研究提供了支持，也符合发展经济学中消除贫困的理论。世界减贫经验表明，将促进宏观经济增长的政策与使穷人普遍受益的减贫政策有机结合，会大大减少贫困人口的数量或者减轻贫困人口的负担及所遭受的冲击。因此，为了使经济增长能够提高扶贫政策的有效性和可持续性，需要将反贫困的经济增长策略纳入国家全面的经济政策之中，否则，总体经济政策同瞄准贫困人口的扶贫措施就会步调不一致，导致减贫目标无法实现。

二是农村基础设施建设支出和教育支出对贫困程度的影响是不同的。以基础设施建设为标志的大规模扶贫式开发，在过去很长一段时间内对减贫作出了巨大贡献，但是随着中国大规模绝对贫困的逐渐减弱，基础教育则成为贫困人口战胜自身贫困的关键因素，政府要不断加大农村基础教育的投资力度，提高农村人口抵御贫困风险的能力。

三是农村的各项社会性支出对农村减贫的作用不断加大。卫生医疗、社会保障和移民安置政策所产生的直接减贫作用以及增进生产能力的长期作用，使这些政策成为可持续的减贫战略中的重要构成要素，将上述政策作为扶贫政策的优先目标可以使贫困人口不至于陷入贫困深渊并导致贫困的代际遗传，进一步可以提高贫困人口对其他发展项目的参与水平，从而分享经济增长的收益。中国已基本建立城镇居民最低生活保障制度，并已开展城镇医疗保险的试点工作，出于减少贫困和缩小城乡差距的考虑，农村最低生活保障制度和医疗保险制度也应尽快提上日程。

四是随着农村贫困新特征的出现，减贫的政策目标也应加以调整。随着目前出现的贫困人口“边际化”倾向，现行的区域开发式扶贫政策设计无法准确瞄准贫困人口，如果继续采取传统减贫政策目标，必然会导致各级政府脱贫成本不断提高，减贫效果事倍功半。更重要的是，现行的减贫政策目标有意无意地倾向于贫困程度较低者，如果把扶贫资金主要用于最接近贫困线的贫困地区和群体，除了必然产生的大量外溢效应，即扶贫资金实际上部分惠及非贫困群体而不是集中用于帮助贫困群体外，还必然导致忽视最贫困群体，至少导致最贫困群体受益不多。因此，在贫困人口比重大幅度下降的同时，剩余贫困群体的平均收入可能明显降低、更远离贫困线，这也更增加了深度贫困群体脱贫的难度。减少贫困人口数量和帮助最贫困群体的目标可能具有一定的冲突，在两者之间取得适当平衡的关键是不能以贫困发生率作为减贫政策的唯一目标。应该改变传统的单一贫困率指标，建立一套综合测量贫困率、贫困强度和贫困深度的减贫政策目标体系。这种关注贫困深度和贫困强度的减贫政策目标，有利于引导政策的执行者以及制定者较多地关注深度贫困人口，特别是最贫困群体。

以上以计量经济作为分析工具的四个方面结论给我们一个重要启示，即从中国贫困的角度来看，充分发挥政府以及社会资本的作用，提高贫困人口的教育水平和社会性支出水平，才能有效地减贫。

面对新近的全球金融危机，国家确定了4万亿元的财政支出计划，财政支出方面可以将积极财政政策与“减贫”一起考虑。这符合国家“按照公共服务均等化原则，加大国家对欠发达地区的支持力度，加快贫困地区经济社会发展”的要求。很多人赞同“教育、医疗、住房”新“三座大山”是导致中国居民的消费一直都没有启动起来的重要因素，所谓的新“三座大山”主要就是公共服务问题，因此公共服务应当是政府解决的问题。生活在公共服务贫困中的居民主要分布在乡村及中西部地区，很多人生活在公共服务贫困当中，消费当然也就启动不起来。本次积极财政政策的实施，应当借鉴以往国内外宏观调控的经验与教训：一方面，在增加生产项目投资的同时，把握好火候，防止在未来几年经济恢复时生产能力过剩；另一方面，尤其要加大财政对中西部地区医疗、养老和教育等项目的投入，把最重要的资源投入到这些项目的公共服务“减贫”上来，将稀缺的东西投向最需要的人，在“减贫”基础上促进基本公共服务的均等化。通过这种方式可以解决人们的后顾之忧，从更长远的角度理顺财政投入与启动内需的关系，提高人们的消费能力，使经济发展的同时减少贫困。

三、力推需求方参与式减贫，以有效支出支持新农村建设

现行的扶贫投入，除财政扶贫资金和地方政府配套资金为无偿投入外，其他的均为扶贫贴息贷款和自筹资金。筹集渠道少、资金相对分散，对扶贫资金的管理提出了较高的要求，如何让有限的投入发挥最大的效益是当前扶贫的难题之一。尽管财政减贫支出是在通过广泛调查贫困状

况的基础上确定的，但是政府部门的减贫措施与贫困群体的实际需求之间难以避免地存在着偏差，可能会影响到减贫效果。为提高财政减贫支出效益，可考虑推广需求方“参与式”扶贫模式。

参与式扶贫是20世纪80年代以来逐渐发展起来的扶贫方式，其核心是注重在扶贫开发实践中外来的施援方与当地贫困人口之间的相互关系和作用。参与式扶贫是“参与式发展”理论被用于农村扶贫工作而形成的一种扶贫模式，最初由美国康乃尔大学的诺曼·厄普霍夫（Norman Uphoff）教授提出。诺曼·厄普霍夫教授认为：发展对象不仅要执行发展，还要作为受益方参与监测和评价。这个思路引申出了“参与式计划监测与评价体系”，当这种方法的理念和实施程序被扶贫实践所采纳，就成为提高扶贫效果的有效手段，可称为参与式扶贫模式。

开展参与式扶贫开发的重要技术手段是采用参与式村级扶贫规划，在确定目标贫困村后，要进入到扶贫开发规划的编制过程。具体程序依次为：一是贫困村基本资料的收集和整理。通过实地考察、关键人物访谈等参与式工具，了解基本村情，包括村的自然地理状况、经济发展程度、人口、资源、社会状况，包括教育、卫生、村级组织等不同的内容。二是分析村级扶贫规划所面临的问题。由农民代表列出经济发展目前所面临的问题和产生的结果，将问题的因果关系以问题树的形式归纳出来，并依据轻重缓急对这些问题进行排序；然后将造成各种贫困问题的各种原因加以分类，从而形成可能解决问题的领域。三是确定扶贫开发项目。根据问题树的分析将直接造成贫困原因要素进行整理，形成村级扶贫开发的主要领域并将各领域的内容进行归纳综合，将问题树中最底层的原因归纳总结出来，形成村级扶贫规划的项目内容。在当地技术人员的协助下，采用优势劣势分析法（SWOT），从资金需求量、技术的可操作性以及环保等各个角度对农民提出的这些项目方案进行可行性分析，经过详细的筛选与分析，最终确定村级扶贫项目的内容。四是明确村级扶贫项目的参与者和受益者。由村民选举产生项目实施领导小组和各子项目能力建设小组，并根据贫困户的贫困程度和其自身的条件确定项目农户。

五是明确项目的规划和实施细则。由技术指导人员通过召开村民研讨会，根据村民已掌握的技能技术，在征求村民同意的基础上，就各个项目的实施细则作出部署，编制贫困村村级扶贫规划，形成文本规划。

参与式村级扶贫规划系统的作用主要表现为两个方面：一方面，参与式扶贫规划系统第一次明确提出了反贫困行动的瞄准机制，提高了扶贫资源瞄准的精度；另一方面是赋权，为贫困群体参与反贫困行动提供了技术、途径和制度保障，这会有效地减少扶贫资源的渗漏①。

资本稀缺、资金匮乏是农村发展的主要障碍，新农村建设首先应该以农村基础设施建设为切入点，加大财政投资力度，切实改善农村的生产生活条件，这在社会各界已达成共识。但从实践看，新农村建设可通过参与式扶贫改善财政支持结构和功能，激活农村内部发展潜力②，起到“四两拨千斤”的作用。在实施农村扶贫开发项目的过程中，启动财政资金不仅仅要解决一个偏远贫困村庄的水、电、路等建设问题，而且要解决发展问题。要实现这些目标，需要相关部门在组织发挥外部力量的启动功能的同时，注重动员农户积极“投劳”，将富裕的劳动力资源转化为农村生产资本，并激励农户进行配套投资，挖掘农村内部力量，激活村庄内部发展潜力。

新农村建设还要完善财政投资结构，强化对农民反映最强烈、与农民生产生活关系最密切的“六小”项目的投资，并发挥财政投资的启动和激发功能，配套一些相关政策，如金融支持政策，为农民提供低息、贴息贷款等，带动农村内部用于农村和农业开发的投资，启动农村内部市场，使“社会先行资本”和“私人资本”形成合力。在投资管理体制上，要正确处理政府、社区、农户等几个方面的关系，探索以农民为主体的管理体制。参与式扶贫使得政府从直接用行政手段组织农村基本建

① 李小云等：《参与式村级扶贫规划系统的开发与运用》，《林业经济》2007年第1期，第74~80页。

② 张永丽、王虎中：《新农村建设：机制、内容与政策》，《甘肃社会科学》2006年第6期，第223~227页。

设的做法中解脱出来，重点抓统筹规划、资源管理、资金扶持、技术指导服务等；加强农村专业合作组织建设，使专业合作组织直接参与分散农户的组织协调及基础设施项目的实施与管理，并以农村社区合作组织为载体，直接与国家的财政投入对接，减少资金运作的中间环节，强化农民决策主体、使用主体与管理主体的功能。通过明确各行为主体的权利和责任，真正做到农村基础设施建设的制度化、秩序化和组织化。

按照贫困群体的需求进行管理，开展“参与式”扶贫模式，让贫困者直接参与到减贫项目的整个过程，使财政减贫与贫困群体的经济社会环境、现有的生产和生活经验、接受援助的能力联系起来，有针对性地提升减贫的整体价值和财政资源的利用效率。“参与式”扶贫模式不仅需要财政提供必要的资金、实物以及适当的组织、培训和技术服务，还需要立足于贫困群体的基本需求，给予贫困群体对减贫项目一定的发言权、分析权和决策权，激发贫困群体的主体意识及脱贫致富的积极性，强化贫困群体的资金管理能力、适应市场能力、协调组织能力，从而激励起贫困群体自觉减贫的行动。

第三节　扩大财政支出规模
确保减贫实施效果

世界各国的发展史证明，只有经济发展才能有效地减少贫困。经济的发展需要处理好政府和市场之间的关系，所以政府在经济发展中的作用就尤为重要。财政支出的先后决定着政策的轻重，在经济社会发展转型过程中，财政不仅要承担起协调经济社会发展，支持教育、科技、社会保障、医疗卫生及收入分配等方面的职能，还要担起促进经济增长的职能。只有通过分析政府在经济发展当中的作用来确定财政最优支出规模，才能加快经济的平稳健康增长，减少贫困人口和解决社会贫困问题。

一、保持经济增长，推动整体减贫

美国著名发展经济学家托达罗指出："所有经济活动的基本作用是向尽可能多的人提供克服由于缺乏食物、住房、健康和保护引起的绝望和痛苦的手段"，经济发展的首要目标就是"增加能够得到的诸如食物、住房、卫生和保护等基本生活必需品的数量，并扩大对生活必需品的分配"。可见，消除贫困是经济发展的基本目标。

发展经济学上的"倒 U 曲线"是 1971 年诺贝尔经济学奖得主西蒙·库兹涅茨在 1955 年的美国经济协会的演讲中提出来的。"倒 U 曲线"基于对 18 个国家经济增长与收入差距实证资料的分析得出，它表明：在经济发展过程开始的时候，尤其是在人均国民收入从最低上升到中等水平时，收入分配状况先趋于恶化，继而随着经济发展逐步改善，最后达到比较公平的收入分配状况。用西蒙自己的话讲，"收入分配不平等的长期趋势可以假设为：在前工业文明向工业文明过渡的经济增长早期阶段迅速扩大，尔后是短暂的稳定，然后在增长的后期阶段逐渐缩小"。这种"先恶化，后改进"的收入分配长期变动轨迹，恰好呈颠倒过来的 U 形状，故称为"倒 U 曲线"。除此以外，西蒙通过比较一些国家的横截面资料，还得出如下结论：处于发展早期阶段的后发国家比处于发展后期阶段的先发国家有更高的收入不平等。收入不平等产生的贫困现象是经济发展的客观规律，只有加快经济的发展才能最终消除贫困现象。

在经济发展减少贫困人口中有两个显著的转折点，两个转折点的发展变化，都对贫困的减少有重要的影响。转折点之一是"起飞"，即从不发展到进入经济发展的正轨，通过增长效应，改变普遍贫困的状况，贫困现象从此成为一种边际现象。发展经济学家为这个转折点设定的前提条件是积累率达到某个水平，如刘易斯设定的储蓄率标准，是从4%～5%或更低的水平提高到 12%～15%甚至更高的水平；罗斯托把储蓄率从5%上升到10%或以上作为经济起飞阶段的条件。“起飞”最具代表性的例子出现在中国农村，由于家庭承包制的实行，农村绝对贫困人口从1978年的2.5亿人一下子减少到1985年的1.25亿人，并且从那以后不断减少，农村贫困从普遍现象变为一种边际现象，即那些在人力资本、社会资本和环境禀赋等方面处于边际状态的农户仍然易于处在绝对贫困地位。转折点之二是“刘易斯转折点”，即农业剩余劳动力被吸纳殆尽，若要增加劳动力，必须提高工资水平。“刘易斯转折点”通常由于经济增长对普通劳动者需求的扩大，从而延伸到边际化的劳动者身上，贫困家庭通过就业的扩大而得益于经济增长。在劳动力市场处于需求不足的情况下，贫困人口若只有普通技能或者说低技能，则在就业机会和报酬方面处于不利的地位。但是，一旦经济增长和劳动力市场供给越来越受制约，贫困人口就业扩大的机会就越来越大。

1978年以来，中国进入经济起飞阶段，人均GDP年平均增长率高达8.1%。按照中国国家贫困线标准，农村贫困人口由1978年的2.5亿人减少到2004年的2610万人，减少了89.6%，平均每年减少贫困人口数为861万人。按照国际贫困线即每人每天生活费不足1美元的标准测算，世界银行（2000）估计中国的农村贫困人口已经由1990年的2.8亿人下降到1997年的1.24亿人，减少了55.7%，平均每年减少贫困人口数为2229万人。这都表明中国作为世界上人口最多的国家，同时也是世界上贫困人口最多的国家，在减少贫困方面取得了前所未有的成就①。

一是持续的经济高增长是减少贫困人口的基础。1978～2004年，占总人口多数的农村人口人均消费水平年平均增长率为7.0%，农民人均纯收入年平均增长率为7.1%，这相当于他们的人均收入每9.7年翻一倍，这是中国农村贫困人口大幅度下降的重要原因。二是经济发展使城市化进程加快。大部分农村劳动力以农民工的身份进城，农民的工资性收入成为农民人均收入的重要来源之一，这部分收入占总收入的比重由

① 胡鞍钢等：《中国经济增长与减少贫困》，《清华大学学报（哲学社会科学版）》2006年第5期，第8～12页。

1985年的13.2%提高到2004年的34.0%，这说明农民部分分享了城市化和非农产业的收益。三是经济发展带来农业劳动力向非农产业大规模转移。乡镇企业、农村私营企业和个体就业人数迅速增长，吸纳了农村劳动力1.8亿人，超过农村就业人员总数的1/3。四是经济发展使人力资本得到明显改善。由于改革后的教育、健康水平有很大提高，人力资本得以有效积累，这对改善人民生活、减少贫困也起到了积极的重要作用。五是对外开放政策进一步推动经济发展。改革开放以来，中国出口额迅速增长，尤其是劳动密集型出口产品迅速增加，对于扩大就业、减少贫困起到了重要作用。根据《中国统计摘要》（2005）得知，2008年出口额达到了99998.5亿元人民币；出口额占GDP的比重迅速上升，由1978年的4.6%提高到2011年的26.06%。另外，中国积极吸引外资，广泛参与经济全球化，也是大幅度减少贫困的途径。尤其是广东、浙江等地的外资经济吸引了大量农业剩余劳动力（见表5-1）。

表5-1　1990~2011年国内生产总值和对外经济情况表

年份	国内生产总值（亿元）	人均国内生产总值（元）	人民币（亿元）				对外依存度
			进出口总额	出口总额	进口总额	差额	
1990	18667.82	1644.00	5560.1	2985.8	2574.3	411.5	29.78%
1991	21781.50	1892.76	7225.8	3827.1	3398.7	428.4	33.17%
1992	26923.48	2311.09	9119.6	4676.3	4443.3	233	33.87%
1993	35333.92	2998.36	11271	5284.8	5986.2	-701.4	31.90%
1994	48197.86	4044.00	20381.9	10421.8	9960.1	461.7	42.29%
1995	60793.73	5045.73	23499.9	12451.8	11048.1	1403.7	38.66%
1996	71176.59	5845.89	24133.8	12576.4	11557.4	1019	33.91%
1997	78973.03	6420.18	26967.2	15160.7	11806.5	3354.2	34.15%
1998	84402.28	6796.03	26849.7	15223.6	11626.1	3597.5	31.81%
1999	89677.05	7158.50	29896.2	16159.8	13736.4	2423.4	33.34%
2000	99214.55	7857.68	39273.2	20634.4	18638.8	1995.6	39.58%
2001	109655.17	8621.71	42183.6	22024.4	20159.2	1865.2	38.47%
2002	120332.69	9398.05	51378.2	26947.9	24430.3	2517.6	42.70%
2003	135822.76	10541.97	70483.5	36287.9	34195.6	2092.3	51.89%

续表

年份	国内生产总值（亿元）	人均国内生产总值（元）	人民币（亿元）				对外依存度
			进出口总额	出口总额	进口总额	差额	
2004	159878.34	12335.58	95539.1	49103.3	46435.8	2667.5	59.76%
2005	183867.88	14103.33	116921.8	62648.1	54273.7	8374.4	63.59%
2006	210870.99	16084.00	140971.4	77594.59	63376.86	14217.7	66.85%
2007	249500.00	19030.393	152168.1	85261.4	66907.4	18354	60.99%
2008	282000.00	21509.302	179314.1	99998.5	79315.6	20682.9	63.59%
2009	340902.8	25608	150648.1	82029.7	68618.4	13411.3	44.19%
2010	401512.8	30015	201722.1	107022.8	94699.3	12323.5	50.24%
2011	472881.6	35181	236402.0	123240.61	113161.4	10079.21	50.0%

经济增长可以消除贫困，而消除贫困也可促进经济增长。因为贫困人群由于信贷约束的存在，会降低社会的消费和投资总额，阻碍经济增长；同时，收入的不平等引起的再分配如税收或转移支付政策对经济具有扭曲性，也会减缓经济的增长①。不过，经济增长为贫困改善带来机遇，并不意味着随着经济增长贫困现象可以自动消失。近几年，伴随着贫困人口整体上的大幅减少，贫困问题又开始面临一个新的变化，朝着进一步改善的方向变化。进入到21世纪后，真实失业率实际上是逐年下降的，从2002年的6.1%降低到2003年的6.0%、2004年的5.8%、2005年的5.2%；农村剩余劳动力也从当年人们认为的1.5亿~2亿人、占农村全部劳动力的1/3~40%，减少到目前的大约1.05亿人、剩余比例为22%。其中一半为40岁以上的劳动力。从某种意义上，可以说中国经济正在迎来它的刘易斯转折点。针对新情况、新变化，国家需要启动新的扶贫战略。一方面，政府可以通过加强就业培训、提供就业信息等公共服务，通过以就业最大化为中心的小区域开发，提高贫困家庭的就业份额，让他们在新的发展阶段上抓住机遇，从经济增长中更多地获益。

① 赫尔普曼：《经济增长的秘密》，王世华译，中国人民大学出版社2007年版，第81~82页。

另一方面，贫困问题的严重意味着收入的不公平，可以阻碍经济增长。

二、政府市场互动，促进经济繁荣

在早期市场经济阶段，国家对经济的干预和对市场的管理作用非常有效，例如垄断对外贸易、实行货币输入、鼓励和保护产品出口政策等等，这些措施为生产要素的市场流通提供了条件，使货币资本市场迅速成长，直接促进经济社会发展。而苏联式的指令性计划经济，则依靠国家高度垄断在工业化初期的一切资源，尽管在战争时期曾发挥过重要作用，也创造过苏联的经济繁荣，但之后的弊端却不断呈现。各国的经济发展多次证明，只要是国家垄断经营，哪怕是一个行业，就必然造成效率低下、供应短缺、服务较差、腐败丛生、分配不公等现象出现，就必然出现比“市场失灵”更严重、更频繁的“政府失灵”。

美国传统基金会一份研究报告曾经得出结论：实行自由市场经济政策的国家比经济不自由的国家的经济增长要快一些，贫穷国家经济发展不快的主要原因是实行了压抑性的经济政策。按照这个结论，在市场经济的条件下，各经济主体为追逐利润和效益的最大化，必须作出正确的选择并为其承担风险，从而有可能有效地利用稀缺资源，促进资源合理流动，达到高效率和高效益。1929 年的资本主义世界大危机，使市场机制的缺陷完全展露无遗，人们对市场的期望破灭了，自由放任的经济思想遭到了政治家和经济学家的猛烈批判。美国等市场经济国家转向了凯恩斯学说对市场的全面干预，政府的经济行为也开始转到调节、建立和维护市场经济运行秩序上面来，政府积极采取财政政策、货币政策、产业政策、外贸政策、市场管制等有效的宏观调控手段干预经济运行，构建了以公平、安全、效率为特征的管制机制。

正确把握政府与市场的关系，既要防止政府服务不足，更要避免因政府过度占用资源而对由市场配置资源的民间经济产生挤出效应，从而降低国民经济的整体效率。早在 20 世纪初，德国财政学就将保持国家需求与私人需求之间的适当比例当做其最高原则，此后，皮古将这一原则发展成为公共部门与私人部门之间边际收益均等原理。中外历史实践证明，在生产私人物品的民间经济领域，市场是资源配置效率最高的调节机制，家庭、个人和企业则是市场活动的主体；政府的责任是为家庭、个人和企业正常进行消费、买卖、投资、生产、经营等市场活动提供规范、保护、宏观调节、基础设施、生态环境等外部条件。只有在政府与市场、政府与市场活动主体形成这种合理社会分工的制度安排下，整个国民经济才有可能实现最佳效率运转。所以，政府既不能“缺位”也不能“越位”。

公共财政要支持政府在以下四个方面发挥重要的作用：

第一，弥补市场缺陷，克服市场失灵，维护市场秩序，保证市场活力。不仅要把属于资源配置类的公共物品供给、克服经济外部性、通过需求管理抑制经济波幅和增加就业、促进产业结构调整和地区协调发展等事务纳入公共经济范围，还要把保护广义产权、制定和执行公平竞争规则、克服经济垄断和自然垄断、防止商业欺诈、维护消费者权益等事务纳入公共经济范围。

第二，保障公民权利，维护社会尊严。实行家庭最低收入保障、住房补贴等济贫政策，建立养老、失业、工伤、生育、医疗等社会保障制度，以及免费义务教育制度和旨在使不同地区公共服务水平均等化的转移支付制度等。

第三，拓展国际市场，平衡国际收支。积极开展推进经济全球化的外交活动，运用关税和非关税措施保护国内产业、增强本国产品在国际市场的竞争力。

第四，缓解社会矛盾，维持制度存续。实行个人所得税、遗产税、财产税和支出方面的收入调节政策，建立劳资关系调节制度和工人参与管理制度，也包括实行反经济周期的财政金融政策等。

放任的市场经济将导致严重的通货膨胀、失业增加、地区贫富拉大、经济结构畸形、阶级分化等，而国家干预经济的弊端是高成本、低效率、经济缺乏活力、权力过分集中、巨额财政赤字等。唯有按照高效与公平两个原则对政府与市场的功能进行整合互动，才能正确处理好国家利益、集体利益和个人利益的关系，才能正确处理中央政府与地方政府的关系，从而促进整个经济社会的持续均衡发展。换句话说，确定好政府与市场的关系、确定好国家的公共经济规模和财政支出规模，保障经济长期稳定健康发展，才能有效地实施减贫工作。

三、适度财政支出，打牢减贫基础

在现代市场经济条件下，社会资源配置主要由市场与政府通过财政支出方式完成。实践证明，市场作为社会资源的基本配置方式非常有效，但由于其固有的事后反应特性等内在缺陷，使得政府的指导是必要的。而政府一个可行的指导社会资源配置的途径就是通过公共或财政支出政策来实现。政府通过财政支出结构的动态优化来影响社会需求的总量和类别，进而从量和质上影响社会生产的供给方面，从而实现国民经济的结构优化和长期经济增长目标的实现。

（一）中央和地方的最优支出规模确定

在中央的财政规模分析方面，张明喜（2005）通过研究中央的财政规模效益得到①：（1）利用改革开放后 1978 到 2003 年的数据进行实证检验，发现中国的公共支出对经济增长存在着正影响，并且中国财政支出的边际生产力显著大于 1，说明政府劳务供给不足，需要继续扩大用于提供国防、教育、卫生和科学研究等方面支出的公共服务，以促进经济增长。（2）由中国的实际数据得出的中国最优公共支出规模应该是 27.9%，而中国当时的财政支出规模仅为 20.8%，这显示中国财政支出规模不足，其政策含义就是中国仍然具有扩大财政支出的余地，还应进一步提高财政支出占 GDP 的比重。要保持经济的持续稳定发展，对中国

① 张明喜、陈志勇：《促进中国经济增长的最优财政支出规模研究》，《财贸经济》2005 年第 10 期，第 41～45 页。

来说，更需要的是进一步扩大政府的公共支出，增加财政对改革、发展和稳定的支持力度。在公共财政框架下，从长期看，中国的公共支出规模从目前占 GDP 的 20.8% 最终可提高到占 GDP 的 30% 左右。

而在中央与地方的财政支出规模方面，由巴罗（1990）的具有公共物品经济增长模型可以看出，公共物品的提供可以改变经济增长率。但由于政府级次的存在，并不是所有的公共物品都是在全国范围内共同消费的。按照“谁受益，谁付费”的原则，相应地也决定了各级政府部门的支出责任。一般认为，全国性公共物品应由中央政府提供，地方性公共物品应由地方政府提供，区域性公共物品则可以采取由某一个地区内各地方政府共同提供，中央政府给予适当补助的形式。另外，地方政府相对于中央政府来说，更易了解地方居民的偏好，由地方政府提供地方性公共物品更有利于提高资源配置效率。为此，研究财政支出规模优化问题，必须注意到中央政府与地方政府间事权划分的合理性，也就是说，在财政部门提供的公共物品规模一定的情况下，还必须注意到中央政府与地方政府之间的事权划分及相应的配套制度对经济增长的影响①。

改革开放以来，中国政府进行了几轮财政体制改革，地方财政预算支出占总预算支出的比重从 1978 年的 52.6% 上升到 2003 年的 69.9%，地方综合财政支出（预算内、外支出总和）占总综合财政支出的比重从 1982 年的 55.3% 上升到 2003 年的 73%，这得益于中央政府不断下放权力到地方政府，使得地方财政支出占总财政支出的比重不断上升。根据乌尔里希·帝布特（Ulrich Thieben）对分权的划分标准，中国已是高度财政分权的国家，要保证经济增长绩效与公共部门资源配置效率，财政的高度分权需要相应的配套经济制度、政治制度与其相适应。有学者在巴罗经济增长模型的基础上进行扩展，说明分税制改革之前地方预算外收入与支出的膨胀具有合理性的一面，但分税制改革以后，预算外收入

① 李华、孙长清：《多级政府级次下的经济增长与财政支出规模优化研究》，《财经问题研究》2007 年第 5 期，第 18～21 页。

与支出显得过于膨胀，这在一定程度上与经济增长不相适应。

综合以上分析，今后，政府应该在合理控制财政支出总量的情况下，合理界定中央财政与地方财政各自的支出范围，弥补中央支出的缺位现象，逐步减少地方财政支出占总财政支出的比重，把地方财政预算支出占总预算支出的比重控制在58%以内，并解决好基层财政收入不能满足财政支出需要的矛盾，唯有如此才能提高公共部门资源配置效率，促进经济增长与发展，发挥出经济发展带来的减贫效果。

（二）财政减贫支出规模的效益实证分析①

中央财政安排的扶贫资金规模从1980年设立财政扶贫专项资金以来，由最初的每年5亿元增加到了2005年的130亿元。25年间中央财政累计安排扶贫资金1300多亿元。中国扶贫、减贫工作遇到了诸多新的难题，由于剩余贫困人口的自我生存能力和素质不高，贫困人口集中度越来越低，加之原有脱贫人口返贫率高，减贫成本明显加大，减贫速度明显下降，各种财政减贫支出资金的效益也不同。倪志良、郝志景（2007）根据《中国统计年鉴》、《中国财政年鉴》和民政部公布的数据整理得到下表（见表5－2），检验的样本空间是1984～2001年的观测数据，通过数据来分析财政减贫支出规模情况。

1. 相关变量和数据说明。选择4个自变量建立模型：人均 $GDPx_1$（考虑到经济发展是减少贫困人口的主要因素）；支援农业支出 x_2（中国的贫困人口主要集中在农村）；少数民族地区财政收支差额 x_3（中国少数民族地区贫困发生率高，少数民族地区的财政收支差额反映了中央财政对这些地区转移支付规模）；社会福利支出 x_4。经过初步检验发现：变量社会福利支出 x_4 对贫困人口数影响不显著；解释变量之间存在多重共线性，财政的支农支出和对少数民族地区财政转移支付规模与人均 *GDP* 相关关系明显，需要剔除人均 *GDP* 和社会福利支出两个自变量。

① 倪志良、郝志景：《财政扶贫支出与减贫的实证分析》，《山西财经大学学报》2007年第4期，第19～22页。

表 5－2　　　　　贫困人口与相关数据

年份	贫困人口数 y（万人）	人均 GDP（元/人）x_1	支援农业支出 x_2（亿元）	少数民族地区财政收支差额 x_3（亿元）	社会福利支出 x_4（亿元）
1984	12800	695	95.93	86.25	25.61
1985	12500	855	101.04	93.53	31.15
1986	13100	956	124.3	117.96	35.58
1987	12200	1103	134.16	112.92	37.4
1988	9600	1355	158.74	121.71	41.77
1989	10200	1512	197.12	125.61	49.6
1990	8500	1634	221.76	137.63	55.04
1991	9400	1879	243.55	138.15	67.32
1992	8000	2287	269.04	157.52	66.45
1993	7500	2939	323.42	159.62	75.27
1994	7000	3923	399.7	315.47	95.14
1995	6500	4854	430.22	346.99	115.46
1996	5800	5576	510.07	407.14	128.03
1997	5000	6054	560.77	443.61	142.14
1998	4210	6307	626.02	506.25	171.26
1999	3412	6547	677.46	599.06	179.88
2000	3209	7084	766.89	719.41	213.03
2001	2926	7543	917.96	1091.77	266.68

$$\ln POPU_t = 12.4154 - 0.3449 \times \ln FISC_t - 0.2928 \times \ln AGRI_t$$

$$(55.5273) \qquad (-2.7713) \qquad (-2.1525)$$

$| R^2 = 0.9552 |$

2. 回归结果分析。$\ln POPU_t$指对贫困人口数 y_t 的对数变化，$\ln FISC_t$指对少数民族地区财政收支差额 x_{3t}的对数变化，$\ln AGRI_t$指对支援农业支出 x_{2t}的对数变化。括号内的数字为 t 统计量，$S.E.$ 是回归函数的标准差，R^2 是可决系数。$R^2 = 0.9552$ 说明拟合情况很好，贫困人口的相对变化可以由自变量给予 95.5% 的解释。两个自变量的弹性系数分别为

0.3449 和 0.2988，说明中央财政对少数民族地区的转移支付每增加 1%，贫困人口数减少 0.3449%；财政的支农支出每增加 1%，贫困人口数减少 0.2988%。回归系数在 0.05 的显著性水平上都通过 t 检验，说明增加对少数民族地区的转移支付规模和增加财政的支农支出，对贫困人口的减少都会产生显著性影响，且少数民族地区的转移支付比支农支出对减少贫困人口的影响更显著。

基于上述分析，需要进一步强化财政对农村和民族地区的支持，发挥各种资金的合力效应。近来中国连续三个以农业、农村和农民为主题的“中央一号文件”，为扶贫工作提供了巨大的契机，都规定 2006 年国家财政支农资金增量要高于上年，国债和预算内资金用于农村建设的比重要高于上年，其中直接用于改善农村生产生活条件的资金要高于上年，并逐步形成新农村建设稳定的资金来源。借助国家建设社会主义新农村的契机，地方政府应加大财政性扶贫资金与支农资金整合力度，提高资金使用效率，提高减贫成效。地方财政的投入对国家财政支农、减少贫困政策的实施至关重要，同时要继续加大对民族地区开发力度，特别是在国际合作项目中应优先安排民族地区。

第四节　探寻减贫新突破口　实现减贫理想状态

中国当前还处于后发国家向先发国家冲刺的马赛克非均衡发展阶段，人均收入水平还较低，财政规模的资金有限，在财政减贫支出上不能“撒胡椒面”，应选准减贫的突破口，有针对性地加大投入，以产生最理想的减贫效果。

一、财政教育扶贫，扶贫先扶智

美国著名经济学家舒尔茨认为，贫穷国家经济落后的根本原因不在于物质资本的短缺，而在于这些国家或地区对人力投资的过分轻视。对于现代经济来说，人的知识、能力、健康等人力资本的提高，对于经济增长的贡献远比物质资本、劳动力数量的增加重要得多，决定经济发展的不再仅仅是空间、土地和自然资源，人口素质、技能和知识水平的提高才是关键。一直以来，中国的扶贫方式只是重视外在的、物质层面的输入型扶贫，而对贫困人口自身应具有的、内在的持续脱贫的能力提升重视不够。因此，国家需要重新审视现行的扶贫方式，将教育扶贫放在首要的地位，防止贫困的“代际遗传”。

现代经济社会发展的历史表明：物力资源和人力资源是一个国家或者地区经济发展必须具备的两种基本资源①。在农业经济与工业经济时代，经济的发展分别主要依靠土地与资金。自从20世纪50年代以来，科学与信息技术的发展促使要素关系发生了改变：由物力资源雇佣人力资源的关系逐步转变为人力资源支配非人力资源的关系，进而使得人力资源在经济社会发展中的作用日益凸显。因此，现阶段，人力资源开发利用的程度往往决定了一个国家或者地区的经济发展水平。国内外研究表明，一个地区的文化教育程度与贫困呈较强的负相关关系，教育水平低的地区贫困发生率要远远高于教育水平高的地区。

科学文化素质低、缺乏必需的劳动技术和技能的劳动者，往往难以适应现代生产和经济结构变化的需要，而且劳动生产率和劳动回报也相应较低，所得收入也难以满足基本生活需要，在经济不景气时会最先面临失业的危险。从教育的层面看，现代社会条件下的贫困不单纯是经济的贫穷，而是一个由多种因素造成的综合社会现象，其实质是发展经济

① 李有发：《教育扶贫的现实依据及其对策》，《哈尔滨市委党校学报》2006年第2期，第14~16页。

所需的全部或者部分关键的生产要素的缺乏，最根本的是贫困人口基本的致富能力的缺乏。贫困人口经济收入的低下以及与之相关的贫困问题，实质上都归结于此。这种认识可以说明两个方面的现实问题：一是有的贫困地区虽然自然资源丰富，但由于贫困人口缺乏开发利用这些资源的基本能力，守着“金山”受贫的现象仍然存在；二是在自然资源短缺的贫困地区，贫困人口由于自身的能力所限，有丰富的劳动力资源却无法带来经济收益。从改革开放30多年的扶贫情况看，单纯地依靠资金等物质资源的投入，对一个自然资源短缺以及生产条件差的地区来说，根本不能解决实质问题。由于贫困人口从根本上没有具备脱贫致富的能力，因而丰年脱贫、灾年返贫的现象依然存在。

贫困会影响到经济持续发展和社会稳定，为减少贫困、维护社会的稳定，扶贫工作应当由政府实施[①]。由于主观与客观因素的影响，每个社会成员的生存环境都有可能变得贫困，因此从经济学角度说贫困是一种“公共劣品”。但是，由于“免费搭车”现象的存在，因此社会成员明白可以从减贫中获得利益，都期望别人来消除贫困而自己坐享其成。如此一来，谁又会依靠自身的力量来消除贫困呢？因此，贫困这种“公共劣品”正如公共物品一样，必须要由政府出面去进行消除。

教育从经济学角度来看是一种公共物品，尤其是“扫盲”性质的基础素质教育算得上是一种纯公共物品。“扫盲”性质的基础教育不能保证贫困者的脱贫，它只是保证贫困者脱贫的高层次教育的前提和基础。美国学者鲍曼等人20世纪60年代就提出教育超过一定的阈值才会出现经济起飞的教育阈值的概念，而1990年世界银行对58个国家的一份研究报告也有同样的观点，认为“对教育的投资只有大到足以推动经济跨越这一临界点时，才会产生巨大的效益”。基础教育对于教育阈值意味着如果贫困家庭接受义务教育并不能明显地提高受教育者未来的收入水平，则可能使贫困家庭不愿意接受义务教育，只重视眼前增加劳动力的暂时

① 杨能良、黄鹏：《教育扶贫——中国扶贫的财政学思考》，《福建财会管理干部学院学报》2002年第2期，第14～15页。

收入。因此，贫困家庭的义务教育作为一种公共物品，完全应当由政府提供。

对受教育者的未来收入起到明显的促进作用的高层次教育，虽然不属于纯公共物品的范畴，是一种混合公共物品，但从扶贫角度来说，却不能简单地将之视为混合公共物品。一个人接受高层次的教育可以保证未来收入的大大提高，使其不至于陷于贫困，而贫困家庭孩子教育水平的提高可以使家庭摆脱贫困，所以属于混合公共物品的高层次教育大部分也应当由政府承担。然而由于贫困家庭收入有限，无法承担教育的高支出，如果政府能够在一定程度弥补教育成本，则可以促使贫困家庭产生摆脱贫困的念头，看到脱贫的希望，全力扶持子女接受教育。

专栏 5－1

“留守儿童”：特殊群体呼唤“阳光雨露”①

随着城市化建设的加速，人口大规模流动形成。在劳动力流动过程中，由于经济能力和户籍制度限制，尚处于受教育阶段的未成年子女往往无法随父母迁移，“留守儿童”现象由此产生，并有逐步扩大之势。

从 2007 年 5 月开始，民盟陕西省委对西安市部分区县农村“留守儿童”的基本情况进行调研。数据显示，目前全市小学和初中农村“留守儿童”总数为 118256 人，其中小学阶段 69605 人，初中阶段 48651 人，占全市小学和初中在校学生的 12.35%。从地域分布来看，经济欠发达地区“留守儿童”人数较多：如周至县农村“留守儿童”38834 人，占全县小学和初中在校学生的 37.49%，蓝田县农村“留守儿童”38937 人，占全县小学和初中在校学生的 41.08%。

在广东省阳春市 7 至 18 岁在读学生中，有“留守儿童”55126

① 杨明：《专家解读：“留守儿童”呼唤阳光雨露》，《昭通日报》2006 年 5 月 29 日。

人，占在校学生总数的34.6%。这些儿童中，父母双方外出打工的28274人，父母一方外出打工的26852人，分别占“留守儿童”的51.29%和48.71%。

“留守儿童”的实际“监护人”大多是其祖父母，他们往往只能照顾孩子们的日常生活起居，根本无暇顾及孩子的学习，导致部分“留守儿童”的行为习惯，尤其是学习习惯普遍较差。由于得不到家庭和父母的有效监管，“留守儿童”受到他人非法侵害和非法侵害他人的现象时有发生。

社会劳动力资源的有序流动，是城乡一体化发展的必然趋势，也是建设社会主义新农村的必然要求。但如果因为政策不到位，农村“留守儿童”成了“问题孩子”，就不仅是家庭的不幸，也是社会的不幸。因此，关爱农村“留守儿童”，保证他们健康成长，应该是家庭、学校、社会共同关心、方方面面协同配合的综合工程。

教育扶贫的新思维是“扶贫先扶人，扶人先扶智”，实质是把扶贫的重点放在生产力最活跃的人力资本方面，通过教育提高人的文化知识水平，提高人们接受新鲜事物的自觉性和主动性，解放思想，冲破贫穷愚昧的束缚，增加农业开发中的科技含量，探索出一条教育减贫的有效途径。贫困地区贫困人口的脱贫致富，归根到底要靠贫困人口自身的脱贫致富能力的增强。因而，教育扶贫在本质上与救济等帮扶活动不同，是一个持续增强贫困人口致富本领的系统过程。

当前需要做好以下几个方面教育扶贫工作：

（一）以思想教育培养贫困群体树立自信、自强、自立精神

贫困地区由于文化教育落后，经济发展不快，群众的思想观念、思维方式都表现得保守、陈旧，对新生事物和外来文化抵制力较强，思想狭隘，眼光短浅，小农经济意识和封建残余思想保存得较为完整，而且十分浓厚，形成恶性循环。要引导他们脱贫致富，应加强思想政治教育，用科学文化知识武装头脑，促使他们更新观念，解放思想，培养自信、

自强、自立的精神，让他们自觉地依靠自身的力量认识环境、改造环境、脱贫致富，为实施教育扶贫创造条件。

（二）开发贫困地区的人力资源

在贫困地区其他生产要素极其有限的条件下，只有劳动力资源是唯一可以挖掘的资源。人力资源是可以再生和持续发展的，而且在一定的条件下可以产生积累效应，即越开发越能显示出资源价值。由于贫困地区自然环境和耕地等自然资源基本上是短时间内无法改变的，而资金的积累数量和积累能力的提高又面临着巨大的困难，所以，贫困人口一般都将脱贫的希望寄托在加大劳动力的投入上，也就形成了越是贫困的地方人口数量就越多的恶性循环的现象。应当看到贫困地区人力资源充裕的现实，加大人力资源的开发力度，把潜在的劳动力资源变成现实的人力资源，这是贫困地区贫困人口脱贫致富的唯一出路。要通过广泛的教育培训活动来提升贫困地区贫困人口的人力资源价值，增强贫困人口自身的脱贫能力。

（三）教育扶贫要培养劳动者的科技意识

当前，中国农业科技落后，经营粗放，效率低下，许多农村基本上还是用锄头、镰刀、犁耙这些原始而简陋的工具和畜力进行耕作。中国的农业劳动力约是美国的100倍，而生产的粮食总量却与美国基本持平；粗放型的经营方式，导致资源的极大浪费，环境污染令人触目惊心。通过教育，提高劳动者的文化知识水平及接受新生事物的自觉性和能动性，增强科技意识，增加农业开发中的科技含量，依靠科技进步提高劳动生产率。开发新兴产业，建立新的产业群体，是实施教育扶贫的有效途径。

（四）加大对农村基础教育的支持力度

大量的事实证明，物质贫穷并不可怕，精神贫穷、知识贫穷才最可怕，它足以毁灭一个地区、一个民族，甚至毁灭一个国家。文化教育落后的地方，扶贫难度大，脱贫慢，返贫率高；文化教育先进的地方，扶贫难度小，脱贫快，返贫率低。因此，我们必须树立优先发展教育的战略思想，加大教育投入，改革教育体制，促进教育转轨。贫困地区的教育经费要以政府投入为主，减轻农民负担。大力发展基础教育，提高劳动者素质，杜绝新的文盲产生；增加智力投资，大力发展职业技术教育，在普通中学、大中专学校增设专业技术课程，培养出更多合格的劳动者，培养出适应贫困地区扶贫开发的各种人才。唯有如此，才能从根本上根治返贫忧患。

（五）以远程教育方式实施扶贫资助

在过去的30多年里，远程教育主要提供大学层次的课程，而现在，远程教育已经被应用于各种层次的教育系统和教育项目中。在信息技术和教育技术的支持下，现代远程教育不仅适用于高等教育，而且可以被应用于基础教育、职业教育、继续教育、扶贫项目等多层次、多种形式的教育之中。在资源和资金有限的前提下，充分利用现有的教育资源，以远程教育方式在同一时间内对贫困地区的人群进行“点播式、交换式和现场直播式”教育。充分利用网络技术这一载体，可以最大限度地实现教育资源共享和重复使用，有助于大规模开展教育和培训，大幅度提高贫困人口的综合素质，大力推进贫困地区全面建设小康社会的历史进程。因此，缩小发展差距，缩小现代信息技术所造成的“数字化鸿沟”，关键在于教育，在于为广大贫困地区的群众提供有效的知识贡献和智力支持，使他们分享到人类社会文明进步的成果。

二、医疗普遍服务，防止因病返贫

目前，中国无论是在卫生服务的利用还是在卫生资源的占有方面，都与国际水平存在着相当大的差距。中国80%的医疗资源集中于20%左右的人身上，其中，党政干部是优质医疗资源享用的主要群体。有资料显示，全国各级党政部门有200万名干部长期请病假，有40万名干部长期占据了干部病房、干部招待所、度假村，一年开支约为500亿元，干部的医疗费用支出占据了总医疗费用的80%左右①。因而，政府财政亟待提供医疗普遍服务，其有助于增加贫困人口对卫生服务的可及性和对卫生服务的利用，并对改善本地区全体人民的健康水平进而提高全体人民的健康素质都具有重要意义。

有研究表明，农村医疗保障制度主要是通过以下两个路径来影响农村居民，特别是贫困农民的收入状况。一方面，就外部的制度环境而言，农村医疗保障制度健全会分散社会成员风险，提高贫困人口抵抗疾病风险的能力，进而有利于缩小收入差距。尼古拉斯·巴尔认为，医疗保障在国民收入再分配中可以起到重要的调节功能②。由于疾病而发生的医疗支出以及劳动力损失是个人和家庭的一种主要风险，需要付出很高的代价，进而使得不少人返贫或致贫。医疗保险可以在社会大众中分散风险或是对贫困者进行救助，从而调节高收入者和低收入者、高风险人群和低风险人群之间的收入分配。另一方面，就内部环境而言，农村医疗保障健全有利于积累人力资本，提高劳动生产率，从而有助于贫困者增加收入进而脱贫。杰弗里·奥活瑞（Lire Erasado，2004）等人研究发现，疾病降低了农户的收入并改变了劳动力配置，降低了农户采用新技术的可能性。西奥多·W. 舒尔茨（1976）认为，人力资本表现为能力和素质，是通过对人力的投资而获得的，包括保健支出、教育支出、劳动力迁移的支出等投资。其中，健康投资有利于改善人力资本的质量，提高人口素质，进而增加穷人福利，同时促进经济增长。

张车伟（2003）运用来自中国贫困农村地区的数据资料，估计了不同的营养和健康指标在贫困农村的回报和弹性，证实营养和疾病显著地影响农村的劳动生产率。其中，家庭劳动力因病无法工作的期限每增加1个月会导致种植业收入损失约2300元，这说明加强营养和医疗保健的

① 刘以宾：《政府医疗投入“不患寡而患不均”》，《医院领导决策参考》2006年第24期，第8~10页。

② 尼古拉斯·巴尔著：《福利国家经济学》，郑秉文、穆怀中等译，中国劳动社会保障出版社2003年版，第54~56页。

投资对于农村脱贫具有至关重要的作用，这也在一定程度上从定量研究的角度证明了疾病导致农民致贫和返贫的风险相当大①。为此，旨在为了减轻医疗支出给人们带来的经济负担，防止人们因病致贫、因病返贫现象继续发生，中国政府有责任不断完善医疗普遍服务。

贫困地区医疗普遍服务建设项目是提高贫困地区卫生服务能力的重要措施。通过支持贫困地区卫生服务体系建设和新型农村合作医疗制度的建立和完善，通过在全国建立起适应社会主义市场经济体制要求和农村经济社会发展水平的农村医疗普遍服务，贫困地区人口的基本卫生服务将得到有效保障。

1. 明确政府间责任分担，规范各级政府投入。公共物品划分为全国性公共物品和地方性公共物品，投入方式上也各不相同。各级政府的责任分担，即中央政府和地方政府明确各自责任范围，是保证农村公共卫生投入的关键问题。由于各级政府的责任分担涉及一个公共产品成本分摊机制的问题，因而要进一步明确。比如对于纯公共产品，政府应采取全额负担的供给模式，原则上由政府负担这类服务的设施建设、人力成本和运行消耗的全部成本费用。中央及省级政府根据地方立项，划拨设施建设费用，省级政府负责人力成本及运行消耗。对于准公共产品，原则上由政府对设施建设和人力成本提供资金供给，公务业务费、材料消耗等通过有偿服务收费补偿，由受益者个人承担。在公共卫生服务的具体实践过程中，应积极地探索政府间的成本分摊机制，形成硬性规定，只有这样才能真正保证农村公共卫生的政府投入，避免各级政府相互推诿责任，将农村医疗普遍服务工作落到实处。

2. 审时度势地转变观念，调整财政资金投入方向。中国政府财力相对有限，要使有限的财力充分发挥作用，必须转变观念，调整财政资金投入的思路。一是财政投入重点应从治疗领域转向预防领域，因为，同样的资金投入到疾病预防领域比投入到疾病治疗领域会产生更大的效益。

---

① 张车伟：《如何实现就业和经济发展的同步增长》，《领导决策信息》2003年第34期，第18页。

二是财政投入的重点应从城市中心医疗机构转向基层医疗机构，加大对基层医疗机构尤其是贫困地区基层医疗机构的建设和人员培训的经费支持力度。基层医疗机构是农村居民主要就医的服务机构，但由于地方政府资金投入不够，医疗手段落后，一些地方的乡镇卫生院徒有其表，甚至成了只能卖药的“药房”，大量的基层医疗卫生机构处于瘫痪状态，医疗服务质量令人担忧。政府通过加大对其投入，从而提高医疗技术手段和服务水平并加大对其人员培训力度，使更多的农民直接受益。另外，在加大政府对基层医疗机构投入的同时，还应积极探索基层医疗机构的产权制度和管理体制改革的新途径，借助市场的力量，吸引更多的资金投入到农村医疗卫生事业中来。三是财政发挥作用的重点应从对医疗保健服务的提供者的支持转变为对医疗服务消费者的支持上来。很多地方尤其是发达地区的医疗服务可以让市场发挥更大的作用，但再完善的医疗服务对于那些处在贫困状况且无法支付高额医疗费用的人来说，都是没有意义的。财政必须实施直接的医疗救助，以保证他们获得基本的医疗保障，使他们的生存权不会受到疾病的威胁。

3. 明确城乡贫困人口的医疗普遍服务重点，有的放矢地实施财政支持。城乡贫困人口在构成、致贫原因等方面并不相同。在城市，下岗、失业、困难企业职工以及上述人员的家属，构成了贫困人口的主体，经济和社会结构调整是导致这部分人陷入贫困的主要原因；在农村，自然条件因素和个体因素同时对贫困起作用。城乡贫困人口虽然都存在医疗保障覆盖率低、卫生服务利用不足的现象，但其制度根源却不同。目前城市医疗保障存在的问题是欠缺公平，贫困人口得不到保障；农村医疗保障存在的问题是制度框架尚未完全建立，医疗保障整体覆盖率低，无法防止因病致贫。从这一判断入手，目前城市和农村的医疗保障建设应各有侧重。今后城市医疗保障制度建设的重点在于提高公平性，满足贫困人口的医疗保障需求；农村医疗保障制度建设的重点在于搭建制度框架，使医疗保障覆盖大多数农村居民，防止因病致贫。

4. 大力推进新型农村合作医疗，加快改善农村收入不平等的状况。

通过多年来新农合制度的试点，全国已有86%的县（市、区）实现了新农合全面覆盖，一定程度上缓解了农民“因病致贫、因病返贫”状况，缩小了城乡居民健康保障上的差距。宋明山等（2005）以浙江省为例，根据对当地农户的抽样调查数据，研究了新型农村合作医疗改善农村居民收入公平的能力。他们应用GINI系数和洛伦兹曲线原理，分析了筹资、医疗费用和新型农村合作偿付对农村居民收入公平的影响。结果显示：新型农村合作医疗偿付对发生医疗费用人群收入公平影响显著，而新型农村合作医疗筹资导致的GINI系数变化非常微弱，从而指出疾病导致的经济负担明显加重了农村居民收入分布的不公平，新型农村合作医疗在改善上述不公平方面的作用已经有相当程度的体现[①]。用广东省114个县（市、区）2005年以来有关农村贫困和农村合作医疗的推广情况的季度面板数据，考察2005年第一季度至2007年初共9个季度的时间序列数据，经分析表明，在广东省各地推行的新型农村合作医疗制度能够显著减少农村贫困人口的数量。各地农村人口中贫困人口参与农村合作医疗的比例越高，其农村贫困人口数量减少的幅度越大。贫困人口的合作医疗参与率每增加1个百分点，当地农村贫困人口数平均减少约1.11%～1.49%。由此可知，增强农村合作医疗基金的筹资能力，将有利于当地贫困人口数量的减少。

三、产业生态减贫，支撑可持续发展

中国现有的贫困人口大多处于自然条件恶劣地区，要想让一些生活在“穷山恶水”中的人们摆脱物质的匮乏、摆脱生产生活条件的恶劣，这的确是政府一项艰难的工作。对贫困地区的扶贫开发战略无疑会带动贫困地区经济的发展，然而，资源与环境问题是贫困地区实现可持续发展的严峻制约。在贫困地区开发中如何正确处理环境与经济发展的关系，

---

① 宋明山等：《浙江省新型农村合作医疗试点地区农村居民意向评价》，《中国卫生经济》2005年第12期，第51～54页。

受到越来越广泛的关注，我们迫切需要用发展的眼光看待扶贫开发战略与可持续发展的关系。

在市场经济条件下，区域环境资源的直接和间接开发利用讲求效率和收益的最大化，可能会带来贫困地区的生态恶化。20 世纪 20 年代，英国经济学家阿瑟·庇古（Arthur C. Piguo）研究发现，在商品生产过程中，生产者所承担的私人成本与社会成本存在着差异，这便是污染外部性问题，而污染造成的各种损失未能在企业的生产成本中得到反映，即私人的经济活动产生了外部成本。庇古认为，外部成本不能在市场上自行消除，而是将经济上的不利因素转嫁他人，这一过程又往往发生在生产和交易过程之外，不受市场力量的约束，不对生产者构成财务约束，这样，他们就会过度地开发公共资源，甚至会带来生态污染。

普林斯顿大学的经济学家格鲁斯曼（Gene Grossman）和克鲁格（Alan Krueger）在对 66 个国家的不同地区内 14 种空气污染和水污染物质 12 年（空气污染物：1979～1990；水污染物：1977～1988）的变动情况进行研究后发现，整体环境质量或污染水平随着经济增长和经济实力的积累表现为先恶化后改善的趋势，两者呈明显的倒 U 形关系[①]。换言之，最初环境品质随着经济增长而下降，但是当经济增长到一定阶段后环境品质将随经济发展而改善，污染程度的峰值大约位于中等收入水平阶段。据此，他们在 1995 年发表的文章中提出了环境库兹涅茨曲线（EKC）的假说。自 20 世纪 90 年代以来，人们通过对多种具体污染物的研究证实了环境库兹涅茨曲线的存在性（见图 5－3）。

贫困地区经济要发展，在市场经济条件下自然会经历环境库兹涅茨曲线（EKC）过程，而事后的环境治理成本太高，这就需要政府在一开始的扶贫开发过程当中就进行“顶层设计”，实施生态扶贫战略，尽量发展生态经济，寻求扶贫开发地区的可持续发展。

① 高麟：《区域规划中的环境保护与经济增长》，《统计与决策》2006 年第 11 期，第 43～44 页。

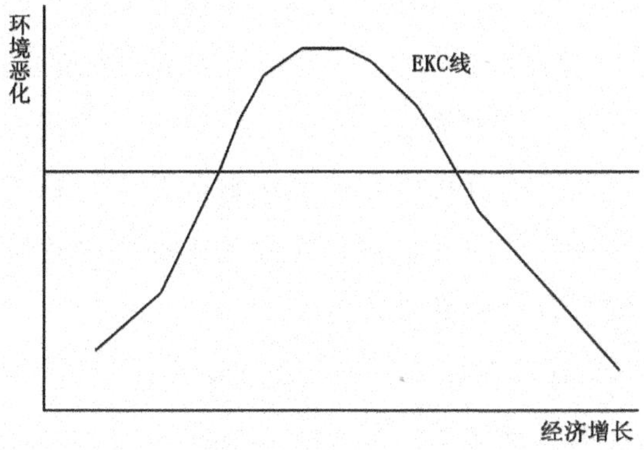

图 5－3 环境恶化与经济增长的 EKC 线

（一）宏观上利用财政手段实现环境保护与减贫“双赢”

为实现环境保护与减贫“双赢”，政府从宏观上要注意在扶贫开发过程当中进行有效的“顶层设计”。

1. 统筹环境保护与扶贫的财政支出。政府用于环境保护和扶贫的财政支出有必要进行统筹与协调，因地制宜，例如，在资源富饶的地区，可持续利用自然资源是解除贫困最可靠的途径；在环境资源恶劣的地区，解除贫困同时也就是解除环境和资源压力，政府要充分利用环境保护与减贫的“双赢”机会，提高财政资金的使用效率。

2. 提高资源税税率和增加税目。中国的资源税税率一直偏低，税目也偏少，提高资源税税率和增加税目，可以帮助贫困地区实现环境保护与减贫的“双赢”。改革资源税不仅可以推动全社会更加主动地建设资源节约型社会和环境友好型社会，而且输出自然资源的贫困地区可以获得更多收入，用于环境和自然资源的保护，同时还可以增强中央政府解决地区差异、贫富差异和协调环境与发展的能力。

3. 协调区域间环境定价。中央政府需要根据全国、区域间、流域内的环境与发展目标，统筹协调环境定价，使政府的环境定价成为弥合贫富差距、有效治理环境的“双赢”政策。由于区域间差异的存在，为了实现环境保护目标，当贫困导致社会支付能力不足时，可以运用其他财政手段支持环境定价机制，如税收优惠、财政转移支付等，但在市场机制建立后，财政手段应及时退出，环境定价应是一个逐步提高的过程。

4. 提高环境保护与扶贫两种决策的协调性。为了提高环境保护与扶贫两种决策的协调性，政府对所有的环境财政政策与扶贫开发政策，都应充分评价其对环境与贫困的影响，充分考虑环境财政政策对贫困人口的影响和扶贫开发政策对环境的影响。

（二）微观上处理好发展经济与生态建设的关系

贫困地区的环境与贫困之间存在着错综复杂、相互作用的关系。贫困是导致环境破坏的诱因，环境恶化会造成贫困不断加剧。当贫困与环境纠缠在一起时，如果只解决其中一个问题，就有可能导致环境破坏或贫困加剧，因此环境与贫困之间实际上是共存共荣的关系。发现和利用环境保护与减贫“双赢”的机会，统筹解决环境与贫困问题，就能够起到事半功倍的效果。

1. 生态建设与产业建设协调发展。在贫困地区发展经济扶贫时，要注意区域生态建设。乡镇工业合理布局方面，要充分考虑当地资源和环境特点，充分发挥当地资源和环境优势。在制定区域经济发展计划和环境规划时，要注意全面规划、合理布局，正确选择和合理确定经济发展方向，结合农村小城镇建设，合理配置功能区，建立乡镇工业小区，实行污染集中控制。产业结构调整方面，要大力发展以农副产品加工为主的生态型乡镇工业，这是当今社会发展生态经济模式，有利于建立有区域特色的生态农业，促进生态经济系统内物质和能量的合理流动，提高系统的生态经济总体效益。要积极探索、推广有机农业的生产技术，开发有机食品和绿色食品。有机农业在生产过程中不施或少施化肥和农药，可以减轻农业本身对生态环境的污染和破坏；对有机农业的初级产品进行深加工，开发出的有机食品可以增加农产品的附加价值，市场前景也十分广阔。农业部门要组织力量，积极开展有机农业的示范性研究，取得成功的经验后，尽快推广实施，以提高农业的生态经济效益。以生态环境建设为主攻方向，将恢复植被建设作为实施可持续发展总体战略的突破口，把扶贫富民融入生态环境建设之中，进行水土流失综合治理，推动土地利用结构调整，大力发展民族区域经济和本土化特色经济，开发环保替代产业和增加就业，促进生态环境的良性循环与区域经济的可持续发展。

2. 农业发展和生态建设需因地制宜。许多贫困农村地区大部分多山，山地生态建设必须因地制宜。根据分布于山地不同坡度大小的耕地，坡度大于25°的耕地退耕栽种生态林或用材林，坡度小于25°的耕地退耕栽种经济果木林，坡度小于15°的耕地主要利用科技兴农，大力发展粮食生产及非农无污染产业。具体来讲，就是要充分利用当地人民长期总结得出的生态建设经验模式，采取“先重点后一般、分区分片治理”的生态建设综合治理基本原则，实行以小流域为单元的“山水林田路”综合治理，推行“山地上部为生态林带、山地中部为经济林带、山地下部为农田带”的坡改梯山地改造模式；积极采取生物治理工程、农业生态保护工程与水土保持工程相结合的综合治理措施；大力发展农用沼气，形成“灌溉农田←沼液←沼气池→果园→养猪→养鸡→鱼池→增加收入”的生态农业良性循环系统。充分利用贫困地区生物多样性、民族多样性特点，积极开发地方特色农副产品，培育无公害产业，大力开拓寻找市场空间，发展“人无我有，人优我特”的本土化绿色、特色农副产品，尽快建立具有地方特色又具有相对比较优势的无公害绿色产业。

专栏5－2

产业扶贫开拓增收路——张家川县扶贫开发①

张家川回族自治县走整村推进、产业化扶贫、劳动力输转和移民搬迁等一系列扶贫攻坚路子，取得显著成效，贫困村面貌发生了巨大变化。全县绝对贫困人口由2000年的3.36万人减少到目前的1.63万人，低收入人口由2000年的11.4万人减少到目前的6.02万人，农民

① 马小平：《产业扶贫开拓增收路——张家川县扶贫开发》，《天水日报》2008年7月9日。

人均纯收入由2000年的868元增加到目前的1600元。

近年来，为了使国家、省、市、县先后投入的6359万元扶贫资金真正发挥作用，张家川县坚持走以点示范、抓点带面、整流域扶贫开发的战略路线。提出了农村抓产业的要求，按照“调结构、兴产业、抓龙头、建基地、办市场”的思路，把农民增收同当地区域产业发展结合起来，在贫困乡村建立特色产业和优势产业带，走出了一条产业化扶贫道路。

目前，张家川县已建起蔬菜、中药材、洋芋、芦笋、食用菌、蚕豆等产业基地；引进和培育了一批产业化扶贫的龙头企业，通过“基地+企业+贫困户”等经营模式，使参与产业扶贫的贫困群众有了稳定的增收来源。2006年以来，全县累计建无公害蔬菜、芦笋、双孢菇基地9个，日光温室和塑料大棚3071栋；建成产值600万元以上的中药材、洋芋和优质蚕豆等5个区域化优势产业基地；建成养殖专业村74个、养殖小区15个、养殖场63个。2007年该县6.32万贫困村富余劳动力走出大山，在省内外从事服装、建筑、餐饮服务等行业，挣回了1.67亿元。张家川县还利用“科普之春”等活动，以贫困户和外出务工人员为对象，按照“实际、实用、实效”和“干什么、缺什么、补什么”的原则，年培训农民技术骨干1520人，普通培训5400人，使每个贫困户和外出务工人员至少掌握了1至2项实用生产技术。

“是产业扶贫让我们找到了增收的路子，我们村有1300多亩土地，以前大部分种小麦和玉米，每亩收入只有400多元。2007年开始，县上引导我们调整产业结构，大力发展特色产业，鼓励发展蔬菜大棚。如今，在科技人员的指导下，每亩收入5000多元，是以前的10倍，真是没想到啊!”正在大棚里浇水的刘堡乡米家村农民马者不，说起特色产业给他家带来的变化时滔滔不绝。

3. 通过发展旅游业实施绿色扶贫。贫困地区由于经济落后，区位条件差，交通、通信等基础设施薄弱，只有发展垄断性资源行业和高附加值产品才具有市场竞争优势。综合考虑自然、社会、经济等方面因素，旅游产业作为现代服务业，具有开放度高、关联性强、投入产出率好等显著特点，在旅游业的牵动下，中国已有一些贫困地区迅速脱贫致富。发展旅游业不但取得良好的经济效益，节约能源，促进可持续发展，而且能够在更广阔的范围内提供就业机会，促使地区经济迅速发展。经过对发展传统产业的劣势与发展旅游业的优势的比较分析，旅游扶贫不失为旅游资源富集的贫困地区尽快走出贫困的有效模式。

总之，贫困地区生产力滞后除了自然条件的制约外，还有技术发展滞后和人口素质不高等特点。提高教育水平是突破贫困循环链条的起点，同时要克服减贫开发中的单纯利益驱动和短视行为，处理好减贫的产业开发与生态环境保护的关系，以推进贫困地区的产业和生态和谐发展。

第六章 创新财政管理模式 提高中国减贫绩效

绩效预算是政府绩效管理中的一个主要组成部分，同时也是政府绩效管理的重要保障。以分权化管理、责任机制、结果为本、顾客导向和市场机制为改革制度基础的政府绩效管理，是现代政府改革的核心。制度创新、提升财政减贫绩效的主要途径是：建立扶贫管理协调机制、提高扶贫资金使用效率，在扶贫、减贫中引入市场机制，加速贫困地区市场化水平，鼓励社会参与扶贫，提升财政吸附社会资源能力，尤其是鼓励 NGO 组织在减贫中发挥积极的作用。

第一节 透视扶贫管理模式 重视新问题新难点

多头管理是现有财政扶贫管理模式存在的最严重问题。由于缺乏有效的协同机制，专项扶贫的协同效应难以得到更充分的发挥。

一、多部门管理，协同机制难以形成

中国现行的扶贫管理体制是从20世纪80年代逐步发展起来的，其主要特征是扶贫涉及多家工作机构（见表6－1）。在中央层面，国务院扶贫开发领导小组办公室（以下简称扶贫办）管扶贫的议事协调，国家发展和改革委员会（以下简称发改委）管理以工代赈扶贫资金，财政部管理财政扶贫资金，国家农业银行管理信贷扶贫资金，民政部门管理救助扶贫等；各地方从省到县基本上都设立了相应的机构。这套财政扶贫管理模式，在改革开放初期至20世纪90年代中期适应于协调多部门开展的开发式扶贫，也是由当时中国农村基本上处于“普贫”状态并且贫困发生率高的国情所决定的。但随着经济社会发展的加速，这套扶贫体制的弊端也开始显现，多家扶贫机构并列，导致财政性扶贫资金多头管理严重，而各级扶贫办只是协调议事机构，难以对扶贫资金进行整合，导致扶贫效益难以实现最大化。

表6－1　　　　中国财政扶贫专项资金管理模式①

扶贫模式	主管单位	资金投向/实施情况	支付/帮扶方式
财政发展资金	扶贫办	改善贫困地区的农牧业生产条件，发展多种经营，修建乡村道路，普及义务教育和扫除文盲，开展农民实用技术培训，防治地方病。	转移支付，无偿使用
以工代赈资金	发改委	修建县、乡公路和与扶贫开发项目配套的道路、建设基本农田、兴建农田水利、解决人畜饮水问题。	项目配套，无偿使用

① 龚晓宽：《中国农村扶贫模式创新研究》，博士学位论文，四川大学，2006年，第30～31页。

续表

扶贫模式	主管单位	资金投向/实施情况	支付/帮扶方式
贴息贷款资金	中国农业银行	支持有助于直接解决农村贫困人口温饱的种植业、养殖业和以当地农副产品为原料的加工业中效益好、有偿还能力的项目，2001年后也开始尝试直接针对农户的小额信贷项目。	贴息贷款，年利率为3%

在上述财政扶贫管理模式下，专项财政扶贫资金的多头管理现象更加严重。财政发展资金主要由财政部负责，以工代赈资金主要由国家发展和改革委员会负责，贴息贷款资金主要由中国农业银行负责。中央扶贫资金实行按年分配，具体年度分配计划由财政部、国家发改委、中国农业银行分别提出各项扶贫资金分配的初步意见，经国务院扶贫办汇总平衡，提出统一的分配方案，报国务院扶贫开发领导小组审定[①]（见图6－1、图6－2）。

在多部门财政扶贫管理模式下，发改委、财政部门和扶贫办作为扶贫资金主要的管理部门没有建立和形成有效的协同和配合机制，使得各类扶贫资金在扶贫项目中不能有效地结合。同时，资金的多头申请、项目的重复安排和项目管理不规范，也在一定程度上阻碍了扶贫资金使用效率和扶贫整体成效的提高。此外，部门间在资金分配、管理、使用上的沟通不畅，缺乏正常的交流渠道，特别是以工代赈项目和其他财政扶贫项目的确定和实施之间缺乏必要的沟通，都或多或少地影响了财政扶贫资金的管理和使用效率的提高。这种情况在中央一级存在，在县一级存在，而在省一级则表现得更为明显。

① 贾奇锋：《财政资金扶贫效率研究》，博士学位论文，西南财经大学，2007年，第38～39页。

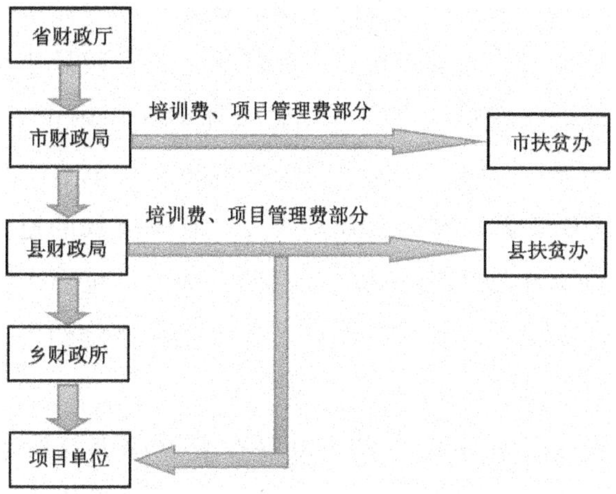

图 6－1　财政发展资金用于扶贫的流程

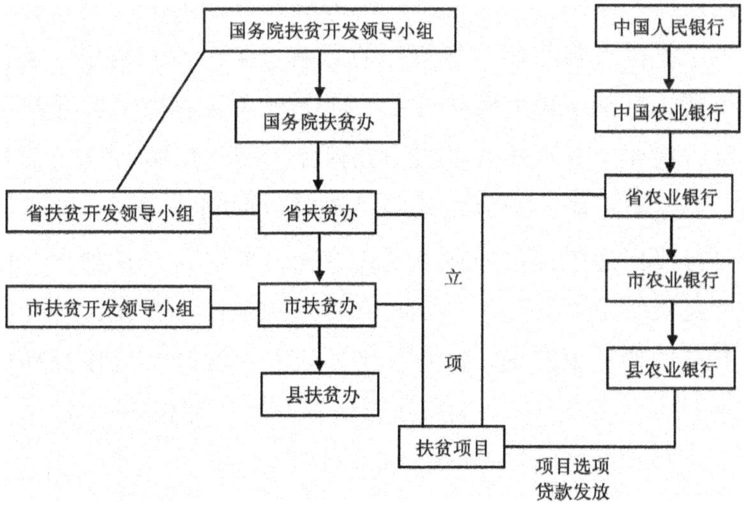

图 6－2　财政扶贫管理模式中的扶贫贴息贷款的分配、管理

二、多重委托代理，扶贫效率大幅降低

由于中国的扶贫开发是在多个政府部门主导下进行的，在政府内部实际上存在着多重的委托代理关系，不同的利益诉求者都对扶贫开发的

整体运行效率产生影响。对于无偿使用的财政扶贫资金，一般是由财政部根据其与国务院扶贫办商定并经国务院扶贫开发领导小组批准的分配意见，逐级拨付给地方财政部门使用，具体的使用则由地方财政部门、扶贫办和发改委统一协商。具体就政策实施者个人而言，无论他是属于财政部门，还是属于教育部门或者发改委，有决策权的通常是地方领导人和综合部门的领导人，即使他不考虑个人利益，也会考虑到包括扶贫等多项职能的资金需求，他不可能只受到扶贫的激励约束，而是受到多项职能的激励约束。

财政扶贫资金的传递在中央一级存在着财政部、发改委等多个委托人，他们都具有相关政策的制定权，又都是重要的决策主体，因而常常由于部门之间不同利益取向导致决策矛盾。因此，这种纵向一体化的委托代理关系使监控系统更多地表现在部门内部的监控，也就容易受到每个委托人具有的其他职能的影响，从而加大监控成本，甚至使监控失效。每个委托人的代理人，即下级相关部门都会受到不同取向的限制，例如，财政部门可能受到保障工资、保障行政经费等职能的影响，发改委可能受到直接确定投资项目的利益诱惑。此外，决策主体同时行使传递主体的职能，这样委托人同时又是代理人，作为代理人的委托人的工作努力水平是由其自身评定的，在存在自身利益诉求时，其监控就更加困难。这些直接导致了扶贫开发运作过程中各系统的脱节，加之缺乏纠偏机制，不仅扶贫开发的运作效率被大大降低，而且扶贫资金的漏出也在所难免。

（一）难保公益性

从代理人的激励约束条件来看，地方政府总是优先选择诸如完成中央政府确定的政治性任务和促进地区经济增长这样的行为目标，但贫困地区的地方财政部门面临着工资发放等刚性支出的压力，结果往往是很难保证财政扶贫资金被全部用于贫困地区的公益性建设。这种减贫、扶贫的委托权制度安排有以下两个特征：第一，存在多个委托人，每个委托人都拥有控制权和监督权；第二，每个委托人既是委托人又是代理人，即政策制定者同时也行使政策实施者的权力，从而使委托权的监督变得更加困难。此外，现阶段的经济发展水平很难为政府公职人员提供高额的工资报酬，从个人理性的角度而言很难保证这些政府公职人员不会受到各种各样的利益诱惑而使用手中的权力，这也使得财政扶贫资金很难高效率地运行。

（二）存在效率损失

由于减缓贫困的财政扶贫资金使用管理的决策权同时属于多个政策制定者，多个部门的政策制定者都可能会从本部门的利益出发去安排资金，统一协商实际上变成了多方利益妥协的产物，效率损失也就更加不可避免。

（三）产生利益关联

由于审计或者监督部门同属于政府部门，它们都或多或少地与财政扶贫资金使用管理部门有着这样或者那样的联系，尤其是财政部门掌握着包括审计和监督部门在内的所有部门的工作经费划拨，审计和监督部门的行为就很难不受到影响，由此，监督的结果往往也就成为部门之间妥协的结果，监督的有效性必然大打折扣。而且，政策制定者的利益冲突必然会通过纵向的部门系统传递到政策执行者，代理人也会受到部门利益的左右而进行行为的选择，从而把效率损失直接表现出来。

三、信息不对称，减贫面临双重逆向选择

就地方政府自身的角度而言，其必然热衷于将项目和资金投向对地方财政贡献较大的县办工业和乡镇企业这些本不属于扶贫对象的“相对富裕点”，而对地方政府的财政收入贡献较小但使贫困人口受益较大的项目如发展农业和开展劳务输出等项目则反应消极，从而导致地方政府在扶贫对象上的逆向选择，使扶贫资金的受益者偏离了贫困人口。所谓逆向选择（adverse selection），是指由于市场交易双方信息不对称和市场价

格下降产生的劣质品驱逐优质品，进而出现市场交易产品平均质量下降的现象。在金融市场上，逆向选择是指市场上那些最有可能造成不利（逆向）结果即造成违约风险的融资者，往往就是那些寻求资金最积极而且最有可能得到资金的人。在财政减贫的博弈过程中，存在地方政府选择扶贫资金投向的逆向选择与扶贫对象的逆向选择问题。

现行体制下增加地方政府的财政收入一直是地方政府主要的经济目标，贫困地区地方财政长期困难更强化了这一目标。另外，由于中央政府对地方政府的行为缺乏完善的信息，而地方政府对贫困人口的实际情况也缺乏完善的信息，地方政府在对上和对下方面都具有信息优势，在缺乏必要的信息反馈渠道和监督约束机制的情况下，这往往会强化地方政府的逆向选择行为。有研究表明，扶贫资金主要流向企业，即便是投向发展种植业、养殖业和多种经营的农户，也只有较小一部分直接用于贫困户。有研究表明，农行发放到户的扶贫贴息贷款仅占当年发放扶贫贴息贷款总额的1/5左右；而专家研究表明，直接投放贫困户的贷款仅占47%，贷款回收率仅达50%，呆账率高达35%。农民得不到资金扶持，一些人只好举借高利贷融资。

改革开放以来，中国实行了一定的地方分权，因此，扶贫资源的传递在中央政府和各级地方政府之间便存在了委托代理关系。而各级政府之间的追求目标却并不必然一致，这就可能使地方政府不完全按照中央政府的意图使用扶贫资源。例如，按照中央的意图，以工代赈资金应传递给最为贫困的乡村和农户，但是基层政府却往往会从节约交易费用和更有利于促进短期经济发展的角度出发，将资金给予条件相对较好的乡村。

从经济学角度来看，政府机构也是“经济人”，因而各部门都存在不同的部门利益。特别是，在部门职能界定不清晰、监督机制不完善的情况下，各部门追求部门利益的动机就会更强烈。由于扶贫资金传递主体不同，传递渠道不同，且各不相关，再加上官员政绩考核机制的存在等，都导致各个部门为追求自己的工作绩效而过于强调自己的利益，忽略了公共利益。当前中国的扶贫资金主要是由政府系统决策并进行传递，法制性较弱，执行中对各方面的约束不足，且中国政府监督多为“自我监督”，缺乏严格有效的监管机制，存在很多“寻租”机会。特别是，发改委等部门在财政扶贫资金分配与传递中处于强势地位，其他部门很难对其形成有效监控，从而导致这些负责扶贫资源传递的部门权力膨胀，在很大程度上决定着扶贫资源使用方向，不利于扶贫资源传递的精准性。因此，中国的扶贫资金极易形成实际控制资金的利益集团，这在一定程度上增加了将财政扶贫资金管理运作成利益诉求的几率，“有人打井，有人埋井”，综合起来就是没效果，必然影响减贫的整体绩效水平。

四、制度建设滞后，扶贫资金使用效率较低

中国扶贫治理决策与执行功能存在“灰色”领域，而组织机构庞大、管理层级多、职能条块分割，导致了扶贫项目资金多头筹集和多头管理，加大了扶贫工作的协调难度与运行成本。同时，由于财政监督多是“自我监督”，这也导致了“内部人控制”的问题。如有的县把农村扶贫资金的一部分挪用补发拖欠的职工工资；有的把财政扶贫项目资金用作部分工业项目的补发流动资金；有的拿财政扶贫项目资金炒股、炒房地产，大吃大喝，公款私用，购置高档办公用具等；有些管理人员也利用管理扶贫项目资金的权力，优亲厚友或为私人牟利。“内部人控制”问题造成了农村扶贫项目资金被大量挤占、挪用，大量的“血液”和“营养”嫁接循环到非扶贫事业中，形成了不该发生的“体外循环”现象，造成了扶贫资金运行中的分流①。如国土资源部扶贫办 2000 年至 2003 年共截留、挪用项目资金 117 万元，全部用于扶贫办人员效益津贴、差旅费及制作电视专题片等支出。有专家估计，全国有 40% ~50% 的扶

① 王永成：《公共治理与财政扶贫资金漏出问题研究》，博士学位论文，贵州大学，2006 年，第 40 ~41 页。

贫资金没有用于扶贫。

财政扶贫资金“漏出”现象严重，首先表现为资金使用中的问题突出，存在地方政府特别是县、乡政府转移、挪用扶贫资金现象。在县乡财政困难的情况下，与维持政府机构的正常运转、保持社会稳定、促进地方财政收入增长和GDP增长等目标相比，扶贫还不是最重要的目标，加上监管不力，最终导致部分扶贫资金没有用到贫困人口直接受益的项目上去。另外，现有的统计方法也不能准确地识别贫困人口。目前农村贫困人口数字是由统计部门根据抽样调查结果推算出来的，多数地方没有对贫困人口实行登记造册并进行跟踪。在这种情况下，扶贫投入的针对性难以保证，扶贫资金“漏出”就不可避免。在现有的贫困人口中，有一部分是老弱病残人口，这部分人口难以通过扶贫开发从根本上解除贫困，而只能通过建立农村社会救济和保障制度来解决问题。

财政扶贫资金“漏出”也与管理方式、管理理念相对落后有关。财政扶贫资金项目的前期立项准备工作普遍比较粗糙，项目确定缺乏一套规范的程序，基层财政部门和扶贫办系统管理手段比较落后，资金流转和项目进展情况的信息不能及时准确反馈，使管理者往往陷于事后应付的境地，事前和事中的预防机制不能有效发挥监管和调节作用。扶贫政策执行制度规定也比较随意，主要表现在地方领导人特别是一些地市和县一级领导人在确定扶贫资金使用时，由于行政体制等方面原因，缺乏必要的法制和规章制度约束，随意性较强，往往随自己主观愿望而定，不能依法使用财政扶贫资金①。

地方政府擅自调整项目计划、改变资金投向的现象较普遍存在，配套资金不落实、资金缺口大，影响项目工程进度和质量。中央每年在三四月份将扶贫资金下拨到省区，可是由于协调难，省区一般要在八九月份有时甚至要在年底才能将其下拨到县区，再加上地方财政困难，无力

① 王永成：《公共治理与财政扶贫资金漏出问题研究》，博士学位论文，贵州大学，2006年，第30~32页。

拿出足够的配套资金，导致一些整村推进、产业开发项目无法按原计划实施，影响了项目的使用效益。而采取贷款、拆借、自筹等方式启动项目建设又使贫困村民陷入负债的危机，加剧了脱贫难度。配套资金难以落实的原因除贫困地区财政资金严重短缺等客观原因外，主要还是地方政府和领导对扶贫工作缺乏足够的认识，有钱建办公楼、购轿车，却没有钱投入扶贫开发项目，被挤占挪用的扶贫资金或用于部门的费用开支或挪作他用，资金随意支用，致使扶贫项目难以实施。

在扶贫资金管理的后续环节上，扶贫效果缺乏评估机制，好形式主义。由于没有完善的扶贫评估机制，中国扶贫资金的分配使用中普遍存在重申请、轻使用，重计划、轻落实等现象，扶贫计划和地区发展计划存在脱节情况，上级思路和基层意见不一致，无法形成合力。一方面，扶贫单位出于追求政绩的需要，在扶贫项目的选择上，把较多的扶贫资金用于短期项目和形式项目，导致扶贫效果不稳定，有的脱贫后又返贫。另一方面，地方政府在扶贫项目选择上，有偏重地方财源建设项目的取向，这些地方区域经济发展了，而广大群众却未脱贫①。

从扶贫资金管理的全过程看，扶贫工作监督机制也不健全。主要表现为：其一，由于财政监督多是“自我监督”，特别是政府部门也是“经济人”，再加上没有制定规范化、制度化、科学化的资金和项目监督检查机制与手段，因此对违规违纪行为查处不力。其二，扶贫应是“玻璃做的口袋”，运作全透明。但是，中国扶贫资金及项目管理透明度并不高，缺少群众的普遍而广泛的参与，社会监督或外部监督的作用没有发挥出来。其三，审计监督存在滞后性。审计监督都是事后监督，而且审计间隔时间长，有的项目的真实性的确认非常困难，许多扶贫资金都是造成难以挽回的损失后才被发现。

---

① 周节：《扶贫资金配置中存在的问题及对策研究》，博士学位论文，重庆大学，2007年，第45页。

第二节 构专业化制衡机制 培育成多螺旋激励

全面创新财政管理，要建立专业化制衡的财政扶贫模式，扶贫决策系统、执行系统、监督系统相互制约，防止出现扶贫、减贫的突出问题。从大财政的视野看，还要强化扶贫的需求方管理，文化扶贫、科技扶贫、教育扶贫多管齐下，从而实现对财政扶贫的多螺旋激励。

一、权力制衡，构建财政扶贫的决策系统

权力制衡实质上是一种确保社会公共权力运行受到约束、制衡、违法可究的制度。权力制衡制度反映了公共权力运行过程的客观规律，具有良性循环的能动作用。其精华在于：将对公共权力运行的保障建立在对客观规律正确认识的基础之上，使国家法律的制定、运行与纠错符合权力运行的规律性。

现代政府在公共管理活动中，通过制度设计实现组织流程再造和专业化分工，有利于权力的科学合理配置，这也是有效制约制衡权力的中心环节。按照现代公共管理和政治学原理，遏制权力腐败最有效的组织制度，就是要将无限的权力变成有限的权力，将不受监督、约束的权力变成受约束的权力。对权力的约束是多方面的，但在一定的组织框架内，对权力约束的最有效的制度，就是以权力来制约权力。从权力制衡原理出发，在政府管理流程和组织结构设计中，不论是在组织结构之间，还是业务流程和岗位之间对关键执法权和执法岗位都应导入制衡机制。对各个岗位和环节的衔接做出明确界定，划清责任界限，通过权力制衡、流程制衡、职能制衡，实现权力的公平、廉洁高效行使。可以说，只有

形成“权力制衡化、分工专业化、责任明确化、运转协调化”的权力构架，才能使公共权力在正常范围、通过正常渠道实施正常的影响，保证对权力的有效控制。因此，加强对权力的制约，应该从体制、机制入手，通过制度求规范，以创新求发展，不断完善对权力的制约机制。同时，在监督环节，通过建立监督制度、完善监督体系，实施对权力的有效监督，能增强对权力的控制力。

专栏 6－1

扶贫决策系统支撑下的中国反贫困管理体系构想

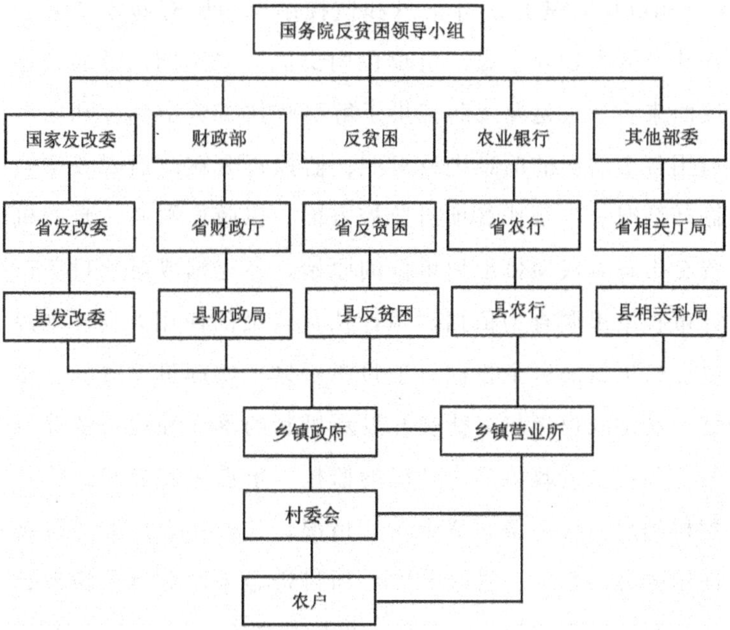

扶贫决策系统是扶贫模式中的第一个子系统，是整个模式运作的起点。决策系统的有效运作对扶贫模式的成败至关重要。决策系统的主要功能是根据既定的扶贫战略，确定具体的扶贫目标、工作对象、政策措施以及扶贫资金的筹集、分配和具体使用方式等。决策系统首先要做的就是依据扶贫战略和贫困现状制定一定时期内的总体目标。一旦扶贫总

体目标确定以后，就要围绕总体目标设计出具体的指标。其次是确定扶持对象，也就是界定扶持的目标群体，这是决策系统的一个重要的功能。

二、结果导向，构建财政扶贫的监督系统

全面监控财政扶贫资金、项目信息，是财政扶贫监督系统的核心，能够有效避免逆向选择。资金管理部门负责提供专项扶贫资金分配、传递和使用统计信息和监控结果，统计部门负责收集其他部门用于扶贫方面的资金和项目信息，扶贫系统提供扶贫项目、村级规划、社会扶贫（定点扶贫和协作扶贫）统计信息和监控结果。所有监控结果定期形成报告，在扶贫开发领导小组成员单位内交流，并定期向社会公示。从具体操作层面来看，一是要及时搜集了解财政扶贫资金到位和向下分配情况，然后用各个层次的信息进行对照，监控资金在政府财政体制内和体制外的循环情况。二是扶贫项目监控方面，以政府财政、政府机构和其他扶贫资金出资方或项目承担单位的原始财务凭据或对项目单位财务的权威审计审查结果调查为依据，统计扶贫资金的使用方向、地点、时间等，用以分析项目的资金投向、项目投资区、实施进度等。三是囊括对村级规划、贫困农户参与等扶贫开发新机制的落实和运行情况以及扶贫资金和其他各项扶贫政策落实情况的监控，重点了解参与式扶贫规划以及一些到村到户扶贫政策、资金落实情况，包括：农户对村级规划和扶贫资金使用的参与程度，村级和农户项目资金来源和到位情况，扶贫项目执行在时间、工程质量、针对性、可持续性方面的质量状况等。最终，将行政监督、群众监督、舆论监督结合起来，构筑起全方位、多视角的评价监督体系，根据上述内容对财政扶贫资金的分配、使用做出全面评价和实时监督[①]。

① 王永成：《公共治理与财政扶贫资金漏出问题研究》，博士学位论文，贵州大学，2006 年，第 34 页。

三、公民参与，促进财政扶贫需求方管理

受益人和基层组织的参与是防止因部门利益而侵吞扶贫资源和传递目标发生偏离的一个有效途径。因此，受益人如何参与、在哪一个环节上参与和如何增强参与的有效性都是应该解决的问题，这些问题的焦点集中在要设计和建立一套受益人参与扶贫的方法。贫困人口被排斥在扶贫资金传递之外，常常处于被动接受的地位，尽管他们乐于接受这种被动。这种被动的形成有着文化性、民俗性和习惯性的原因，但是如果当地政府引导不够，也会使这种被动的状况延续过长。因此需要在政府的主导下建立贫困人口和基层组织参与反贫困的内在机制，使农户主体充分参与到扶贫开发和财政扶贫资金管理中来。贫困人口和基层组织参与反贫困是充分发挥主体自身主观能动性和积极性的一个重要方面，也是提高贫困人口和基层组织反贫困能力的一个重要方面，同时还是把政府和穷人两个反贫困主体有机地衔接起来的重要途径。建立必要的制度，使得贫困人口不仅在扶贫项目的确定、实施、资金管理、项目验收、项目的后续管理等方面拥有必要的参与权、发言权，而且在反贫困的总体布局和长期规划中拥有参与权和发言权。为此，除了在制度和治理结构设计中要充分加以重视外，加强农户主体的能力建设也是非常重要的。正常和有效的参与机制的建立应该成为提高受益人和基层组织参与水平的关键环节，也是贫困农户对扶贫资金传递进行监督的一个重要手段①。

四、多管齐下，实现扶贫多螺旋激励

文化贫困是产生贫困的根本根源，而贫困文化则是文化贫困的直接后果，是长期生活在贫困之中的乡民的文化习俗、思维定势和价值取向

① 王永成：《公共治理与财政扶贫资金漏出问题研究》，博士学位论文，贵州大学，2006 年，第 36 页。

的积淀，是贫困者对贫困的一种适应和自我维护。从中国多年来的扶贫实践可知，要想根治贫困，必须走文化扶贫之路，即向贫困农民输入新的文化、知识和价值观念，传授科技技术，输入各方信息，从整体上提高贫困群体的素质，驱散笼罩在贫困乡民头上的贫困文化的“乌云”，让他们可以利用自己的双手和大脑，变潜在财富为现实财富。这才是投入最少、产出最多，从根本上扭转贫困的正确道路。

各级政府对贫困地区的文化扶贫，相关的投入力度已明显加大，但是，投入不足仍然是制约农村文化建设最突出的因素。未来，要继续加大基础教育投资，保证农村义务教育，提高农村人力资本存量；积极发展农村文化产业，发挥市场机制作用，加强政策调控，逐步理顺农村文化工作体制机制，使现有农村文化资源得到有效利用；积极发展文化产业，充分调动社会各方面参与农村文化建设，丰富农民群众精神文化生活；要加强全国文化信息资源共享工程的建设，推动数字化文化服务进乡村，要加强对农村优秀民族民间文化资源的系统发掘、整理和保护；积极鼓励农民自办文化，建设专兼职结合的农村文化队伍，加强对农村文化市场的培育和管理①。

教育扶贫的目的在于提高农民的文化素质和职业技能，使农民尽快接受新观念、新文化和新技能，成为有文化、懂技术、会经营的新型农民。有针对性地进行农村剩余劳动力培训，要与当地的生产生活实际相结合，主要进行农村实用技术、管理技术培训，使他们成为农村的“经纪人”、“土专家”；加强劳动力转移技能培训，为乡村劳动力外出就业创造条件，扶贫部门要建立贫困劳动力转移技能培训库，利用扶贫资金，依托各种教育机构，与劳动管理部门联合，做到培训、输出、就业和脱贫相结合；多渠道筹集教育扶贫资金，采取政府投资、民间集资、社会赞助等形式加强农村基础公共文化教育事业的投入，重点是改善学校校舍、购置教学设备、改善师资，在加强扫盲教育的同时，保证农村九年

① 龚晓宽：《中国农村扶贫模式创新研究》，博士学位论文，四川大学，2006年，第40页。

义务教育，防止新文盲的产生；坚持以科技扶贫项目为载体，调整贫困地区农业产业结构，提高贫困地区人口科技文化素质，有效促进贫困地区经济和社会事业的发展。

第三节 树立精细化新理念 实施绩效型新管理

当前中国正处于从传统社会到现代社会的多元复合转型战略机遇期，在政府职能转变、政府管理创新、公共财政框架建立的大背景下，通过绩效预算管理模式设计，实现绩效型财政管理，以推动扶贫公共支出效率的提高。绩效预算是政府绩效管理中的一个主要组成部分，同时也是政府绩效管理的重要保障。以分权化管理、责任机制、结果为本、顾客导向和市场机制为改革制度基础的政府绩效管理，是西方新公共管理改革的核心理念所在。

一、引入绩效预算，实行绩效型财政管理

从政府管理的角度看，绩效预算符合政府组织专业化分工和制衡的大趋势。绩效预算是一个复杂的系统工程，它至少包括政府绩效评价体系、公共支出决策体系、预算拨款体系和审计监督体系等几个重要组成部分。

1. 政府绩效评价体系：从 OECD 国家的绩效评价实践来看，政府绩效评价是一个持续的、周期性的过程，通过不断地反馈和运用考评结果来实现提高政府各部门行政绩效的目的。具体程序如下：（1）政府各部门制定绩效评价战略规划和年度绩效计划。绩效战略规划主要是对各政府部门的职能、使命、完成任务的期限、短期行动及较为准确的长期行

动纲领进行详细说明。（2）由财政部门设定绩效基准和绩效评价指标体系。绩效基准是政府各部门的行政绩效应该达到的目标水准，也是实际绩效与计划绩效进行比较的基础。（3）在财政年度结束后，政府各部门要编制并提交年度绩效报告。

2. 公共支出决策体系：政府绩效评价体系确定之后，公共支出预算的合理性也就相应可以规定下来，支出结构的确定也就有了依据。由财政部门对各部门绩效计划的执行情况、完成结果以及提交的年度绩效报告进行考评，并综合应用绩效考评的结果与相关信息，提出改进预算管理的措施，按预算绩效评价结果的高低水平确定下一年的预算拨款。

3. 预算拨款体系：预算拨款是对预算决策的具体执行环节，是预算活动的财务支付环节。目前，预算拨款体系的核心是国库单一账户系统，具体包括：一是政府财务信息系统，该系统包括支出部门的全部账户，并记载了这些账户上的每一项与交易有关的资金流量，各账户的余额都代表在余额内进行支付的能力。二是现金支付账户，即所有的支出部门都在政府财务系统上开立一个以上的账户，记录现金支付的总额。三是转账支付账户，即支出部门在政府财务系统上开立转账支付账户，进行转账结算。四是明细账户，该账户反映资金支付的具体情况。

4. 审计监督体系：审计监督原本是对公共预算活动外部控制的主导力量，但是由于绩效预算的发展对政府审计也产生了重大影响，因此，我们把审计监督环节也纳入绩效预算的整体框架。在传统预算模式下，预算单位的主要责任是按规定的预算项目和标准使用资金，更多地需要遵守外部规定，审计也主要监督相关外部规定的遵守执行情况；而在绩效预算条件下，预算单位的主要责任是提供符合规定要求的公共产品或服务，外部约束主要是考核其实际绩效，预算单位需要更加重视自身的内部管理和控制，审计也就更多地关注实际绩效和相关的内部控制。绩效预算条件下，审计部门将更主要开展绩效审计，监督的重点也转向政府行政的绩效。绩效审计已经成为当今世界先发国家政府审计的主要业务活动，其工作总量已经超过了传统的财务审计。它的开展，对于考核政府绩效和责任履行情况，提高政府管理水平，促进财政资金使用效益的提高和提供更优质的公共服务等，都具有显著的积极效应。

从财政预算过程角度看，亟待建立预算编制、执行、监督相对分离的预算整体运行机制。政府的行政权力是公共权力，具有强制性，要保证约束的有效性，必须在政府预算过程中建立权力制衡机制。政府预算权力包括：预算编制与审查批准权力、执行与调整权力和监督与审计权力。这三大权力是公共预算组织流程的三大关键环节，处理这三大环节的关系是从组织流程角度抑制政府权力腐败的关键所在。这些权力绝对不能由某个人或某一机构垄断，必须在权力机构之间及其与预算单位之间进行分配，以实现权力的相互制衡。专业化制衡的组织流程为高效的预算管理提供了组织制度基础，为预算管理向制度约束和组织约束的转变创造了条件。具体来说，政府要将预算编制、执行、监督三个环节在工作中清楚划分，相互分离，三个环节既一脉相承又彼此间相互独立运作。与此相适应，传统财政内部原来行使预算管理职能的机构将重新调整，划分为预算编制、执行和监督三个大的部门，各司其职，各负其责，各部门相互不再直接介入其他环节管理。预算编制机构全权负责预算编制工作，统一掌握预算编制政策与标准，审核、编制和确定财政和部门预算；预算执行机构专职负责预算执行，统一管理财政预算资金账户，办理资金拨付，管理部门预算资金使用；监督机构负责预算编制、执行、决算全过程的监督管理，确保预算管理纳入法制规范的轨道。

二、强化信息公开，保障管理责任与透明

信息在扶贫中具有重要的作用，充分的信息可以消除逆向选择。推进政府信息公开，建立财政扶贫管理信息系统，有利于扶贫开发的决策与执行。另外，从绩效预算的角度看，其核心环节也是责任和透明。财政扶贫信息公开需要建立分工合作的信息收集和管理体系。贫困监测与效果评估系统由相对独立的统计系统承担，而项目管理信息系统与资金

管理信息系统则应该由发改委、财政部、扶贫办等主管资金和项目的部门共同承担，并在国家、省、地、县几个层面上共享。除此，还要加强信息收集的能力建设，提高信息管理自动化水平。

专栏 6－2

绩效预算管理下的财政信息公开①

绩效预算管理的核心环节是责任和透明。所有的改革内容基本都是为了体现这两大原则，随着预算编制和执行进入改革的第二阶段，透明度就成为改革的重要内容和环节，否则预算透明度将成为其他改革的障碍性因素。这个阶段的预算透明度改革包括如下内容：

一是构建财政信息公开的法律基础。财政信息公开必须有良好的法律制度作为基础，不论是先发国家的通行做法还是 IMF 的财政透明度准则都要求财政当局在推进财政信息公开、提高财政透明度的过程中，必须将构建良好的法律基础作为日程安排的重点。由于法律的原则性要求与财政政策的灵活性之间存在一定的冲突，在财政信息公开的相关规定中必须给予规定。从长期来看，在条件成熟的情况下，可以制定《财政信息公开办法》。

二是扩展政府财务报告系统。主要先发国家的政府会计与报告系统在常规的预算文件（年度/中长期预算报告）之外，还提供合并的（或部分合并的）政府资产负债表、政府（预算）营运表以及现金流量表。最近 10 年中，不少先发国家甚至能够提供关于政府或有负债和各种准财政活动的报告，有些国家在其财政报告中还披露政府承诺信息，后者是一个涉及比政府负债和或有负债更加宽泛的支出义务方面的信息。中国应结合自己的实际情况，开发更好的、覆盖面更广的政府财务报告系统。

① 王雍君：《全球视野中的财政透明度：中国的差距与努力方向》，《国际经济评论》2003 年第 4 期，第 18 页。

三是发展更为全面的政府会计。首先，需要将预算会计的范围扩展到支出周期的每个阶段，尤其是需要有能力追踪对财政管理至关重要的承诺信息。其次，现行的预算会计系统必须进行大的整合，其核心是总预算会计必须有能力实时追踪发生于各支出机构的财政交易信息。再次，预算会计必须有能力提供预算数据，而不仅仅是实际数据方面的信息，这是对预算过程进行集中性监控的前提条件。最后，在政府会计中要逐渐引入权责发生制，实行修正的收付实现制，将政府活动和项目的完整成本反映出来，为建立成本核算体系奠定基础。

四是建立以GFMIS为核心的信息技术平台。GFMIS能够为包括公共财政管理者、决策者、立法机关、审计机关、财政分析人员、政府债券的投资者、信用评级机构以及一般公众在内的各类信息使用者，随时方便地提供所需要的各种财政预算信息。大至政府财政总量（财政收入、支出、赤字/盈余、债务、资产等），小至某个具体的公共规划（例如防治森林病虫害规划）的种种信息，均可从该系统中得到。项目预算阶段，强调项目经济效率和技术效率，对财政信息和项目信息的需求较为迫切，因此，建立GFMIS会提供充分的信息，并增加财政透明度。

三、坚持结果导向，推动实现扶贫绩效评估

建立扶贫绩效评估体系应当坚持4E的衡量模式：即经济、效率、效能和公平。从定量视角来评估扶贫的投入是否符合经济原则，也就是旨在以最低的成本供应或维持既定的服务品质，以最少的投入获得最大的扶贫产出。客观体现减贫的基本特征和效益，从系统整体出发，要求各个指标能够作为一个有机整体全面、科学、准确地覆盖和描述扶贫模式内涵和特征。指标体系中的各个指标有相互协同配合的关系，但要相对独立，避免互相包含、重复。指标概念的内涵要明确，在实际应用过程

中和统计监测中要具有可操作性。在遵循4E绩效评估模式的前提下，扶贫模式的绩效评估指标必须体现效率与公平并重、经济增长与社会发展同步的价值取向。这一体系应当成为一个科学的衡量系统，既包括经济增长指标又包括人文指标，各种指标相互配合，包括经济发展指标、基本教育指标、卫生指标、文化指标、基础设施指标、生态环境建设指标等等。各项指标都应当具有三年左右的稳定期，以一年为标准是不科学的，不能以一年的经济收入和粮食收入为标准，越过某一界线，就作为脱贫的标志。

扶贫模式绩效评估指标必须体现以人为本的基本理念。让贫困地区人口过上体面的、有知识的、健康长寿的生活是扶贫的最终目标。贫困地区在扶贫进程中将会取得各种成就，有的是过程性的成就，如基础设施和其他各种工程的建设；有的是效果性指标，是贫困地区人口直接能享受的福利。扶贫评估指标体系可以参考中国农村全面建设小康指标体系，这个体系包括6个方面18项指标。6个方面包括：经济发展、社会发展、人口素质、生活质量、民主法制、资源环境。其中，经济发展方面有农村居民人均可支配收入指标；社会发展方面有农村居民基尼系数指标；人口素质方面农村人口平均受教育年限、农村人口平均预期寿命指标；生活质量方面有农村居民恩格尔系数、农民居住质量指数、农民文化娱乐消费支出比重、农民生活信息化程度4项指标等①。

四、实施扶贫精细化管理，形成贫困动态识别机制

细分城乡贫困区域，针对贫困区域的不同成因，采用不同的对策进行扶贫，是扶贫精细化合理实施的第一步。对能力制约型贫困地区，应加大人力资源的培训开发力度，提高贫困人口的就业谋生能力；对因产业结构调整而产生的贫困，要加快区域内的产业结构调整，通过产业结

① 龚晓宽：《中国农村扶贫模式创新研究》，博士学位论文，四川大学，2006年，第42页。

构的优化与产业的合理布局，先解决产业结构问题，从而解决贫困问题；对国有企业下岗职工聚居的贫困地区，要加快国有企业改革的步伐，通过改革，激发企业活力，从而提高贫困人口的收入。建立贫困人口动态检测网络，根据贫困人口的实际情况因地制宜地采取有针对性的措施，以解决“戴上帽子不想摘”，不努力实现脱贫的惰性问题，同时，要使还未进入扶持范围的贫困区域进入。进一步关注和支持贫困妇女、儿童、少数民族、残疾人、艾滋病感染者和患者的脱贫致富。巩固重点贫困村建设成果，防止贫困反弹，建议各级政府拨出专款，对退出重点村建设的贫困村给予一定的扶贫基金补助，确保贫困户长期得实惠，力求不返贫①。

处理好贫困区域开发与贫困个体救助的关系，重视解决非贫困区域的个体贫困问题，对于同处于贫困地区的贫困个体也要根据不同情况进行救助。加大对城镇贫困个体的调查与统计工作，建立贫困人口档案，对贫困人口的脱贫进展及生活状态进行跟踪监督。根据贫困个体的年龄、身体状况、文化素质、贫困成因，有针对性地实施救助。在解决区域贫困的同时逐步减少贫困人口的数量，在解决个体贫困的同时逐步缓解区域贫困程度。做好物质救助的同时，要对贫困人口进行精神抚慰，要让其感受到社会的关怀。无论是乡村、镇，还是重点县，都应通过公平的评价机制测评出它的贫困程度和脱贫成效，实施奖惩政策。每年对脱贫和返贫对象进行“销账”和“入账”处理，实现规范动态管理扶贫开发对象。

在加大外部投入时要注意培植贫困地区经济增长点，在引导社会力量参与城镇反贫困工作时，更要积极引导贫困人口参与其中，在确保贫困人口数量逐年减少的基础上更要保证已脱贫人口不再返贫。对扶贫资源的瞄准单元进行界定，改进目标瞄准机制的依据主要是管理成本和瞄准精度，而管理成本与瞄准精度是反向变动的。对此，要加强信息档案

① 吕书奇：《中国农村扶贫政策及成效研究》，博士学位论文，中国农业科学院，2008年，第40页。

管理，对重点县实行定期确认、适时调整、奖优惩劣，不搞“终身制”。要按年度、分批次，分别建立健全县、乡镇、村三级贫困人口、低收入人口、搬迁人口、小额信贷产等基本台账，要建立县、乡镇、重点贫困村建设的规范档案，包括从项目申报、筛选、审核、批准、资金拨付、资金使用、工程实施、日常管理到检查验收，并由专人专责管理。改变贫困人口实行年报的制度，要对贫困人口数量、扶贫资金的使用情况、脱贫程度等信息适时上报，以进一步增加扶贫的准确性、决策的科学性和管理的动态性，建立起动态的进入与退出机制。

第四节　变革管理体制机制
提升扶贫资源整合

向管理要绩效，重要的实现途径是制度创新。即建立扶贫管理协调机制，提高扶贫资金使用效率；在扶贫、减贫中引入市场机制，加速贫困地区市场化水平；鼓励社会参与，以此提升财政吸附社会资源能力，尤其是鼓励NGO组织在减贫中发挥积极的作用。

一、建立部门协调机制，提高扶贫资金使用效率

目前，中央扶贫资金包括财政扶贫资金、以工代赈资金和扶贫信贷资金，分别由财政、发改委和农业银行管理，加上每年分配给计生委、残联、共青团等部门管理的“小专项”扶贫资金，客观上形成了扶贫资金分散、多头管理的格局。各部门间分歧不断，对扶贫资金的使用缺乏统一、科学的规划，对扶贫项目没有进行深入、系统的可行性研究，造成扶贫开发规划不能有计划、有步骤、有保障地得以实施，扶贫资金不能合理配套投入。在继续发挥分部门管理优势的基础上，重点要加强各

部门之间的协同，使各项资金能够相互配合，发挥最大的效率。要做到资金的协调使用，关键是要形成统一的发展和项目规划，并有统一的项目库。各部门都必须在统一规划和项目库下选择和实施项目，这样既避免项目的多头申报、重复建设，也避免有些项目无人投资，充分运用中央和各级地方政府的权威，协调好各个扶贫机构之间的关系，以形成合力。

1. 要提高扶贫资金管理系统的运转效率。从扶贫资金的申报过程看，贫困县使用扶贫贴息贷款的项目从最初申请到获得银行贷款的过程是：经过县扶贫开发领导小组讨论通过项目，再由县扶贫办向地区扶贫办、地区财政局、地区农行同时提出申报意向，然后，三家单位经过审查、调整、筛选，再向省级扶贫办申报；下一年年初，项目申报才进入实质性阶段。审批手续的繁杂和审批权限的控制，使扶贫资金管理体制本身的运转效率降低，运转的成本增加，内部损耗加大，由此导致扶贫效率的减损和扶贫经济活动效率的下降，这是亟待解决的问题。

2. 要严格控制用于扶贫的资金的投向。扶贫资金大量投向形象工程，与扶贫攻坚的根本目的相违背。近年来，扶贫项目资金由零星分散投入转向集中投入、重点扶持，集中资金办大事的观念逐步成为人们的共识，但对集中起来的资金“办什么大事”、“在什么地方办大事”却存在着分歧。如某县示范园是集中各种项目资金（其中主要是扶贫资金）建起来的“农业产业化”、“文明新村”、“科技示范”等方面的形象工程，受到上级好评，成为各方学习的典型。一些地理位置较好、基础条件优越、贫困状况并不突出的地方，在发挥示范辐射作用的同时，也挤占使用了大量的本应该投向自然条件恶劣、贫困状况严重的乡镇的扶贫资金。

3. 要加强扶贫项目的全过程管理。目前，扶贫项目计划申报、执行、调整随意性大。现行计划的申报和审批程序是：省上先以贫困县为单位确定各县的资金额度，贫困县接到上级通知后在规定额度内按上级要求编制具体项目计划上报市（地、州），再由市（地、州）转报省，项目计划经省批复后下达各市（地、州），各地再批转各贫困县执行实施。由于是先确定资金额度，各贫困县在财力状况较差的情况下，往往将扶贫资金视为本县可用机动财力，而忽视项目的申报环节，随意编制项目计划（只要不突破资金额度），待上级批复后再作调整。同时，在项目计划编报、转报的过程中，一些议事协调机构既不提前通知，也不召集相关部门集中会商研究，而是在项目计划编制完成后，以扶贫领导小组的名义送交财政部门被动会签，匆匆上报，项目申报、转报过程缺乏科学合理的审核会商制度。项目计划批复下达到各贫困县后，各县并不完全按计划执行，而是将其视为可用机动财力，任意安排，随意调整，在上级批复的项目计划外重新确定项目内容和地点。

二、发挥市场作用，提升贫困人口的市场能力

虽然市场机制存在自身难以解决的“缺陷”，但是作为一种最有效的资源配置机制，市场的发育、成长、完善无疑对贫困人口和贫困地区十分重要。政府进行宏观调控，同时按市场经济规律运用扶贫资金，就可以有效地将公平与效率统一起来。市场机制利用其竞争机制可以有效地激活贫困个体的斗志，从而增加底层贫困人群反贫困的内在动力，有利于实现扶贫到户。只有提高贫困人口自我抵御自然和市场双重风险的能力，强化贫困人口自我发展能力和水平，才能从根本上巩固已有的扶贫成果，避免出现返贫现象，坚持“扶一个，成功一个”的原则，这是新时期反贫困的主要内容和主攻方向。因此，在强调政府与社会“帮”“扶”功能的同时，也要坚持在反贫困中市场机制的运用，创造市场机遇，赋予贫困人口市场中的地位，积极引导贫困人口了解市场机能，走向大市场，创造属于他们自己的未来。

1. 要确立市场主体地位。确立贫困个体的市场主体地位，就是要鼓励他们利用市场经济规律致富脱贫，调动贫困农户脱贫的积极性。在反贫困行动中，贫困农户是主体，是脱贫的决定因素，所以调动贫困农户

脱贫的积极性是扶贫到户的首要任务。尊重贫困农户自主发展的独立人格，信任贫困农户有能力脱贫，鼓励他们尽快投入到扶贫攻坚的战斗中；实现反贫困主体重组，加大扶贫投入，给贫困农户创造平等参与市场竞争的条件；专业农户和基地可以成为产业化链条的一个环节，可以成为贫困农户参与市场经济的基层细胞；社会上某些大企业、先富起来的个人完全有能力、有意愿参与扶贫，政府应利用市场手段将其吸引至扶贫中，提高贫困人口的参与能力和组织化程度。农民合作组织是一个更有效的扶贫接受系统。要鼓励和支持贫困地区的贫困人口按照自愿互利的原则组建以脱贫为目标的社会联盟组织，特别是农民合作组织的发育和成长，以培育贫困人口自身的持久反贫困能力，提高农民谈判能力，提高贫困农户自我管理和发展水平；要通过加强贫困农村地区的基层党组织和行政组织建设，增强其自我发展的能力，使其充分利用外部资源，开发内部资源，实现扶贫资源优化配置，提高他们抗击各种风险的能力。

2. 要培养市场适应能力。培养贫困人口的市场适应能力，有利于发挥他们的主体性。实践证明，当前许多贫困人口不能脱贫或是返贫，主要是由于他们欠缺市场适应能力，对市场的应变能力不够，没有承担风险的能力，而在封闭的自然经济圈里寻求解决温饱是暂时的、不稳定的。因此，扶贫到户关键在于加大市场知识的宣传与普及，同时加大教育培训力度，提高贫困农户的自身素质和发展能力，激发他们的内在进取心，使贫困人口了解市场机制，进而有敢于驾驭它的信心与决心，调动脱贫主体的积极性、主动性和创造性。

3. 要创新市场扶贫方式。引入市场机制，就是要改革与完善扶贫机制，积极引导社会扶贫资金投入。要改进捐赠组织形式，减少收现捐赠，积极推行定向捐赠、项目捐赠，逐步形成向民间慈善组织捐赠的习惯；要建立受赠反馈制度，满足捐赠人知情需求。规定捐赠资金管理费提取比例，允许公开提取管理费，强化管理人责任；针对企业捐赠，要完善捐赠法律法规，推进诚信捐赠、依法捐赠建设，保证慈善捐赠的健康发展，将政府扶贫中一些适宜项目运作的工作向民间组织公开招标，引导民间组织扶贫的投向；要引导社会资金和国际援助资金更多地投向贫困地区，通过各级政府的反贫困宣传，争取更多的海外扶贫贷款和其他形式的扶贫援助，达到多渠道筹集扶贫资金的目的，同时，在财政扶贫资金使用方面，同等条件下应优先安排扶持国际援助资金投入的扶贫项目。

4. 要明确政府责任。政府有责任促进贫困地区的市场化进程，包括强化主体意识、完善市场体系、畅通贫困地区的市场信息等。要进一步加快农村土地制度改革和农产品流通体制改革，充分调动农民生产积极性，这对农村经济发展和消除贫困具有不可替代的作用；要加快贫困地区所有制改革步伐，逐步形成多种经济成分共同发展的局面；要把农村经济结构调整、农村工业化、城镇化进程与反贫困有机结合起来，加快城乡协调发展的步伐。

总而言之，运用市场机制的反贫困行动应该紧紧围绕在贫困地区培育社会主义市场经济这个核心，激活作为农村经济基层细胞的贫困农民、农户的内在经济活力，调动广大社会力量参与反贫困的主动性、积极性；发挥市场经济的积极面、降低消极面[①]。

三、鼓励社会参与，增强财政吸附资源能力

非政府组织在扶贫当中的作用是不可忽视的。非政府组织一般指那些非政府的、非营利的、带有志愿性质的致力于公益事业的社会中介组织。20世纪80年代以来，非政府组织在世界各国扶贫事业中，特别是在农村经济发展、农村教育、卫生发展、农村环境保护以及人道主义救援等方面，都发挥了巨大的作用，以至被不少人当做是在企业—市场体制和政府—国家体制之外的“第三部门”。目前，各先发国家政府、各政府间国际组织以及多数后发国家政府都十分重视非政府组织，将其当做反贫困中的合作伙伴。而消除贫困现象和扶助贫困人口本身也是非政

① 吕书奇：《中国农村扶贫政策及成效研究》，博士学位论文，中国农业科学院，2008年，第52页。

府组织开展各类活动中最重要的事项之一。动员各种社会力量参与扶贫开发，无论是政府组织还是非政府组织，无论是国内组织还是国际组织，无论是社会团体还是个人等等，只要是真心实意扶贫的都要鼓励、动员、支持。由政府主导的扶贫工作和由 NGO 组织参与的扶贫工作，二者各有优劣，前者能够在人力、物力、财力方面集中大量的资金，但是由于传递的环节中存在的各种问题，扶贫的目标容易发生偏差，而后者的优势恰恰在于机制比较灵活、运行成本比较低，由此减少了很多中间环节。

借鉴一些国家扶贫开发采用的成功模式，中国探索采用竞争性的扶贫资源使用方式，在资金的传递和管理上尝试依靠农民自己的组织和专业性的民间机构来负责。一方面，民间非政府组织具有一定的灵活性，可以集中精力于某一个服务领域，有可能深入到基层和贫困农户中去，这些特点使民间组织能够更有效地从事一些扶贫活动。因此，加强政府与民间组织之间的密切合作也是缓解贫困的有效途径。扶贫部门可根据非政府组织的业绩和信誉，把资源交给最有效率的竞争者，并依据公开和透明的原则加以监管。另一方面，非金融性的民间机构在小额信贷扶贫方面也可以发挥重要的作用，特别是可以与小额信贷机构合作，为贷款客户提供培训、技术支持和销售等方面的专业服务，提高小额信贷的扶贫效果。要加快制定中国的民间机构组织法，在法律中明确民间组织的地位、作用、组织原则和监督方式，赋予民间机构参与更多的社会公共事务的权利和足够的灵活性，并通过立法和司法程序来管理，而不是将所有的民间机构都置于政府机构的直接管理之下。

实现扶贫主体的多元化，就要鼓励多种所有制经济组织参与扶贫开发。对于适应市场需要，能够提高产业层次、带动千家万户增加收入的农产品加工企业，能够发挥贫困地区资源优势并改善生态环境的资源开发型企业，能够安排贫困地区剩余劳动力就业的劳动密集型企业，能够帮助贫困群众解决买难、卖难问题的市场流通企业，国家要给予必要的政策扶持。要创造良好的政策环境和投资条件，吸引多种所有制经济组织参与贫困地区的经济开发。要实现扶贫主体的多元化，就要实施社会动员机制。要从宣传动员、感动社会，建设网络、提供服务，政策引导、舆论鼓励三个方面加大工作力度，树立扶贫济困的社会氛围，让更多的人了解农村，了解穷人，并为他们的善心活动提供服务。从总体上说，多元化的扶贫主体动员是扶贫应当长期坚持的正确方向。

第七章
积蓄力量攻坚克难
配套改革力促减贫

反贫困仍然是21世纪中国经济与社会发展政策的重要内容之一。中国庞大的人口基数、呈日益扩大趋势的贫富差异、对实现地区经济平衡增长和公平的可持续发展的需求，以及更加分散的贫困人口地理分布、对减贫影响已经减弱的经济增长等，都使得消除剩余的贫困人口变得更加艰难。一些测算表明，目前中国仍有超过1亿人的贫困人口，中国的减贫任务仍然艰巨，且在某些方面比过去更为艰巨，因为在此过程中孕育了新的严峻挑战，而持续有效的农村减贫战略将是建设和谐社会的重要基础。

第一节　立足现状展望未来 科学发展引领减贫

进入21世纪，中国的贫困问题已逐渐由农村贫困发展为农村贫困与城市贫困并存的局面，由单一财富性贫困发展为以财富性贫困为主的多种贫困并存的局面，由绝对贫困发展为绝对贫困与相对贫困并存的局面。贫困问题仍是中国政府迫切需要解决的重要的经济社会问题。面对知识经济所产生的价值变化以及所带来的挑战，中国要想在21世纪的新经济大潮中把握机遇，有所作为，在以知识为发展主题的社会竞争格局中获胜，须从新的历史高度和以更加开阔的视野，在科学发展观的指导下，迅速转变政府政策，从而形成一个更为广泛的扶贫议程。

一、顺应形势，审视贫困新特征

联合国开发计划署认为，贫困远不只是人们通常所认为的收入不足（收入贫困）问题，相反，贫困实质上是人类发展所必需的最基本的机会和选择权利的被排斥，而恰恰是这些机会和选择权利才能把人们引向一种长期、健康和创造性的生活，使人们享受体面生活、自由、自尊和他人的尊重。由此，上述这些因素等所导致的相对贫困现象将是21世纪中国反贫困战略的基本领域。也就是说，新阶段中国贫困问题已不再是缺衣少食问题，而是缺乏基本的人类发展能力问题。

种种不公平的制度性障碍将阻挠穷人平等参与社会资源和发展机会的分配，不公平的制度与政策还体现于经济发展成果的分配方面，处于弱势地位的穷人同样也没有机会平等地分享经济发展的成果，比如不能参与各种社会保障体系，无法享受公共基础设施建设带来的方便与利益，无法享受医疗服务、社会保障等各种因发展严重滞后所带来的权利贫困。妇女、少数民族、老人儿童、残疾人群、生态脆弱地区和边远地区等弱势人群常常是缺少公正与包容的社会制度最大的受害者，由于文化和制度的歧视所导致的弱势地位，使他们更加难以平等地参与发展机会及成果分配。

没有足够的机会与渠道参与，直接影响个体生活的决策并由此带来权利贫困，即参与权利的缺失。贫困人群权利贫困表现于诸多不同的层面：一是没有足够的制度性渠道参与国家和本地的政治决策过程；二是存在许多阻碍、甚至排斥他们获得发展机会及分享发展成果的政治、法律和社会制度；三是政治、社会机构更为关注强势人群的利益，常常不能对穷人的需求与意愿做出及时有效的回应；四是贫困人群难以形成共同的力量以表达自己的政治意愿。尊重穷人的主观感受，必须依靠质性研究和参与式评估方法来收集贫困问题所包含的社会因素及穷人对自身处境的主观感受，了解穷人对贫困的理解与感受，比如缺乏尊严、强烈的挫折感与无助感等等，同时还可以通过穷人自身的视角来了解他们如何利用有限的资源来处理自己的生计，而这对设计和选择合理的策略来帮助他们改善生活是十分重要的。

中国长期积淀下来的贫困问题，从某种意义上说，是由于体制性因素所造成的制度性问题依然存在。城乡二元经济社会结构是导致中国农村贫困存在的社会根源，工农产品“剪刀差”是导致中国农村贫困的经济根源。工农产品“剪刀差”其实质是工农产品的不等价交换，直接后果是导致农业及农民利益流失过多、生产经营环境恶化、农业自身扩大再生产的能力被削弱及农民收入和生活水平的改善程度大打折扣，城乡有别的户籍制度、劳动就业制度以及由这种制度派生和辐射出来的其他一系列制度安排，如住宅制度、生活资料供应制度、教育制度、医疗制度等等更加强化了制度性贫困，向城市高度倾斜的收入分配制度导致的收入差距扩大也将在相当长时期内存在。由此可见，解决制度性贫困的根本出路在于进行政治经济体制全方位立体改革，而这将是一个长期的过程。

专栏 7－1

世行建议中国政府新增投资用以重建扶贫政策体系[①]

由于中国庞大的人口基数，按照国际标准计算得出的中国消费贫困人口数在国际上仍排名第二，仅次于印度。2005 年直接问卷调查数

① 程刚：《世行报告：中国贫困线与世行标准差距悬殊》，《北京青年报》2009 年 4 月 9 日。

据显示，按当年美元购买力平价计算，中国仍然有2.54亿人口每天的花费低于国际最新贫困线。这一贫困人口数字远高于中国官方估计的农村1500万贫困人口。

2008年底之前，中国政府确定的贫困线为人均年收入785元。该标准按照2005年的美元购买力平价约为人均每天0.57美元，而按照美元兑人民币现行汇率则只有人均每天0.31美元。这与世行推荐的人均1.25美元的贫困线相比，差距极为悬殊。尽管中国政府刚刚宣布实施新的扶贫标准，将贫困线提高至人均年收入1196元，但世行报告认为，这一新划定的贫困线依然偏低，并建议中国政府新增1546亿元投资，重建扶贫政策体系。

"采用更高的贫困线标准，是构建面向未来的扶贫战略的第一步，而且是非常关键的一步。"世行报告认为，上述调整可使得政策关注的重点瞄准适当的群体，形成一致的操作手段，更可作为国家贫困评价和检测的基础。依照世行的贫困线标准，中国的农村贫困人口依然占全国贫困人口的90%，城市居民中的贫困人口仅占全国总贫困人口的1%至3%。世行报告指出，尽管中国的农村地区更为贫困，但"整个国家高度分权化的财政体制却持续地偏向城市"。报告提出了一个中国大幅增加扶贫投入的政策框架。按照该计划，中国需要新增扶贫投资1546亿元，这大约是中国2007年中央和地方总税收的3.1%，占2007年中国国内生产总值（GDP）总量的0.6%。

二、机制创新，挑战与机遇并存

世界银行报告指出，今后10年内如果以目前的增长速度发展下去，中国有可能成为世界上贫富差距最大的国家。该报告同时指出现行反贫困机制和政策存在着严重的滞后问题。据此，中国的减贫机制和政策需要进行快速而有效的调整。按照统筹城乡协调发展的理念，建立统一的城乡贫困标准、监测体系和国家反贫困政策，树立农村与城市反贫困并重的理念，统筹城乡社会保障和就业制度，这对中国经济社会来说既是严峻的挑战，又是重大的战略机遇。

1. 在农村，首先要重新确立贫困标准。农村极端贫困人口的标准是人均年纯收入 625 元以下，建议直接采用这个标准，这样既有利于与世界减贫工作接轨，也有利于全面建设小康社会和联合国千年发展目标的实现。其次要完善开发式减贫的机制，在做好“自然资源开发”的基础上，同时侧重“人力资源开发”，逐步增加资源开发的技术含量，以提高开发效率，减少对环境的不利影响。通过推动基础教育、成人教育和科技培训来提高贫困人口适应市场的能力并通过成功的人口迁移来获得非农就业机会的能力；增加医疗、卫生领域的投入，推进农村新型合作医疗制度的建立和完善，采取特殊措施（如减免费用）以保证合作医疗能够覆盖所有贫困人口。再次要建立城乡统筹的一体化减贫体系的机制，这是城镇贫困人口和城乡流动人口增加的必然要求。农村贫困人群在进行自然资源开发和人力资源开发中都亟须有一定的资金投入，发展小额信贷可以有效地满足穷人的资金需求。最后要完善国务院和各级减贫领导小组的政策制定和组织、协调、考核机制①，完善政府与 NGO 的减贫合作机制，发挥民间组织在减贫中的作用。随着经济的发展，中国社会中已经有一个相当大的高收入人群，以非政府组织来动员这个人群，为低收入弱势群体状况的改善出钱出力，减贫部门的职责则是根据非政府组织的业绩和信誉把资源交给最有效率的组织来运用，并对其进行评估。

2. 在城市，要继续大力发展经济，形成逐步提高整个社会收入水平的机制。经济发展是社会保障的源泉，经济增长可以增加人均收入，减少贫困人口的数量，减缓贫困度。同时要注重社会公平，提高弱势群体的收入，包括完善最低工资制，提高退休人员工资等多种机制。促进再就业，实行多种形式的就业及灵活就业，要鼓励下岗职工和失业者改变

① 林毅夫：《和谐社会下的减贫战略调整》，《21 世纪经济报道》2005 年 4 月 7 日。

观念、自主择业，政府在促进就业方面应做好组织协调工作，加强职业介绍、职业指导、职业培训等；完善城市各种社会保障制度，把失地农民、农民工及尚未就业的大学毕业生也纳入该制度的覆盖范围内；对贫困家庭实行医疗救助，尽快健全医疗保障体系和对贫困家庭实行教育救助；对农民工中的贫困家庭实行廉租屋制度，加大政府财政投入力度，及早解决城市贫民居住区的问题，避免贫民窟的形成①。

专栏7－2

中国扶贫工程系列②

希望工程：1989年10月，为了救助失学儿童，中国青少年发展基金会发起并组织实施了“希望工程”。在全社会的积极支持下，“希望工程”取得了重大成果。截至2001年12月31日，“希望工程”累计资助建设希望小学8890所，累计资助失学儿童2474342名，累计资助“希望之星”20543名，累计援建希望网校130所，累计培训希望小学教师15898名，累计捐赠10000套希望书库和3000套三辰影库。

幸福工程：中国人口福利基金会、中国计划生育协会和中国人口报社于1995年初共同发起实施“幸福工程”——救助贫困母亲行动。治穷——以“小额贷款，直接到人，滚动运作，劳动脱贫”的方式扶助贫困母亲发展家庭经济，提供就业机会，帮助她们增加收入，脱贫致富，提高经济和社会地位；治愚——扶持村一级兴办母亲学校及各类培训班，帮助贫困母亲扫盲，学习科学文化知识，掌握一两门致富实用技术，懂得生殖保健知识；治病——帮助贫困母亲检查和治疗常见妇科病，向她们提供生殖保健服务。截至2003年12月31日，已在全国28个省、市、自治区的300个县（区、市）建立了项目点，累计投入资金21428.15万元，救助贫困母亲129607人，惠及人口582002人。

---

① 王莉丽：《城市贫困：现状及对策》，《河南社会科学》2008年第11期。

② 王国良：《中国扶贫政策——趋势与挑战》，社会科学文献出版社2005年版，第115页。

春蕾计划："春蕾计划"是1989年中国儿童少年基金会发起并组织实施的一项救助贫困地区失学女童重返校园的社会公益事业。截至目前，"春蕾计划"已经遍布全国各地，已募集5亿多元，共救助135万余人次失学女童重返校园。

贫困农户自立工程："贫困农户自立工程"是由中国减贫基金会发起并组织实施的减贫工程。它包括西南造地项目、四川大凉山住房改造项目、西北饮水项目、富民学校建设捐助项目以及其他几个项目。西南造地项目主要是资助西南石山区的贫困农户，项目总投资2183.39万元，受益人口41080人，共搬石造地31320亩，植树造林4864.3亩。四川大凉山住房改造项目为解决四川大凉山彝族同胞人畜混居的状况，项目总投资1236.8万元，项目区覆盖5县（市）的22个乡35个村，对6045户进行了住房改造，使27278人改善了住房条件。西北饮水项目为在甘肃省通渭县、陕西省榆林市、横山县实施人畜饮水工程，项目总投资474.62万元，共修建水窖1838眼，泵站18座，解决了7627人、3737头大牲畜饮水困难。富民学校建设捐助项目在河北、河南、贵州、江西、四川、广东、陕西等省的贫困地区兴建学校58所，建校工程总投资额达3458.55万元，使25000余名贫困地区学生的教学条件得到了改善。

雨露计划："雨露计划"是国家专门针对农村贫困人口而实施的一项劳动力转移培训就业脱贫工程，由各级扶贫部门负责组织实施。"雨露计划"以农村贫困户青中年劳动力为对象，以帮助贫困农户增收脱贫为目标，以转移就业前的技能培训为重点，按照"政府推动、学校承办、市场运作、部门监管、扶贫到户、农民受益"的原则，通过国家财政扶贫资金补贴和扶贫项目管理等手段，多渠道、多形式地开展贫困劳动力转移培训。实施"雨露计划"的目的是：努力提高贫困劳动力就业技能水平和综合素质，帮助贫困农户实现转移增收、就业脱贫，从而促进贫困地区经济社会发展和社会主义新农村建设。

三、社会普遍服务，中国减贫的必由之路

社会普遍服务制度发展的战略目标，是从弥补制度缺失、构建覆盖城乡居民的普遍服务体系入手，积极稳妥、循序渐进地推进普遍服务制度沿着公正、均等化、可获性、全覆盖、可持续的方向发展，在消除贫困的同时，不断提高人民的生活质量并增进人民的幸福感，切实维护个人的自由、平等与尊严，夯实社会永续精进机制，在21世纪迈向中国特色社会主义福利社会。

人文社会普遍服务是由国家依照一定的法律、法规，为保证社会成员的基本生活权利而提供的救助和补贴的一种制度。作为社会的“稳定器”和“安全阀”，它不仅对社会经济的运行和发展起着巨大的推动作用，而且对整个社会稳定有着重要的制度保障作用。

人文社会普遍服务中的社会保障制度对应于人的发展权，这是一个人运用所学知识和技能获取社会资源、实现自身价值的权利。发展权建设就是通过一些具有针对性的项目和政策措施，恢复贫困人口失去或被剥夺的基本能力，使贫困人口与社会其他成员一样，能够获得受教育的机会、生计资源、社会参与机会和良好的健康状况，其具体内容包括：人口获取社区资源和参与社区决策能力、市场参与能力、信贷资源获取能力、家庭财产与资源管理分配能力、健康教育与儿童抚养能力、社会就业参与能力等。

经验表明，当一个地区的贫困人口比例下降到10%以后，区域经济增长所发挥的减贫效应就不再明显，须靠微观层面的努力即贫困人口的自身能力建设。人是生产力发展的最终决定力量，收入的提高主要取决于人的素质的提高。树立以人为本的工作作风，本着“治穷先治愚，扶贫先扶人，扶贫先扶志”的理念，把文化减贫作为一种精神改造和建设的工程。加强精神文明建设，通过成立农民大学、开展文化下乡、建设文化硬件设施等举措来达到农村贫困人口乃至所有农村居民的思想道德

和教育科学文化素质的双提升，从思想观念上彻底驱除不利于提高自我发展能力的主观性障碍①。

专栏 7-3

联合国千年发展目标②

2000年9月，在联合国千年首脑会议上，世界各国领导人就消除贫穷、饥饿、疾病、文盲、环境恶化和对妇女的歧视，商定了一套有时限的目标和指标。即消灭极端贫穷和饥饿；普及小学教育；促进男女平等并赋予妇女权利；降低儿童死亡率；改善产妇保健；与艾滋病毒/艾滋病、疟疾和其他疾病作斗争；确保环境的可持续能力；全球合作促进发展。这些目标和指标被置于全球议程的核心，统称为千年发展目标（MDGs）。

八项千年发展目标——从极端贫穷人口比例减半、遏止艾滋病毒/艾滋病的蔓延到普及小学教育，所有目标完成时间是2015年——这是一幅由全世界所有国家和主要发展机构共同展现的蓝图。这些国家和机构已全力以赴来满足全世界最穷人的需求。

1. 消灭极端贫穷和饥饿：靠每日不到1美元为生的人口比例减半，挨饿的人口比例减半。

2. 普及小学教育：确保所有男童和女童都能完成全部小学教育课程。

3. 促进男女平等并赋予妇女权利：最好到2005年在小学教育和中学教育中消除两性差距，至迟于2015年在各级教育中消除此种差距。

4. 降低儿童死亡率：五岁以下儿童的死亡率降低三分之二。

5. 改善产妇保健：产妇死亡率降低四分之三。

6. 与艾滋病毒/艾滋病、疟疾以及其他疾病作斗争：遏止并开始

① 白雪梅：《中国农村减贫问题研究》，博士学位论文，东北财经大学，2007年，第60页。

② 资料来源：联合国网站，见 http://www.un.org/zh/millenniumgoals/。

扭转艾滋病毒/艾滋病的蔓延，遏止并开始扭转疟疾和其他主要疾病的发病率增长。

7. 确保环境的可持续能力：将可持续发展原则纳入国家政策和方案；扭转环境资源的流失，使无法持续获得安全饮用水的人口比例减半，到2020年使至少1亿贫民窟居民的生活有明显改善。

8. 全球合作促进发展：进一步发展开放的、遵循规则的、可预测的、非歧视性的贸易和金融体制。包括在国家和国际两级致力于善政、发展和减轻贫穷，满足最后发国家的特殊需要。如对后发国家出口免征关税、不实行配额；加强重债穷国的减债方案，注销官方双边债务；向致力于减贫的国家提供更为慷慨的官方发展援助；满足内陆国和小岛屿后发国家的特殊需要，通过国家和国际措施全面处理后发国家的债务问题，使债务可以长期持续承受；与后发国家合作，为青年创造体面的生产性就业机会；与制药公司合作，在后发国家提供负担得起的基本药物；与私营部门合作，提供新技术特别是信息和通信技术产生的好处。

在贫困地区逐步建立社会普遍服务体系，制定相应的政策，采取相应的措施。客观地说，中国现有的普遍服务体系没有覆盖大多数贫困人口和弱势群体。随着市场化和全球化进程，在带来机遇的同时也带来了更大的不确定性，因此普遍服务将越来越重要。将社会普遍服务体系的覆盖面扩大到城镇地区的非国有部门，将当地居民和外来人口都纳入其中；将社会人文普遍服务和融资集中到省一级政府；在农村地区建立全面的基本收入保障和基本保险体系；在国家财力允许的情况下，逐步提高农村低保，同时逐步建立农村初级医疗保障制度与贫困家庭学生免费义务教育制度；尽快成立“中国农村（或农民）保险公司”，用保险的市场经济运作方式，从根本上解决农民医疗和养老问题①。

第二节 系统集成资源优势 构建财政减贫框架

中国减贫进程，要以政府、非政府组织、企业（市场）“三位一体”的模式同时推进，要全方位布局，渐进式演变。政府历来以减贫济困为己任，但政府扶助的财力、物力与贫困地区彻底脱贫的需求相差甚远，因而还需广泛动员企业、非政府组织等共同关心支持，上下联动、相互配合，形成以富济贫、以强救弱、以多帮少、以点带面，以此实现众志成城的社会减贫“燎原之势”。唯有如此，才能减少、消除极度贫困群体、缩小弱势群体、遏制贫困反弹的势头，达到构建和谐社会的目的。

一、制度重构，协调利益正向激励

政府在反贫困行动中的作用应主要体现在激励功能、协调功能、倡导功能、宣传示范功能、评价功能等方面。具体包括：激励贫困人口自生能力的培育，完善中央财政扶贫资金分配方式，建立正向激励机制；准确识别目标群体，进行贫困监测；为反贫困制定战略、策略和提供宏观经济政策支持、法律保障；组织公共工程的建设，提供社会服务，并对贫困人口能力进行培养并开展社会救济等。

中国目前的行政体制更多的是对上负责，上级政府的考核指标和考核方式将直接决定下级政府的行为，贫困地区亦无例外，而减贫并没有

① 王斌：《中国财政农村减贫问题研究》，博士学位论文，西北农林科技大学，2004 年，第 65 页。

在贫困县、乡政府的考核中占据重要的地位。加之行政体系不甚透明，也缺乏独立的统计系统，绝大部分考核指标都是地方政府自己上报的，为了达到考核的要求，普遍存在虚报和隐瞒的问题。因此，建立更加合理的激励和责任追究制度是提高地方政府的责任心和减贫效果所不可缺少的。要明确减贫是贫困县、乡政府的主要职责之一，在考核指标中要有较高的权重，另外，考核的结果应该公布，并与主要责任人的升迁相联系，也要与减贫资金的分配相联系。

政府要利用制度创新激励贫困人口提高劳动技能，增加贫困地区的人力资本存量，培育发展后劲。要想从根本上改变落后地区的面貌，主要途径是教育，最大限度地为脱贫目标实现自主开发和使用人力资本，并确保他们的收入预期不因制度因素的变化而遭受意外的损失。普及九年制义务教育，展开多种类型的技能培训，提高劳动者的文化知识储备。增加交通、通讯等基础设施建设方面的投入力度，改善贸易与投资环境，降低市场交易成本。交通的便捷，可以缩短农产品到达市场的时间，而这对保质期较短的农产品是十分关键的。政府应重视提供以上方面的建设资金，以加速贫困地区市场化的步伐。

政府的制度重构要更多地向特殊脆弱群体的扶持倾斜。特殊脆弱群体指的是弱智、半残疾人、特贫农户、妇女、少数民族等人群，他们没有能力与相对强势人群争夺减贫资源，同时也缺乏自我发展的潜力和后劲。因此，政府减贫内容不仅限于救助，更主要在于提供正向激励，使他们树立信心、避免成为贫困农户中最贫困的阶层。

除此之外，生态环境脆弱是大多数贫困地区面临的首要问题。政府在贫困地区生态建设上，通过正向激励和硬性规定，突出减贫开发项目的外部效应。发展畜牧业必须建立稳固的饲草基地，保持合理的人口增长速度等等，以使贫困地区的资源实现更高层次上的新的均衡，实现资源可持续发展的目标。

二、NGO成长，培育社会反贫缓冲区

非政府组织可以通过建立减贫网络，组织方方面面的力量共同参与，利用其有利的中介位置，成为信息加工和处理的枢纽，将有关各方连接在统一的减贫网络中，逐步形成有中国特色的以政府为主导、以非政府组织为辅助力量、贫困群体及社会各界广泛参与的社会反贫缓冲区。非政府组织利用自身贴近民众的优势，能够参与消除贫困活动的全过程，既可帮助贫困人口脱贫，又可阻止返贫。

改革开放以来，有越来越多的非政府组织出现在减贫开发领域，非政府组织参与到减贫活动的各层面，能够及时对项目作出调整，以更符合贫困群体的需求，形成互动有效的社会反贫机制。政府拥有强大的动员资源能力，但是提供减贫资金的绝对规模还是有限，而与非政府组织合作与交流，可以获得资金上的支持。一般来说，有效率的减贫活动是在外部注入资金、物资、人力和知识等方面的支持推动下，被帮扶对象的积极参与下，使减贫资源得到有效的运用以获得持久的成果。政府财政减贫资金的使用效率相对不高，而非政府组织具有完善的管理监督机制，其所发挥的作用是至关重要的。在自律方面，非政府组织崇尚“利他主义”价值观，倡导对弱势群体负责；非政府组织通过建立专职的经理队伍、工作人员队伍，使决策监督层与操作层分离等措施进行自我规范；通过完善财务管理体系和审计体系，建立起有效的内部控制机制[①]。非政府组织在减贫中形成的动态识别的贫困人口机制，使减贫项目瞄准脱贫目标，直接指向最贫穷的人。而与国际非政府组织合作与交流，不仅可以获得资金上的支持，还可以学到先进的项目管理经验和理念，以提高减贫效率。因此，中国的减贫工作仅仅依靠政府的力量是不够的，还应该充分发挥其他社会组织的作用。在中央层面，国务院扶贫办和中

---

① 郑光梁等：《论中国非政府组织的减贫机制建设》，《辽宁工程技术大学学报（社会科学版）》2007年第1期，第55~57页。

国扶贫基金会有着长期而稳定的合作。国务院扶贫办与世界银行等相关机构启动了中国发展市场的活动，支持中国NGO参与到减贫领域。在地方层面，云南省扶贫办与香港乐施会、广西壮族自治区扶贫办与世界宣明会、甘肃省扶贫办与国际行动援助之间的合作，其具体的操作方式就是地方扶贫办提供支持、提出工作区域的建议，而NGO提供资金、独立操作；也可由政府提供减贫资金，NGO实施减贫项目，政府的减贫资源由NGO来使用，同时利用NGO减贫效率高和灵活性的优势，更好地推进减贫事业的发展。政府与NGO的这种合作模式，可以使政府和NGO各自扬长避短、相互补充①。

专栏7-4

国际非政府组织积极参与广西减贫开发②

广西壮族自治区扶贫开发领导小组办公室与国际行动援助、世界宣明会、香港乐施会等国际非政府组织签署了3年合作框架协议。根据协议，自治区扶贫办将与这些组织在目前已开展的社区综合减贫项目基础上，开展更广泛领域的合作。合作的具体内容包括：确定示范的减贫与发展项目区、试验示范、能力建设、政策研究、项目监测与评估、交流评估、减贫经验交流、倡导推广等。

据了解，广西的减贫开发工作长期得到世界银行、联合国开发计划署、澳发署、日本国际协力事业团、香港乐施会、国际行动援助、社区伙伴计划、世界宣明会等国际组织、政府双边援助机构、国际民间组织（NGO）等的支持。据统计，在过去10年里，广西累计引进国际组织、外国政府、国际民间组织等优惠贷款、无偿援助1.78亿美元，加上国内配套资金，项目投资折合人民币超过25亿元人民币。项

① 钮莹菡：《政府扶贫与NGO扶贫的比较》，《郑州航空工业管理学院学报（社会科学版）》2007年第12期，第187~190页。

② 韩洁：《国际非政府组织积极参与广西扶贫开发》，《学会》2007年第3期，第24页。

目覆盖了广西25个贫困县、150个贫困乡、900多个贫困村，累计解决100多万贫困人口的温饱问题。一系列的外资减贫项目对加快广西减贫开发进程，丰富广西反贫困实践理论和方法，推动减贫机制和制度的创新起到了积极的作用。

国际行动援助自2003年进入广西开展减贫工作以来，已先后在龙州、宁明、横县、靖西4个县开展综合减贫示范项目，实施各类减贫项目近100个。世界宣明会在广西开展减贫开发项目活动始于1990年，1999年底与广西壮族自治区人民政府达成减贫合作协议，在协定的地区内开展以儿童为主的各类长期发展和减贫项目；7年间，世界宣明会在广西的实际累计总投入超过8000万元。香港乐施会自20世纪90年代初在广西开始从事减贫工作以来，累计投入资金约2000万元。

三、构建企业社会责任体系，弘扬减贫济困精神

中国要消除贫困，全面实现可持续发展，还要增强企业的社会责任感，鼓励企业保护生态环境、承担绿色责任、向慈善事业捐赠、热心社会公益，注重产品安全，遵循商业道德，同时需要舆论宣传、政策导向、法律制度等的配合，积极促进减贫工作的良好发展、为全民造福。

作为掌握巨大社会财富的企业，有责任、有义务把本该属于社会的余财进行再分配，造福于贫弱人群，促进利益均衡。但是诸多企业在消除社会贫困、防止两极分化中存在严重的社会责任缺失，它们利用种种不道德甚至违法的手段聚敛“灰色”财富，漠视贫困人群、毫无悯贫之心乃至层出不穷地为富不仁。

一些企业利用其强大的资金和技术优势到贫困地区投资建厂，受到地方领导的欢迎。它们之所以选择落后地区，是由于在先发地区失去了地盘（多为污染企业）等优势；而在落后地区有国家政策的优惠、当地领导重视、廉价甚至是零价的生态环境等优势。企业是以追求利益最大

化为目的的，一些企业希望早日收回投资，对那些投资项目真正需要扶贫减贫的对象便不再考虑。更严重的是，地方政府还须承担项目开发所带来的环境污染后果，使得本就脆弱的生态更加脆弱。

企业产品质量是企业履行社会责任的最常见形式，为保障用户、消费者的合法权益，生产者应当对其生产的产品质量负责，这是企业必须履行的责任。而利用乡村偏远的地理条件和落后的经济环境推销劣质食品，使原本落后的贫困地区面临更大的威胁，这是当前该领域最令人忧心的问题。

企业的发展和成功与社会的健康发展和福利息息相关。企业不可能独立于社会影响之外，必须全面考虑对利益相关者（包括股东、员工、客户/消费者、社区等）的影响。企业进行捐赠、回报社会，同时良好的企业形象和强大的社会影响力也给企业带来效益。作为有社会责任感、有能力的企业应尽其所能为中国减贫事业做出努力，积极履行社会责任。如此形成良性互动，把企业的资金、技术、人才和管理等优势同贫困地区的资源、劳动力等优势结合起来，把企业发展建立在帮助当地发展经济和帮助群众致富的基础之上①。这样做，优势互补，互惠互利；这样做，当地经济与企业自身同时得到发展，企业的声誉和形象也得到提升；这样做，实现了“义”和“利”的统一，共同发展，共享和谐。

第三节　顶层设计紧瞄目标 财政服务行动纲领

21 世纪中国的减贫事业，既面临难得的历史机遇，也面临严峻挑战。在经济迅猛增长的同时，一定比例的人们却并未能平等地分享到经

① 宋征、贾燕：《中国可持续发展进程中企业减贫状况及对策研究》，《中国人口·资源与环境》2008 年第 1 期，第 212～214 页。

济增长的成果，收入不平等状况在加剧，而非收入领域的人类发展不平等状况也在加剧。由于公共服务的市场化，收入对获得医疗教育服务比过去更为重要，家庭的医疗教育支出负担加重。中国城市失业率上升，同时劳动力参与率下降，而且城市劳动力市场日益非正规化，增加了保障城市职工福利的难度。缓解和消除贫困仍然是中国今后一项长期的历史任务，为加快解决在一定程度和特定地区仍然存在的贫困问题，有必要提出今后十年的减贫行动纲领。

一、发挥政策优势，统一城乡减贫管理体制

中国要发挥政策优势，采取多种措施，统一城乡减贫管理体制，促进中国减贫事业发展。

1. 形成统一的城乡减贫管理体制，进一步完善“大扶贫”协调机制。发挥专项扶贫计划和行业扶贫、社会扶贫的协同效应，建议对现有的机构和资源进行整合，建立能够统筹农村和城市减贫工作的城乡减贫管理体制；充分发挥领导小组各成员单位在减贫开发中的作用，搭建合作平台，采取有效措施动员更多社会力量进入减贫领域，落实军队、企业、大专院校、科研院所参与减贫的有效方式，适当调整机关定点减贫方案；进一步加强东西扶贫协作，研究制定东西扶贫协作指导意见；动员社会力量参与减贫的政策导向机制，对在减贫工作中作出突出贡献的先进集体与个人要给予表彰，广泛宣传；探索新阶段减贫国际合作的新途径、新方式，使之与形势发展相适应。

2. 构建规范、合理、有效的财政减贫资金管理体制，加速推进财政减贫管理制度、管理程序和管理方法的科学化、高效化、公开化和公平化进程。明确各减贫主体的职责范围，实行责权统一，特别是明确各级政府在减贫开发中的任务和责任，落实权责关系，实现减贫开发工作的统一管理，统一规划，统筹安排减贫资源；继续开展连片开发、互助资金试点，总结、推广各地财政减贫资金到户的有效方式。完善减贫资金

分配办法，强化激励机制，完善信贷减贫资金管理机制，完善减贫资金监管机制，真正实现“管办分离”。在资金使用上，既要考虑减贫资金的统筹安排，还要考虑减贫资金与其他支农资金整合使用，通过合理规划，真正把减贫资金投入到解决贫困人口温饱问题的项目上。使用财政减贫资金的贫困县必须超前准备，建立项目库，及早完成当年开发项目的立项、论证、审批等工作，做到让项目等资金，防止资金闲置。

3. 完善贫困人口识别机制，结合减贫与低保两项制度衔接的试点工作，完善减贫对象识别机制。建档立卡工作要据此做出调整，认真研究新标准下农村贫困人口的分布和特征，为有针对性地做好工作奠定基础。基于中国贫困对象的分层次特征，即包括贫困县、贫困村、贫困家庭和贫困人口，根据贫困对象确定瞄准方式，做到点面结合。

4. 增加对农村危房改造、基础设施建设、生态环境建设、地震灾区灾后重建等多项减贫开发的投入。加大金融对经济增长的支持力度，取消对商业银行的信贷规模限制，加大对“三农”、中小企业等的信贷支持，大力发展小额信贷和微型金融服务。争取扩大贴息规模，协调商业银行和政策性银行为减贫龙头企业提供信贷支持，帮助企业渡过难关；增加贫困农户受益的机会；结合整村推进、移民减贫、灾后恢复重建和贫困地区基础设施建设等项目，优先安排返乡农民工就业；借鉴以工代赈方式，逐步提高补助标准；提出使贫困人口受益的各项农村社会事业发展和农业补贴政策的具体内容。

打破贫困地区传统农业的桎梏，加大对设施农业的投入比例，探索产业化减贫持续发挥效益的途径，扶持贫困地区龙头企业，鼓励东部企业到贫困地区投资兴业，支持农民专业合作组织发展，提高贫困地区产业化组织程度。广泛开展技能培训，大力发展贫困地区劳务经济，对于返乡后没有就业的贫困农民工，要根据需要及时提供培训，并通过村级资金互助、农业担保等方式帮助其创业兴业。扩大扶贫贴息贷款规模，帮助返乡创业人员解决融资难问题；在继续使用财政资金支持培训的同时，总结和推广利用扶贫贷款和互助资金支持转移培训的经验。同时，有条件的扶贫龙头企业要尽量安排返乡农民工就业，采取以工代赈方式，给予合理工资，招募农民工参加建设，为失业农民工创造就业机会。

优先解决贫困户茅草房改造、贫困地区溜索改吊桥等特殊困难问题；探索生态和资源补偿机制。全面提高重点县通村公路的补贴标准；尽快结束落后的生活和交通方式，提高生活质量。支持国家扶贫龙头企业，提高授信额度，解决流动资金短缺问题；保护贫困地区特色主导产业，按照市场和自然规律选择产业，提高减贫效果的可持续性；将原有贫困人口和返贫人口都纳入农村最低生活保障范围，加大救助和扶持力度。

5. 增加贫困人群在发展活动中的发言权和决策权。通过社区和参与者的监督，能够改善相关计划及项目执行的质量，增加其透明度和责任感。虽然参与是一种有效的方式，但不是万能的，同时通过参与互相学习知识、技能和交流信息，使得贫困人群自然而然地建立起主人翁意识，变“要我脱贫”为“我要脱贫”，这是实现稳定脱贫的重要途径[①]。

二、创新减贫制度，完善城乡贫困监测体系

鉴于中国数量庞大的“流动劳动力”的贫困问题未得到重视，要加快建立完善的贫困人口监测机制，在现有农村贫困监测体系的基础上加强对城市贫困的监测，形成统一的城乡贫困监测体系。各级扶贫办要高度重视减贫统计工作，稳定统计队伍，安排工作费用，收集和积累数据，及时处理上报。按部门预算要求编制减贫资金预算，各级财政要按部门预算的要求，及时编制并下达减贫资金预算；将财政减贫资金直接由国库划拨至贫困户或减贫项目的施工单位，防止减贫资金的“渗漏”和“偏离”，由符合条件的贫困人口直接到银行领取国家的减贫救济款，或直接进入经招投标的财政减贫项目施工单位资金账户，并按工程进度划转相应的资金，使有限的财政减贫资金、物资及其他援助直接使用到最

① 孔祥智：《中国三农前景报告》，中国时代经济出版社2005年版，第12～14页。

贫困、最需要帮助的人手中，这是减少中间环节、提高减贫资金使用效率的较好办法[①]。

研究制定权威的城市贫困标准，要涵盖“流动劳动力”这一特殊的城市贫困群体。根据统一的城市贫困标准，逐步建立完善的全国城市贫困监测体系，对各地城市贫困状况进行动态监控，为国家制定城市反贫困政策提供科学依据。在进行监测的过程中，建立贫困监测调查网点，对重点区域生产条件、社区环境、生活水平、收入来源及构成等方面进行动态监测，客观、准确、及时地掌握和了解地区贫困人口和不稳定脱贫人口生活质量情况；通过建立完善的监测调查制度，加强对中央及地方减贫政策、减贫资金落实情况和农户参与情况的监督，评价减贫项目实施效果。

尤其要根据新情况逐步提高农村贫困标准，使国家减贫政策能最大限度地覆盖全部农村贫困人口。除继续做好农村绝对贫困人口的监测外，同时加强对农村相对贫困人口的监测[②]。一要建立贫困监测机构，这个机构必须独立于地方政府之外，以保证贫困监测统计信息的客观性和公正性。二要构建贫困监测指标体系，指标体系的构建最好能反映全国的统一性、地方差异性和物价指数的变化。三要建立农村贫困监测数据质量评估制度，规范数据采集和处理程序，切实提高数据准确性。这样，通过建立并完善城市和农村贫困监测体系，逐步形成全国统一的城乡贫困动态监测体系[③]。

三、构建安全屏障，统筹城乡社会保护网

新时期贫困的性质和特征说明过去以经济增长为目标的减贫方式已

---

① 王小琪：《推进中国财政减贫制度创新的思考》，《改革与发展》2007年第2期，第60~63页。

② 赵国芳：《中国农村扶贫开发政策研究》，博士学位论文，北京交通大学，2007年，第66页。

③ 魏后凯、邬晓霞：《中国的反贫困政策：评价与展望》，《上海行政学院学报》2009年第3期，第56~68页。

经不再适应边缘化的贫困人口，需要借鉴先发国家的反贫困实践经验，逐步建立和完善统筹城乡的社会保障体系，借以形成构建中国反贫困的安全网，它是新时期减贫创新的重要着力方向①。根据现有城乡社会保障制度中存在的问题，整合城乡社会保障体系。

（一）完善农村社会保障体系

农村与城市社会保障体系实现接轨是中国社会保障体系建设的最终目标。根据农村人口的统计分布，按照行政区划调整生活费用指数，并根据指数的高低制定保障标准，使低保覆盖面不至于过高、过低和出现区域间过大的不平等。同时，要将“农民工”及其子女逐步纳入城市社会保障体系范围内，这样既有利于“社会公平”，也有利于社会保障资源的有效分配。

（二）推进全面医疗保障制度

针对所有城乡贫困人口建立城乡医疗救助制度，包括救助对象、救助病种、救助标准和申请审批等环节，解决城乡贫困人口中病、残、老群体的医疗保障问题，为他们提供基本的医疗服务。尽快建立农民工的基本医疗保险尤其是大病医疗统筹，以解决农民工的迫切需要。初始阶段可根据农民工的不同情况区别对待，对与企业签订了劳动合同、工作服务时间较长的可给予较高的医疗保险待遇。保障进城女工的健康，维持其基本的女性农民工生育保险，企业要为其缴纳生育保险费并使其同本地女职工一样享受生育医疗费报销和产假休息及其产假期间的生育津贴。最大限度地保证覆盖尽可能多的城乡贫困居民。

（三）完善就业发展战略

针对城乡分隔的户籍制度和就业制度，要统筹城乡就业制度，建立城乡统筹的就业发展战略，实施全国统一的劳动力市场政策。这一政策旨在打破城乡劳动力市场分割的基础上，构建统一开放、竞争有序、城乡一体的劳动力市场。消除对农民工就业的限制，保障城乡劳动者平等

① 楚永生：《新时期中国农村贫困的特征、扶贫机制及政策调整》，《宏观经济研究》2008年第10期，第55~58页。

竞争的就业机会，各级政府部门要建立专门的就业服务机构，对城乡劳动者实行统一管理，并提供统一的就业服务，同时鼓励企事业单位面向城乡劳动者统一招聘①。实行劳动力与就业需求合理匹配为取向的劳动力市场就业的培训政策，政策强化就业服务和职业教育及技能培训，帮助劳动者了解就业信息、提高就业能力、缓解结构性失业。特别是针对下岗失业人员中素质低、技能单一、年龄偏大的就业困难群体，加大职业技能的培训力度，提高其适应岗位变换的能力②。

专栏 7－5

韩国的反贫困计划及成效③

在历届政府的努力下，韩国政府实施了一些行之有效的反贫措施，取得了显著的成绩。

1. 全国生活援助计划。这个计划是韩国政府于 1961 年制订的，是重要的反贫困计划之一。这个计划的受益人要满足五个条件之一，并且受益人或者没有家庭，或者其他家庭成员不能供养。这五个条件是：（1）65 岁以上的老人；（2）不满 18 岁的少数民族成员；（3）孕妇和哺乳期母亲；（4）由于残废、不治之症、受伤害及其他肉体与精神的畸变而不能工作的人：（5）其他依据法律由社会保障当局供养的人。2000 年 10 月，韩国开始实行《国民基本生活保障法》，并将此规定放宽到即使有子女的老人，如果子女因疾病、失踪、入狱、移居海外等原因丧失了抚养能力，亦被列入保护对象。可能的受益人可以从三种形式之一的生活援助中受益：（1）对穷人的生存保护；（2）社会机构救济；（3）对其他穷人的救济。对穷人的生存保护是为居住在自己住

① 魏后凯、邬晓霞：《中国的反贫困政策：评价与展望》，《上海行政学院学报》，2009 年第 3 期，第 56～68 页。

② 王丽艳：《中国转型期城镇贫困与就业问题研究》，博士学位论文，中共中央党校，2008 年，第 79 页。

③ 尚玥佟：《后发国家贫困化理论与反贫困战略》，博士学位论文，中国社会科学院研究生院，2001 年，第 125 页。

所的人们提供生存资助。社会救济是指由社会福利机构提供的资助，这些社会福利机构包括公共护理机构、盲聋哑人公共服务机构、流浪者公共居住所等。对其他穷人的救济是对那些虽然能工作，但仍生活在贫困线以下的人们提供资助。

2. 增加就业计划。对于穷人来说，政府的增加就业计划中最重要的方面是就业机会。通常是短期的劳动密集型和简单的公共工程，如清扫街道、卫生设施、清除污染等。这些计划最初于1964年以“自助劳动计划”为名提出。其主要目的是帮助穷人树立自助精神。1974年政府发布《稳定全国生活总统紧急措施》，政府为那些由于缺少就业机会而沦落在贫困线以下的人们提供了公共就业机会。这项计划自1975年以来在“新村劳动收入计划”名下实施，但主要在城市，特别是在大城市中执行。

3. 乡村的经济发展计划和生产率增长计划。韩国在前4个五年经济发展计划中最初都包括了农业发展目标，但是以城市为中心的工业化导致了城乡之间差距加大。在“一五”和“二五”计划中，农业政策的目标是通过农业的现代化来实现农场主收入的增长，并在粮食生产方面实现自给自足。同时，政府特别注重可耕种土地的扩大和土壤改良的法律措施。为此，在“一五”期间，政府颁布了《土地改良计划法》和《土地开垦促进法》，政府还制定了《农产品检查法》，作为支持种子改良的法律措施。在“一五”计划期间，政府以低价供应化肥和其他投入物，改善水利设施来增加农民收入，20世纪60年代早期还颁布了《农业地区发展法》和《农产品价格维持法》。在“二五”计划期间，政府制定了《农业基本条令》、《农地准备法》和《农业灾害补偿条例》。在此期间，为了提高农业家庭的积极性采取了谷物高价格政策。政府又于1970年制定了《农村现代化促进法》，以提高农业生产率并保证土地改良计划的实施。“二五”计划的农业政策是要缩小城乡之间巨大的差距，为了这一目的，政府致力于粮食生产的增长和农户收入的提高，扩大农业生产规模，促进农业的机械化。1972年，政府颁布了《农地保护和利用法》及《农产品批发销售法》，在1976年，颁布了《化肥管理法》。在“四五”计划中，农业政策是扶植落后的农业部门。为达此目的，政府把力量放在增加粮食产量，稳定农产品供应；扩大农业生产基地；扩大多种经营及农业机械化；制定系统的农业价格政策，改善流通渠道；增加农民收入；加强对农业部门的研究和开发。同时，政府还继续致力于扩大灌溉和地下水工程以便提高灌溉率。1977年政府将《农业批发销售法》和《农产品价格稳定法》合并为《农产品流通和价格稳定法》。1979年，政府颁布了《机械化促进法》，以促进农业机械的推广并提高其使用效率。

（四）加快小城镇建设

统筹城乡就业与城市化和工业化过程密不可分。加快城乡工业化和城市化进程，在那些有发展潜力的小城镇地区创造更多的工作岗位和就业机会，发展创业型经济，扶持世界各国普遍看好的中小企业，消除产业进入壁垒，无论劳动密集产业还是技术含量高的新兴产业，均鼓励其以多渠道开展创业活动，为提供更多就业岗位创造条件，吸引更多的城乡劳动力就业，从而缓解就业压力，最终达到减少贫困人口的目的。

第四节　政策协同多方联动　彻底走出贫困泥淖

减贫政策需要系统集成，减贫效益的最大化有赖于各项政策之间的协调、配套。当前农村减贫政策的协调配套问题比较突出，无论是财政投入、减贫信贷资金投放、对减贫龙头企业的扶持，还是对贫困地区人口自身发展能力的开发都存在着一些问题，某些管理体制、减贫制度、惠农政策、生态工程以及社会保障等反贫困措施存在效率不高的困境①，因此，财政、税收、金融、产业、人力资源、社会保障等各种政策的制定和实施过程中，都应考虑减贫开发工作的实际需求，做好政策的战略协同，这是提高减贫效率的必然要求。

一、统筹城乡，推进城市化战略

从近几年的情况看，由于一些地区发生了比较严重的自然灾害，又有相当一部分人致贫返贫，这其中的重要原因就在于农村贫困人口的收入局限于种植业，受自然条件制约严重。因此，要确保贫困者真正脱贫，必须扩大收入来源范围，拓展劳动力转移减贫模式。

要克服目前劳动力转移减贫面临的问题，必须将农村劳动力转移就业纳入国民经济和社会发展规划。农村劳动力转移就业关系到中国的城市化进程、贫困人口的脱贫进程和社会主义新农村的建设进度，应该将农村就业与城市就业一并纳入国民经济发展计划及长期规划，特别是在制定国民经济和社会发展长远规划和年度计划时，一定要将农村劳动力就业纳入到规划之中去。输出地政府和输入地政府要同时做好这项工作，输出地政府要把每年有多少农村劳动力流入本地、多少流向外地、农民工子女就学状况等基本情况搞清楚，做好基础工作，建立健全劳动力转移输出信息、市场体系，采取财政资金补贴、小额减贫到户贷款扶持等方式，资助贫困农户外出就业，同时要把劳务输出作为增加贫困农户现金收入的重要措施，列入贫困地区经济社会发展计划，加强各地劳务输出管理机构建设，加强非农劳动技能培训，全面实行“先培训，后就业”以达到“一次培训，终身受益，一人打工，全家脱贫”的目的，提供必要的帮助和服务，维护农民工的合法权益；而输入地政府要把转移

① 刘传岩：《中国农村扶贫政策的协调配套问题研究》，《开放导报》2008 年第 2 期，第 49～53 页。

进来的农村劳动力纳入到城市综合管理中去，还要取消对农民进城务工的各项限制性政策，取消正式工、合同工、临时工等对农民分等级的就业制度，逐步实现城乡劳动力市场一体化，让农村劳动力和城镇劳动力享受平等的就业待遇，为农村劳动力向城镇转移打开方便之门。

（一）将减贫政策与建立多元化的小城镇结合起来

推进小城镇健康发展，增强其对农民的吸引力，要实施三大主体工程：一是实施创业园工程，支持农民工返乡创业；二是实施安居园工程，支持农民工安居乐业；三是实施培训孵化园工程，支持农民工提高就业水平。通过三大园区的建设和完善，为农民工的返乡创业、就业创造良好的软硬件环境。加强财政、税收、土地政策支持，使返乡创业的农民工的投资项目，可享受引进外资的优惠条件，使来自县域外的农民工创业投资项目与招商引资的项目，享受同样的待遇。通过担保、信贷等途径引导返乡农民的资金投向城镇创业和城镇建设；取消投资限制，允许回乡农民工承建城市基础设施建设、兴办各类商业网点或开发住宅小区。各有关部门要取消对企业使用农民工的行政审批，取消对农民进城务工就业、经商的限制政策，建立城乡统一的劳动力市场，实现城乡劳动力双向流动。使返乡创业、就业、进城打工、居住的农民工子女在县城上学，可享受与县城居民子女上学同样的待遇，以解决农民工的后顾之忧。最后是科技创新激励政策，地方政府要建立农民工科技创新奖，鼓励农民工进行自主创新。

（二）将减贫政策与改革现行户籍管理制度结合起来

政府必须由过去主要面向和管理户籍人口，转变到同时面向和管理常住人口和流动人口，成为包括进城农民工在内的所有居民的政府；简化农民进城落户的审批手续，取消不合理收费，降低农民进城的门槛。对于建制镇，只要有固定住所、稳定的职业或生活来源的人员及与其共同生活的直系亲属，均应根据本人意愿办理城镇常住户口。

（三）将减贫政策与建立完善的住房、社会保障等制度结合起来

创造条件加快建立和规范适合农民工外出务工就业的社会保险管理

办法。对迁入城镇的农民工，要统一将其纳入城镇医疗、工伤、就业等社会保障制度体系。探索土地流转制度改革，在继续落实农村家庭承包经营的基本政策、稳定土地承包关系的前提下，按照“依法、自愿、有偿”的原则，支持和鼓励外出农民工转让承包地使用权，不得强行收回外出务工农民的承包地。为适应农民进城发展的需要，可探索农村宅基地与城镇土地置换的改革，通过对土地的整理，提高土地的利用率。

二、优化结构，推进产业化战略

优化结构并实施产业化战略，主要涉及完善金融服务体系、推进农业产业化、发展地区特色产业等方面。

（一）完善金融服务体系

从中国目前情况来看，产业化减贫资金不足仍是制约贫困地区加快发展的瓶颈。中国的贫困人口几乎大部分在农村，依赖土地为生，资源禀赋极其有限，农村人口要脱贫必须立足农业农村这一根本。一方面，农业产业化运作是规模化和集约化经营，需要大量的资金投入，可是贫困地区的自身筹资能力弱，农业产业化提升缓慢，阻碍了农业经济结构调整，严重制约了产业化减贫工作的进程。另一方面，由于受土地、项目等限制，社会投入渠道不够畅通，又受农村金融体制的制约，减贫开发、引资融资比较困难。尽管国家每年通过农业银行系统向贫困地区投入大量的信贷减贫资金，但由于农行在实施商业化运作中，担心贷款的收回，使得这些信贷资金真正用到产业化经营中的额度有限，导致贫困农户在农行难以贷到减贫资金。同时，贫困地区基础设施薄弱，企业及其他社会力量也不敢轻易投入到农业生产中去。

（二）推进农业产业化

对于城镇贫困应强化产业支撑，在优化工业结构的基础上推进农业产业化。城市起源于工商业的集中，但当前一些城镇建设工业基础薄弱、农业产业化水平低、缺乏特色产业和主导产业支撑的现状，不利于小城镇区域经济龙头作用的形成。因此，贫困地区城镇建设要强化产业支撑，根据当地市场和资源特点、经济发展水平及城镇体系等选择发展方向和主导产业，发展特色专业城镇。要坚持市场导向、科技进步、规模效益和可持续发展原则，优化工业产业结构，打破区域和所有制界限，充分利用农村劳动力流动就业的回流资金和技术，通过招商引资、发展多种形式的合资与合作，推进贫困地区资产重组，引导工业产业向集团化方向发展。

（三）发展地区特色产业

一部分城镇要立足自身靠近农村地区的特点和优势，发展农副产品深加工、精加工、运输和贸易，发展高新农业技术咨询、推广和农机服务，重点培育一批能利用本地农业资源、带动农业发展的“龙头”企业；一部分城镇则要充分利用县城和乡镇的沟通城市和乡村的“商品链”、“资金链”、“物资链”、“信息链”以及“交通链”的优势，加强商品流通网络和基础设施、公用设施建设，发展交通、通讯、城乡贸易、仓储、信息中介、旅游服务等第三产业。

三、生态减贫，推进可持续发展战略

可持续发展的系统观将自然圈、生物圈和社会圈视为一个完整的生态系统，其核心是强调人与自然、人与环境、人与社会相互依赖、相互和谐的共生共存关系。可持续开发利用发展伦理学认为，任何消除贫困的经济与社会发展都必须以人与环境的协调发展为条件，以人的全面发展和内在潜力发挥为动力，旨在提高生态环境保护意识，合理开发利用资源，促进贫困地区土地和生态资源的保护。生态学派的城镇化理论也突出“以人为本”的中心思想，强调人与自然、人与生态环境关系的协调。

目前，中国正在实施的扶贫开发规划，已经从解决温饱为主要任务的阶段转入巩固温饱成果、改善生态环境、提高发展能力、缩小发展差距的新阶段，扶贫对象以生态型贫困人口为主。从某种意义上讲，生态脆弱区的贫困问题就是生态问题，贫困的发生和贫困的程度与生态环境状况有着密切的关系（刘艳梅，2005）。因此，从改善生态环境、提高区域资源与环境承载力入手，从协调生态改善与减贫目标等方面考虑，中国应当实施包容性生态减贫战略。核心内容包括：贫困人口的平等参与是生态持续改善的前提，生态经济是生态改善与减贫的动力，生态改善是治贫的根本和发展的根基，而生态补偿是生态改善成果共享的回馈。

中国人多地少，加上乡镇非农布局离散、随意而造成的耕地浪费，耕地资源十分有限。将有限的集体耕地均分到户，使土地分割细碎，农户的土地经营面积过小，不利于农户对农田基本建设的基础设施投入，不利于吸收现代科学技术，不利于扩大产出、增加商品量、提高市场竞争力，而且极大影响了农业生产力的发展和务农农民生产效益的提高[①]。一些地区尽管减贫资金投入不少，但由于不深入基层调查了解贫困地区、贫困人口最迫切的需要和贫困的真实原因，盲目开荒建厂，结果导致大面积毁林开荒，森林植被破坏严重，一些地区甚至已经出现了土地荒漠化，而贫困的现状非但没有得到有效缓解，还使得脱贫致富的道路更加艰难。同时，农村贫困地区生产方式落后，商品经济欠发达，农民只会就地取材、靠山吃山、靠水吃水，过度开采和消耗“存量”环境资源，造成了生态破坏和环境污染，贫困农民陷入“生态贫困—经济贫困—生态贫困”的恶性循环。

减贫开发与土地资源的可持续开发利用相结合，有利于加大土地资源整合力度，促进土地资源集约化生产和规模化经营。人口的集聚还有利于转变贫困农民观念，强化农户参与意识和环保意识，实行退耕还林还草，恢复生态植被，扩大环境容量，提高资源更新率和采用替代能源，维护环境与土壤养分的良性循环，保持资源具有持久的开发潜力，实现减贫开发由单纯发展生产向经济、社会、文化全面协调发展的转变，实

① 李永周等：《基于农村城镇化的可持续扶贫战略研究》，《甘肃农业》2007年第12期，第8~10页。

现减贫开发与资源保护、生态环境建设相结合，实现资源的永续利用和经济、社会、生态效益的统一。

四、文化精进，推进实施发展性文化战略

在知识经济时代，知识作为提高劳动生产率和实现经济增长的主要驱动力，将会促进国民经济与社会的可持续发展，知识将成为推动经济发展的决定因素，也是影响社会发展水平和富裕程度的主要指标。由此，知识贫困将成为知识经济时代一切贫困之源，以文化精进摆脱知识贫困是知识经济时代摆脱一切贫困的必由之路。

（一）注重教育

从中国的全局和未来着眼，要将贫困地区的教育摆在更加突出的战略位置，进一步加大对贫困地区教育的投资力度。加强政策调控，逐步理顺农村教育工作体制机制，使现有农村教育资源得到有效利用；加强贫困地区农村的成人教育和基础教育，扫除青壮年文盲，防止新文盲的产生；加大科技知识的普及力度，加强法制宣传教育，增加农民的信息含量，培养其学科学、用科学、尊重科学的科学精神，改变其传统的僵化的思维模式，从而为农村的经济和社会发展服务。贫困地区的学校教育应该改变传统的课程设置，变应试教育为创业教育和技能教育，提高贫困地区学生的综合能力。

（二）强化调研力度

积极发展农村文化产业，发挥市场机制作用，对各地的地方性文化作出深入而全面的调查与重估，通过科学求证的价值评估作出能否开发、怎样开发、如何实施等决策，让群众成为文化产品的生产者和参与者，为优化本地产业结构创造有利条件[①]。政府从财政收入中划拨一部分资金作为文化减贫工程的基金，用于发展文化事业，认真贯彻落实中央有

① 李丰春：《农村文化扶贫的若干问题研究》，《安徽农业科学》2008 年第 25 期，第 56 ~ 58 页。

关文化产业的政策，并结合本地实际，在权力范围内制定必要的优惠政策，多渠道集资；依靠乡镇企业、富裕农民和其他社会力量办文化，引进经济发达地区的资金和港、澳、台资，侨资，外资。

（三）推动思想意识改变

精心组织群众文化活动，丰富贫困地区业余文化生活，破除封建陋习的影响，树立现代的生活意识。通过文化减贫，教育贫困地区农民群众破除迷信，移风易俗，树立文明风尚。一方面要靠各级党组织坚持不懈的思想教育和引导；另一方面，则需要广大党员和干部发挥模范带头作用。帮助贫困农民用科学战胜愚昧，用健康文明的文化活动占领乡村文化阵地。开展社会主义道德教育，帮助农民树立高尚的道德情操，认真开展助人为乐、克己奉公、敬老爱幼、减贫帮困、见义勇为等中华民族传统道德的教育，多建立一些农民感兴趣的科技文化组织[①]。通过这些组织的活动，净化社会风气，确保一方平安。

专栏 7-6

中国启动"文化扶贫工程"[②]

从中国扶贫开发协会获悉，旨在为贫困地区提供信息、教育、文化支持的"文化扶贫工程"已正式启动。中国扶贫开发协会会长胡富国表示，希望通过实施"文化扶贫工程"进一步繁荣农村文化，培养老少边穷地区的"造血功能"和文化创新能力，惠及贫困地区所有的老百姓。中国扶贫开发协会为实施"文化扶贫工程"专门成立了宣传教育委员会。2008 年 20 至 21 日，中国扶贫开发协会宣传教育委员会在北京召开第一届会员大会，并举行了"文化扶贫工程"启动仪式。中国扶贫开发协会会长胡富国在会上说："我从事扶贫工作十年，深刻

① 王俊文：《反贫困必由之路：中国农村贫困地区"文化扶贫"的关键解读》，《农业考古》2007 年第 6 期，第 42～46 页。

② 许红洲、祝君壁：《"中国文化扶贫工程"启动》，《经济日报》2009 年 1 月 18 日。

体会到，贫困地区之所以贫困，不是缺乏资源，而是缺乏开发资源的人才。历史和现实都证明，文化不发展，经济难以发展，社会难以和谐。因此，抓住了文化扶贫，就抓住了扶贫的关键，抓住了要害。”

胡富国认为，当代中国农村贫困的主要原因，已经由地缘因素、交通因素逐渐上移至信息、教育、资本、文化等深层次方面，对农村的扶贫工作已经不仅限于物质上的支持，而更需要为农村提供信息、教育、文化上的支持。据了解，“文化扶贫工程”将包括文化扶贫开发研究、文化产业基地建设、文化技术人才培训等十项工程。在启动仪式上，包括企业家和艺术家在内的社会各界人士纷纷向“文化扶贫工程”捐款捐物。

总之，贫困不仅仅是一个单纯的经济收入问题，而是涉及健康、教育、社会资本、自然资源、基础设施、社会公正、参与权利、性别平等、个人尊严等多种复杂因素的社会问题。只有转变政府行政理念，加强政策导向方面的减贫意识，注重政策协同，提高减贫效率，全面而深入地认识贫困问题，综合配套实施更为有效的财税、金融、产业、人力资源、社会保障、就业、城市化、生态、文化等一系列战略措施，才能形成21世纪系统化的减贫政策体系，产生更积极的减贫效果。

参考文献

一、中文参考文献

[1] 杨永华：《发展经济学流派研究》，人民出版社2007年版。

[2] 阿玛蒂亚·森：《贫困与饥荒》，商务印书馆2001年版。

[3] 唐晓光：《中国贫困与反贫困理论》，广西人民出版社1995年版。

[4] 舒尔茨：《人力资本投资》，见《现代国外经济学论文集》（第八辑），商务印书馆1984年版。

[5] 曾繁正等编译：《西方政治学》，红旗出版社1998年版。

[6] 世界银行：《中国：90年代的扶贫战略》中文版，中国财政经济出版社1993年版。

[7] 塞缪尔·亨廷顿：《变革社会中的政治秩序》，三联书店1989年版。

[8] 尼古拉斯·巴尔著：《福利国家经济学》，郑秉文、穆怀中等译，中国劳动社会保障出版社2003年版。

[9] 戴维·S. 兰德斯：《国富国穷》，新华出版社2001年版。

[10] 陆晓华：《西部对策——抑制返贫与中西部发展》，新华出版社2000年版。

[11] 林乘东：《中国：走出贫困》，云南教育出版社1999年版。

[12] 孔祥智：《中国三农前景报告》，中国时代经济出版社2005年版。

[13] 赖德胜：《先富、共富？——中国转型期的收入分配》，湖北人民出版社 1999 年版。

[14] 何慧：《失衡的世界：20 世纪人类的贫困现象》，重庆出版社 2000 年版。

[15] 赫尔普曼：《经济增长的秘密》，王世华译，中国人民大学出版社 2007 年版。

[16] 李克强：《不断深化医改　推动建立符合国情惠及全民的医药卫生体制》，《求是》2011 年第 22 期。

[17] 胡鞍钢、胡琳琳、常志霄：《中国经济增长与减少贫困（1978～2004）》，《清华大学学报（哲学社会科学版）》2006 年第 5 期。

[18] 中国社会科学院农村发展研究所：《2000～2001 年：中国农村经济形势分析与预测》，社会科学文献出版社 2001 年版。

[19] 胡平：《关于解决中国农村贫困问题的现实思考》，《甘肃理论学刊》2004 年第 1 期。

[20] 贾奇锋：《财政资金扶贫效率研究》，博士学位论文，西南财经大学，2007 年。

[21] 江利红：《成本效率论：基于公平与效率价值的行政收费基础理论》，《南都学坛（人文社会科学学报）》2007 年第 5 期。

[22] 宋征、贾燕：《中国可持续发展进程中企业减贫状况及对策研究》，《中国人口·资源与环境》2008 年第 1 期。

[23] 郭宏宝、仇伟杰：《财政投资对农村脱贫效应的边际递减趋势及对策》，《当代经济科学》2005 年第 5 期。

[24] 李丰春：《农村文化扶贫的若干问题研究》，《安徽农业科学》2008 年第 25 期。

[25] 李华、孙长清：《多级政府级次下的经济增长与财政支出规模优化研究》，《财经问题研究》2007 年第 5 期。

[26] 何奇松：《暴力的世界》，《国外社会科学文摘》2001 年第 6 期。

［27］李小云等：《参与式村级扶贫规划系统的开发与运用》，《林业经济》2007 年第 1 期。

［28］李晓嘉、刘鹏：《中国农村医疗保障制度与农民贫困的实证研究——以广东省为例》，《经济与管理》2007 年第 11 期。

［29］李兴江、陈怀叶：《参与式扶贫模式的运行机制及绩效评价》，《开发研究》2008 年第 2 期。

［30］李永周等：《基于农村城镇化的可持续扶贫战略研究》，《甘肃农业》2007 年第 12 期。

［31］李有发：《教育扶贫的现实依据及其对策》，《哈尔滨市委党校学报》2006 年第 2 期。

［32］高麟：《区域规划中的环境保护与经济增长》，《统计与决策》2006 年第 11 期。

［33］林毅夫：《和谐社会下的减贫战略调整》，《21 世纪经济报道》2005 年 4 月 7 日。

［34］刘传岩：《中国农村扶贫政策的协调配套问题研究》，《开放导报》2008 年第 2 期。

［35］刘俊文：《超越贫困陷阱——国际反贫困问题研究的回顾与展望》，《农业经济问题》2004 年第 10 期。

［36］刘尧：《治“愚”与“贫”是农村高等教育的目标》，《中国农业教育》2002 年第 2 期。

［37］刘以宾：《政府医疗投入“不患寡而患不均”》，《医院领导决策参考》2006 年第 24 期。

［38］段庆林：《中国农村居民收入差异的基本特征》，《统计与决策》1999 年第 6 期。

［39］罗泰瑞迤·乾羽：《以市场机制化解扶贫矛盾》，《今日中国论坛》2007 年第 5 期。

［40］吕书奇：《中国农村扶贫政策及成效研究》，博士学位论文，中国农业科学院，2008 年。

[41] 吕炜、刘畅：《中国农村公共投资、社会性支出与贫困问题研究》，《财贸经济》2008 年第 5 期。

[42] 楚永生：《新时期中国农村贫困的特征、扶贫机制及政策调整》，《宏观经济研究》2008 年第 10 期。

[43] 倪志良、郝志景：《财政扶贫支出与减贫的实证分析》，《山西财经大学学报》2007 年第 4 期。

[44] 钮莹菡：《政府扶贫与 NGO 扶贫的比较》，《郑州航空工业管理学院学报（社会科学版）》2007 年第 12 期。

[45] 屈恩格：《福利社会的危机》，《国外社会科学》2000 年第 2 期。

[46] 戎生灵：《借鉴美国西部开发经验　加快中国西部开发步伐》，《世界经济研究》2001 年第 5 期。

[47] 储德银、经庭如：《中国农村医疗卫生存在的问题分析及公共财政对策构想》，《中国卫生经济》2007 年第 26 期。

[48] 陕立勤、Kang Shou Lu：《对中国政府主导型扶贫模式效率的思考》，《开发研究》2009 年第 1 期。

[49] 尚玥佟：《巴西贫困与反贫困政策研究》，《拉丁美洲研究》2001 年第 3 期。

[50] 盛世良：《普京执政三年：成绩、问题和前景》，《当代世界与社会主义》2003 年第 1 期。

[51] 世界银行：《从贫困地区到贫困人群：中国扶贫议程的演进》，《中国贫困和不平等问题评估》2009 年 3 月。

[52] 陈涌：《城市贫困区位化趋势及其影响》，《城市问题》2000 年第 6 期。

[53] 布鲁斯·斯科特（Bruce R. Scott）：《全球化能否填平贫富鸿沟——论穷国与富国的收入差距》，《国外社会科学文摘》2001 年第 6 期。

[54] 龚晓宽：《中国农村扶贫模式创新研究》，博士学位论文，四

川大学，2006 年。

[55] 苏明：《中国财税扶贫政策运用的现状、问题与对策》，《湖北财税（理论版）》2001 年第 7 期。

[56] 唐德祥：《韩国新农村运动的实践与启示》，《决策导刊》2006 年第 9 期。

[57] 白雪梅：《中国农村减贫问题研究》，博士学位论文，东北财经大学，2007 年。

[58] 汪建国：《政府非税收入管理创新的路径选择》，《江淮论坛》2005 年第 6 期。

[59] 汪三贵、李文、李芸：《中国扶贫资金投向及效果分析》，《农业技术经济》2004 年第 5 期。

[60] 汪三贵：《在发展中战胜贫困——对中国 30 年大规模减贫经验的总结与评价》，《管理世界》2008 年第 11 期。

[61] 王斌：《中国财政农村减贫问题研究》，博士学位论文，西北农林科技大学，2004 年。

[62] 王大超：《转型期中国城乡反贫困问题研究》，博士学位论文，东北师范大学，2003 年。

[63] 王俊文：《反贫困必由之路：中国农村贫困地区"文化扶贫"的关键解读》，《农业考古》2007 年第 6 期。

[64] 王丽艳：《中国转型期城镇贫困与就业问题研究》，博士学位论文，中共中央党校，2008 年。

[65] 王莉丽：《城市贫困：现状及对策》，《河南社会科学》2008 年第 11 期。

[66] 王美涵：《中国财政收入体制特征和改革路径》，《财经论丛》2007 年第 5 期。

[67] 王小林、Sabina Alkire：《中国多维贫困测量：估计和政策含义》，《研究报告》2010 年第 4 期。

[68] 王小琪：《推进中国财政减贫制度创新的思考》，《改革与发

展》2007 年第 2 期。

[69] 王永成：《公共治理与财政扶贫资金漏出问题研究》，博士学位论文，贵州大学，2006 年。

[70] 魏后凯、邬晓霞：《中国的反贫困政策：评价与展望》，《上海行政学院学报》2009 年第 3 期。

[71] 无华：《桑戈谈非洲和坦桑尼亚发展问题》，《西亚非洲》2002 年第 4 期。

[72] 吴国宝：《对中国扶贫战略的简评》，《中国农村经济》1996 年第 8 期。

[73] 西瓦：《马来西亚的反贫困及治理结构》，见《中国承诺本世纪末消除贫困》，中国经济出版社 1998 年版。

[74] 夏冕：《政府对农村公共卫生投入的现状分析及方向选择》，《湖北社会科学》2004 年第 10 期。

[75] 肖韬：《全面正确理解政府财政能力》，《产业与科技论坛》2006 年第 10 期。

[76] 徐寿松：《扶贫不能见物不见人——〈瞭望新闻周刊〉专访国务院扶贫办主任刘坚》，《瞭望新闻周刊》2004 年第 22 期。

[77] 徐元宫：《转型时期中俄贫富分化及其对策比较》，《俄罗斯研究》2004 年第 4 期。

[78] 许正中：《社会多元复合转型》，中国财政经济出版社 2007 年版。

[79] 阎坤、于树一：《公共财政减贫的理论分析与政策思路》，《财贸经济》2008 年第 4 期。

[80] 杨京英、熊友达、姜澍：《2009 年中国信息化发展指数（IDI）研究报告》，《北京邮电大学学报（社会科学版）》2009 年第 6 期。

[81] 杨军：《中国反贫困战略面临困惑及调整思路》，《甘肃理论学刊》2001 年第 1 期。

[82] 杨能良、黄鹏：《教育扶贫——中国扶贫的财政学思考》，《福

建财会管理干部学院学报》2002 年第 2 期。

[83] 杨文武：《印度的贫困与反贫困研究》，《南亚研究》1997 年第 3 期。

[84] J. Wolfensohn：《全球化能否填平贫富鸿沟》，《国外社会科学文摘》2001 年第 6 期。

[85] 于海峰、谭韵：《调节居民收入差距的税收政策取向》，《地方财政研究》2007 年第 7 期。

[86] 张凤莲：《日本扶贫支边教育政策论析》，《教育论丛》1989 年第 3 期。

[87] 张国平：《中国贫困人口医疗救助研究综述》，《宁夏社会科学》2007 年第 1 期。

[88] 张菊英等：《中国农村医疗救助的现状研究》，《现代预防医学》2009 年第 2 期。

[89] 张磊：《中国扶贫的回顾与展望》，《内部资料》2006 年第 6 期。

[90] 张磊：《中国实施“一体两翼”扶贫战略情况介绍》，《内部资料》2005 年第 12 期。

[91] 张明喜、陈志勇：《促进中国经济增长的最优财政支出规模研究》，《财贸经济》2005 年第 5 期。

[92] 张琴：《“草根扶贫”：跃上与政府互动的新平台》，《半月谈》2008 年第 1 期。

[93] 张永丽、王虎中：《新农村建设：机制、内容与政策》，《中国软科学》2007 年第 4 期。

[94] 张在全、娄策贵：《湖北跨世纪扶贫战略研究》，《统计与决策》1999 年第 6 期。

[95] 赵国芳：《中国农村扶贫开发政策研究》，博士学位论文，北京交通大学，2007 年。

[96] 赵鸣骥：《财政扶贫贵在创新——结合对湖北省调研的思考》，

《农村工作通讯》2007 年第 7 期。

[97] 郑光梁等：《论中国非政府组织的减贫机制建设》，《辽宁工程技术大学学报（社会科学版）》2007 年第 1 期。

[98] 郑世艳、吴国清：《消除能力贫困——农村反贫困的新思路》，《农村经济与科技》2008 年第 6 期。

[99] 胡国勇、路卓铭：《坦桑尼亚的贫困状况、减贫策略及其对我国的启示》，《社会科学家》2007 年第 5 期。

[100] 中国社会科学院印度扶贫考察团：《印度扶贫考察报告》，《中国农村经济》1998 年第 9 期。

[101] 周节：《扶贫资金配置中存在的问题及对策研究》，博士学位论文，重庆大学，2007 年。

二、外文参考文献

[1] Bagnoli, M., Lipman, B. L., "Provision of Public Goods: Fully Implementing the Core through Private Contributions", Review of Economic Studies, 1989, Vol. 56.

[2] Bagnoli, M., McKee, M., "Voluntary Provision of Public Goods can be Efficient : Empiri - cal Evidence.", Mimeo. University of Michigan. Forthcoming in Economic Inquiry, 1988.

[3] Barnett, W. S., " Preschool Education and its Lasting Effects: Research and Policy Implications", Boulder, CO: Education and Public Interest Center & Education Policy Research Unit, 2008.

[4] Barnett, W. S., Belfield, C. R., "Early Childhood Development And social Mobility", The Future of Children, 2006, Vol. 16.

[5] Blau, D. M., Robins, P. K., "Child - Care Costs and Family Labor Supply", The Review of Economics and Statistics, 1988, Vol. 70.

[6] Blau, D. M., "The Child Care Problem: An Economic Analysis. Russel Sage Foundation", 2001.

Cornes, R., Sandler, T., "The comparative static properties of impure public good model", Journal of Public Economics, 1994, Vol. 54.

[7] Epple, D., Romano, RE, "Public of Private Goods", Journal of Political Economy, 1996b., Vol. 104.

[8] Epple, D., Romano, RE, "Ends against the Middle: Determining Public Service Provision when There are Private Alternatives", Journal of Public Economics, 1996a, Vol. 62.

[9] Ferejohn, J., Forsythe, R., Noll, R. and Palfrey, T., " An Experimental Examination of Auc – tion Mechanisms for Discrete Public Goods. In V. Smith", Research in experimental economics, 1982. Vol. 2.

[10] Francois, P., "Not – For – Profit Provision of Public Services", The Economic Journal, 2003.

[11] Gouveia, M., "Majority Rule and the Public Provision of A Private Good", Public Choice, 1997, Vol. 93.

[12] H. Ziegler, "60 years of vocational education for paper engineers at the Hochschule Munchen", Wochenbl Papierfabr, 2009, No. 23、24.

[13] I. Eren, "Human Resources, Vocational Education and Vocational Standards in Turkish Health Industry: A Self – Evaluation of the Sector. Biyomut", 2009 14th National Biomedical Engineering Meeting, 2009.

[14] J. B. Soriano, "Vocational Schools and the relation to University: some implications for the understanding of the professional knowledge constitution in Physical Education", . Motriz, 2009, No. 1.

[15] J. E. Pratley, P. J. Kanowski, L. M. Bull, "Education and training challenges for the Australian forestry sector: an analysis based on recent trends in university and vocational education and training (VET) completions", Aust Forestry, 2010, No. 4.

[16] J. L. Chen, J. Zhang, "Design of Distributed Learning Environment Based on curriculum of vocational education – taking the curriculum

'Flower Arrangement and Floriculture Design' as an example", Icaie 2009: Proceedings of the 2009 International Conference on Artificial Intelligence and Education, Vol. 1 and 2, 2009.

[17] J. M. Du, T. He, S. G. Zhang, "The Simultaneous Development of Airworthiness Academic Education and Vocational Training", Procedia Engineer, 2011.

[18] J. Stav, T. Thorseth, K. L. Nielsen, E. Engh, "Integrating new Online Simulator Services Into Vocational Education and Training", Proceedings of the 8th European Conference on E – Learning, 2009.

[19] J. Urbancik, A. Pietrikova, "Vocational Training and Further Education in Electronic Technology as Feasible TQM Tool", Int Spr Sem Elect Te, 2009.

[20] J. W. Wang, H. J. Bai, G. X. Yan, "Exploration and Analysis of Teaching Methods of Higher Vocational Education Curricula", Adv Intel Soft Compu, 2011.

[21] J. W. Yu, Y. H. Zhou, "On the Development Strategy of Private Higher Vocational and Technical Education in Taiwan", Ser Inf Manage Sci, 2009.

[22] J. Zhang, N. Y. Yang, A. Gao, "Enhancing the Teaching Capacity and Building the Expand Modules for Vocational Education Teaching Staff in Network Condition", International Symposium on Computer Science & Technology, Proceedings, 2009.

[23] K. Janecka, R. Berzins, K. Charvat, A. Dzerve, "On How to Build SDI Using Social Networking Principles in the Scope of Spatial Planning and Vocational Education", Computational Science and Its Applications – Iccsa 2011, Pt Ii, 2011.

[24] L. Clearihan, H. McGarry, M. Cheng, P. Bratuskins, M. Rowe, "Linking the RACGP curriculum to vocational education", Aust Fam Physi-

cian, No 11, 2010.

[25] L. He, X. Q. Hu, D. D. Wei, "The Case Analysis of Serious Game in Community Vocational Education", 2011 International Conference on Computer Science and Network Technology (Iccsnt), Vol. 1 -4, 2012.

[26] L. Liu, "Research on Curriculum Construction of Workplace English in Higher Vocational Education", Adv Intel Soft Compu, 2011.

[27] L. S. J. Farmer, "Fostering Online Communities of Practice in Vocational Education", Ele Com Eng, 2009.

[28] Louis Lowy, "Integrative learning and teaching in schools of social work: a study of organizational development in professional education", Hill&Wang Pub, 1998.

[29] M. Ari, "Creating a new synergy on technical and vocational education via a general purpose computer interface unit", Comput Appl Eng Educ, No. 2, 2012.

[30] M. Herskind, "Tensions and dilemmas in body - pedagogy in kindergarten - employees' effort to transform a vocational education programme about body and movement into practice", Sport Educ Soc, No. 2, 2010.

[31] M. Q. Xue, "Exploration and Practice on Cooperation Education of Production - study - research of Higher Vocational Colleges", 2011 International Conference on Future Computers in Education (Icfce 2011), Vol I, 2011.

[32] M. Turhan, C. Demirli, "The study on electronic portfolios in vocational education: The views of teachers and students in United Kingdom, Denmark, Romania and Turkey", Sci Res Essays, No. 11, 2010.

[33] M. Xue, C. J. Zhu, "The Application of 'Project - oriented' Teaching Mode in Computer Course of Advanced Vocational Education", 2009 Iita International Conference on Control, Automation and Systems Engineering, Proceedings, 2009.

[34] N. B. Xie, "Optimization Search of Higher Vocational Education System Structure Based on the Logistic Model", Proceedings of the 6th International Conference on Innovation and Management, Vol. Ⅰ and Ⅱ, 2009.

[35] N. Jeerungsuwan, P. Nilsook, P. Wannapiroon, "An Analysis of Web Services and Design of Information Management on Vocational Education Websites in Thailand", 2009 International Conference on Information and Multimedia Technology, Proceedings, 2009.

[36] P. J. Yan, H. Z. Yan, L. H. Ma, "Research on Model and Mechanism of Higher Vocational Education in the Rural", 2009 International Conference on Information Management, Innovation Management and Industrial Engineering, Vol. 3, 2009.

[37] P. McSweeney, K. Raynor, J. Rayner, D. E. Aldous, "Developments in Australian Horticultural Vocational Education", Acta Hortic, 2009.

[38] Q. H. Lei, "Research on New Web – based Teaching and Learning Methods of Higher Vocational Education", 2010 International Conference on Education and Sports Education, Vol. Ⅱ, 2010.

[39] Q. L. Zhan, L. Zhang, "Principles and a Framework of Performance Evaluation for Learners in Distance Vocational Education", Ceis 2011, 2011.

[40] Q. Li, S. Y. Wen, "Factors Affecting the Quality of Post – internship of Higher Vocational Education", Proceedings of 2009 International Conference on Management Science and Engineering, 2009.

[41] Q. S. Chen, "Teaching with Purpose of Software Course in Vocational Education", Thirteenth National Conference on Packaging Engineering, Tncpe 13, 2010.

[42] Q. S. Yang, Q. H. Liu, M. Y. Zhang, "The Design and realization of Monitoring System of Didactical Quality of Higher Vocational and Technical Education", Third International Conference on Genetic and Evolutionary

Computing, 2009.

[43] Q. W. Xu, Y. H. Lu, "Software Vocational Academician Education in Upholstery Design", International Symposium on Computer Science & Technology, Proceedings, 2009.

Robert Bacal, "How to Manage Performance: 24 Lessons for Improving Performance (The McGraw - Hill Professional Education Series) ", Mc Graw-Hill, 2003.

[44] S. H. Tong, "Consideration and Suggestion of the Higher Vocational Education", National Conference of Higher Vocational and Technical Education on Computer Information, 2010.

[45] S. J. Gong, "Design of Scheme of Business Website Development Curriculum Based on Working Process in Higher Vocational Education", 2011 International Conference on Future Computers in Education (Icfce 2011), Vol. Ⅱ, 2011.

[46] S. J. Gong, "The Application of Process Assessment in Higher Vocational Education", Future Computer, Communication, Control and Automation, 2011.

[47] S. J. Gong, "The Research of Higher Vocational Education Using Case Teaching Method", Future Computer, Communication, Control and Automation, 2011.

[48] S. L. Duan, Z. B. Jiang, T. Y. Zhu, Y. Liu, "Study on Higher Vocational Education Textbook Problem", Adv Intel Soft Compu, 2011.

[49] S. Zheng, W. Jin, C. M. Lu, X. Rong, X. L. Du, "Reconfiguration of practical teaching system for higher vocational education based on complex project carrier", Adv Mater Res - Switz, 2011.

[50] T. Arh, M. Pipan, B. J. Blazic, M. Debevc, M. M. Peternel, "Enhancing the E - learning in Vocational Education and Training with 'VET Community Portal'", Ele Com Eng, Vol. 113, 2009.

后　记

贫困不仅是一种生存状态，更是一种思维模式。在当今世界，贫困的表现形式不只是收入的不足，更是权利的非对称、知识的贫乏以及能力的缺失。终结贫困不仅意味着要结束贫困人口极端的生存苦难状况，更意味着要帮助他们迈上发展的阶梯，进而能享受到经济社会发展所带来的文明成果。脱贫致富不仅是中国全面现代化必须跨过的一道坎，也是联合国千年发展目标确定的全球性战略。本书在深度剖析致贫原因、全面审视减贫现状的基础上，循证先发国家减贫经验，重构财政治理模式，以绩效预算改革为突破口，全面提升财政扶贫绩效，顶层设计中国减贫战略路线图，系统集成社会资源，多方联动助力中国实现脱贫致富。

本书的框架和总纂由许正中教授和财政部苑广睿司长共同担纲。在本书成稿过程中，财政部综合司综合处的靳俐处长，天津大学的潘海生副教授，南开大学的邢天添副教授，郑州大学的李尽法副教授，国家行政学院的张淑翠博士后、王锦坤博士生，中央党校政法教研部的赖先进讲师，北京市社会科学院的王忠助理研究员等参与了部分章节的撰写。需要指出的是，中国电力建设股份有限公司的刘尧博士参与写作与全书的统稿和修改工作，倾注了大量心血。

在本书的撰写过程中，作者得到了国家行政学院领导和同仁的理论指导。科研部、研究室和决策咨询部、经济学教研部等部门的领导和同仁也给予了许多智力支持，在此，表示衷心的感谢！

作者曾就本书中的部分观点与一些专家、知名学者进行过交流，获取了许多宝贵意见。特别需要提出的是，财政部有关领导对本书的写作给予了大力支持，为本书的出版提出了许多宝贵意见，在此也深表感谢。

在全书的撰写过程中，我们曾参阅了许多文献，吸取了国内外许多学者的研究成果，书中都一一做了标注；许多同志还提供了相关资料，同时提出了宝贵的意见，并给予了大力的支持和帮助。在本书的出版过程中，中国财政经济出版社的贾杰社长、李乃君副总编辑、陈迈利主任、张冬梅主任以及涂蕙、卢关平等编辑做了大量的工作，在此表示衷心的感谢！

本书构建了实施绩效预算、跃升财政扶贫绩效，助力中国实现脱贫致富战略的理论框架，希望能够得到财政系统同仁的指正和批评。由于作者水平有限，再加上时间紧、任务重，书中难免有偏颇甚至是错误之处，还望有关专家学者和广大读者批判指正，多提宝贵意见。

作　者

于北京·古崖居

2014 年 6 月